Bruno W. Nikles, Sigmar Roll, Klaus Umbach
Kinder- und Jugendschutz

Bruno W. Nikles
Sigmar Roll
Klaus Umbach

Kinder- und Jugendschutz

Eine Einführung in Ziele, Aufgaben und Regelungen

Verlag Barbara Budrich
Opladen • Berlin • Toronto 2013

Bibliografische Information der Deutschen Nationalbibliothek
Die Deutsche Nationalbibliothek verzeichnet diese Publikation in der Deutschen
Nationalbibliografie; detaillierte bibliografische Daten sind im Internet über
http://dnb.d-nb.de abrufbar.

Gedruckt auf säurefreiem und alterungsbeständigem Papier.

Alle Rechte vorbehalten.
© 2013 Verlag Barbara Budrich, Opladen, Berlin & Toronto
www.budrich-verlag.de

    ISBN   978-3-8474-0054-7 (Paperback)
    eISBN 978-3-8474-0310-4 (eBook)

Das Werk einschließlich aller seiner Teile ist urheberrechtlich geschützt. Jede Verwertung außerhalb der engen Grenzen des Urheberrechtsgesetzes ist ohne Zustimmung des Verlages unzulässig und strafbar. Das gilt insbesondere für Vervielfältigungen, Übersetzungen, Mikroverfilmungen und die Einspeicherung und Verarbeitung in elektronischen Systemen.

Umschlaggestaltung: Bettina Lehfeldt, Kleinmachnow – http://www.lehfeldtgraphic.de
Satz: Susanne Albrecht, Leverkusen
Druck: paper & tinta, Warschau
Printed in Europe

Inhalt

1.	**Einleitung**	9
1.1	Aktualität und historische Kontinuitäten	9
1.2	Grundperspektiven dieser Publikation	11

Teil A

2.	**Kinder- und Jugendschutz als regulative Idee**	13
3.	**Grundlegungen**	16
3.1	Ordnungsbilder	16
3.2.	Funktionen des Kinder- und Jugendschutzes	20
3.3	Handlungsoptionen	22
	Kontrollierend-ordnender Jugendschutz	23
	Erzieherischer Jugendschutz	23
	Struktureller Jugendschutz	24
	Intervenierender Jugendschutz	24
3.4	Schutzsphären	27
3.5	Konzeptionelle Entwicklungslinien	31
	Historische Abfolge	31
4.	**Entwicklungen des Jugendschutzrechts**	35
4.1	Früher Jugendarbeitsschutz	35
4.2	**Schutz vor Gefährdungen im öffentlichen Raum**	36
	Früher Jugendmedienschutz	36
	Gesetz zum Schutze der Jugend in der Öffentlichkeit (JÖSchG) 1951	39
	Gesetz zum Schutze der Jugend in der Öffentlichkeit (JSchÖG) 1957	39
	Gesetz zum Schutze der Jugend in der Öffentlichkeit (JÖSchG) 1985	40
4.3	**Schutz vor jugendgefährdenden Schriften und Medien**	41
	Vorgeschichte	41
	Gesetz über die Verbreitung jugendgefährdender Schriften (GjS) 1953	43
	Gesetz über die Verbreitung jugendgefährdender Schriften 1961	44

	Gesetz über die Verbreitung jugendgefährdender Schriften 1985	45
4.4	**Jugendschutz und Erziehung**	45
	Jugendwohlfahrtsgesetz	46
	Sozialgesetzbuch VIII – Kinder- und Jugendhilfe	47
5.	**Reform des Jugendschutzrechts 2003**	49
6.	**Organisationen und Institutionen**	51
6.1	**Aufsichtsbehörden**	51
6.1.1	Ordnungs- und Polizeibehörden	52
6.1.2	Medienkontrollinstitutionen	53
	Automaten-Selbst-Kontrolle – ASK	56
	Bundesprüfstelle für jugendgefährdende Medien – BPjM	56
	Deutscher Presserat	57
	Deutscher Werberat	57
	DT-Control	57
	Freiwillige Selbstkontrolle der Filmwirtschaft GmbH – FSK	57
	FSK.online	58
	Freiwillige Selbstkontrolle Fernsehen e.V. – FSF	58
	Freiwillige Selbstkontrolle Multimedia-Diensteanbieter e.V. – FSM	58
	Freiwillige Selbstkontrolle Telefonmehrwertdienste e.V. – FST	59
	Jugendschutzbeauftragte	59
	Jugendschutz.net	59
	Juristenkommission (JK)	59
	Kommission für Jugendmedienschutz – KJM	60
	Landesmedienanstalten	60
	Oberste Landesjugendbehörde	61
	Unterhaltungssoftware Selbstkontrolle – USK	61
	USK-online	61
	Exkurs in die Praxis	62
6.2	**Kinder- und Jugendhilfe**	62
6.3	**Verbandliche Organisationen im Kinder- und Jugendschutz**	64

Teil B

7.	**Zentrale Bestimmungen und Regelungen**	66
7.1	**Alterskennzeichnungen und Zugangsregelungen**	66
7.1.1	Einzelne Altersstufen	69
7.1.2	Praxishinweis: Internetzugang	72
7.2	**Regulierungen im öffentlichen Raum**	77
7.2.1	Rechtliche Grundlagen	77
7.2.2	Praxishinweis: Jugenddisko und Tanzveranstaltungen	79

7.2.3	Praxishinweis: Großveranstaltungen	83
7.2.4	Praxishinweis: Rauchen in der Ferienfreizeit	85
7. 3	**Elternverantwortung und Erziehungsbeauftragung**	88
7.3.1	Rechtliche Grundlagen	88
7.3.2	Praxishinweis: Kinobesuch	91
7.3.3	Praxishinweis: Begleitung durch eine erziehungsbeauftragte Person	96
7. 4	**Verantwortung in Gewerbe und Handel**	99
7.4.1	Rechtlicher Rahmen	99
7.4.2	Praxishinweis: Computerspiele im Kaufhaus	101
7.4.3	Praxishinweis: Alkoholabgabe und -konsum	104

Teil C

8.	**Information und Weiterführendes**	**109**
8.1	**Allgemeine Recherche**	109
	Literaturdatenbank zum Kinder- und Jugendschutz	109
	Literatur in wissenschaftlichen Bibliotheken	109
8.2	**Juristisches Material**	110
	Gesetzestexte	110
	Kommentare zum Jugendschutzrecht	110
8.3	**Periodika**	111
8.4	**Einzelne Themenfelder**	112
8.4.1	Frühe Hilfen und Intervention	112
8.4.2	Drogen- und Suchtpolitik	113
8.4.3	Medienpädagogik	114
8.4.4	Erzieherischer Jugendmedienschutz	115
8.4.5	Gewaltprävention	116
8.4.6	Europa	117

Abkürzungsverzeichnis	118
Abbildungsverzeichnis (Grafiken und Übersichten)	121
Literaturverzeichnis	122

Textfassung des Jugendschutzgesetzes (JuSchG) ... 124

Textfassung des Staatsvertrags über den Schutz der Menschenwürde und den Jugendschutz in Rundfunk und Telemedien (Jugendmedienschutz-Staatsvertrag – JMStV) ... 143

1. Einleitung

1.1 Aktualität und historische Kontinuitäten

Die Thematik des Kinder- und Jugendschutzes erlebt seit einigen Jahren eine Konjunktur, die fast an die fünfziger Jahre des letzten Jahrhunderts erinnert, als sich der Jugendschutz in unserer Gesellschaft erstmals in breiterer Form rechtlich und institutionell etablierte. Auch damals standen vor allem zwei Aspekte im Vordergrund der Aufmerksamkeit, die sich heute – freilich unter anderen gesellschaftlichen Kontexten, aber vielfach nur mit graduell abweichenden Akzentuierungen – erneut finden lassen:

Es war zum einen das damals aktuelle Massenmedium Film, das in der ersten Nachkriegszeit die Gemüter bewegte. Eine Antwort auf diese Debatten stellte unter anderem die Freiwillige Selbstkontrolle der Filmwirtschaft mit dem Regulierungssystem der Altersfreigaben dar, die zunächst allerdings zur Ablösung der von den Alliierten durchgeführten politischen Vorzensur gegründet wurde. Dieses System ist in unseren Tagen zum Vorbild für unterschiedliche weitere Selbstkontrollen der Medienwirtschaft geworden.

Zum anderen bereiteten Phänomene von Vernachlässigung und Desorientierung junger Menschen große Sorge. Schlechte Einflüsse durch Tanzveranstaltungen, Alkohol- und Tabakkonsum, der Zugang zu „billiger" Literatur oder – um noch ein weiteres Beispiel zu nennen – das Trampen einer mobiler werdenden Jugend wurden zum Anlass genommen, nach Maßnahmen des Jugendschutzes zu rufen.

Es sei mit Blick auf heute daran erinnert, dass viele dieser Gefährdungen dort kaum zu Schädigungen der Entwicklung führten, wo die personalen und familialen Verhältnisse eine tragfähige Bearbeitung zuließen. Aber in der unmittelbaren Nachkriegszeit gab es eben auch viele unvollständige Familien und „Schlüsselkinder", die wegen der Berufstätigkeit der Mütter tagsüber auf sich allein gestellt waren. Es gab eine „Berufsnot der Jugend" (Schelsky 1952) und andere gesellschaftliche Belastungen, die eine prekäre Grundlage für das Wirksamwerden von Gefährdungen bildeten. Geschichte wiederhole sich nicht, aber sie reime sich, soll Mark Twain gesagt haben. Und in der Tat eröffnen sich im Rückblick sehr wohl Vergleichs- und Abwägungsmöglichkeiten. Diese betreffen, vermutlich heute mehr denn je, die Grundposition des Kinder- und Jugendschutzes: einerseits die Aufgabe im Interesse unserer Jugend sehr ernst zu nehmen und andererseits öffentliche Erregung und geschäftige politische Aktion daraufhin zu beurteilen, ob sie auch tatsächlich und nachhaltig einen angemessenen Beitrag zu einem gelingenden Aufwachsen von jungen Menschen leisten.

Die derzeitige Aufmerksamkeit, die der Kinder- und Jugendschutz findet, dürfte auf unterschiedliche Ursachen zurückzuführen sein und speist sich aus verschiedenen Quellen. Unverändert stehen Sucht und Abhängigkeit von Tabak, Alkohol und anderen Drogen im Zentrum präventiver und kontrollierenden Handlungsansätze. Noch deutlicher als in früheren Jahrzehnten ist der Blick auf die Medienwelt gerichtet und mit der Sorge verbunden, dass manche der auf vielfältigen Wegen verbreiteten Inhalte, aber auch Struktur und Verfügbarkeit, Kinder und Jugendliche sozial und personal desorientieren, in ihrer Lebensführung und -entwicklung beeinträchtigen oder gar extrem stören.

Verletzungen der Menschenwürde und Beschädigungen der Entwicklung junger Menschen finden nicht nur auf einer virtuellen, medial vermittelten Oberfläche statt, sondern geschehen real – da bedarf es nicht erst eines Blickes in ferne Länder – auch in unserer Gesellschaft. Eltern vernachlässigen und vergehen sich an ihren und anderen Kindern, lassen sie verhungern oder töten sie gar. Und es darf auch nicht übersehen werden, dass es in Erziehungsinstitutionen (Schulen, Internaten, Jugendhilfeeinrichtungen) schwerste Fälle von Misshandlung gab und leider noch gibt. Gewiss sind dies keine Massenphänomene. Aber jeder Vorfall verlangt Aufmerksamkeit und strikte Reaktion. Zudem bedarf es in einer Gesellschaft, die zu den ökonomisch reichsten der Welt gehört und sich ihrer breit entwickelten Unterstützungs- und Hilfesysteme rühmt, angemessener Prävention, Intervention und therapeutischer Angebote.

Die heile Welt, die sich die bürgerliche Gesellschaft unter anderem mit ihren Familienbildern konstruierte, zeigt schließlich deutliche Risse, nicht zuletzt unter Bedingungen wachsender ökonomischer Verwerfungen zwischen Arm und Reich und damit vielfach einhergehender sozial-kultureller Desorientierungen.

Der Kinder- und Jugendschutz mit seinen diversen Handlungsformen gründet nicht allein in pragmatisch-nützlichen Überlegungen, mit welchen Aktivitäten man das gesellschaftliche System sichern und dessen Gefährdung möglichst gering halten kann. Der Menschenwürde und damit auch der Würde junger Menschen kommt eine zentrale Bedeutung in unseren weltanschaulich begründeten Wertesystemen und in unserem Grundgesetz zu. Seit einigen Jahren wird zudem gefordert, die Rechte von Kindern eigens in der Verfassungsordnung zu verankern (z.B. Kirchhof 2007).

> Der Kinder- und Jugendschutz braucht grundlegend einen normativen Horizont, eine „regulative Idee", um immer wieder aufs Neue darüber nachdenken zu können, was diese Gesellschaft der nachwachsenden Generation zumuten kann und nicht zumuten darf. Oder positiv gewendet: Eine Welt, die das Wohl von Kindern schützt, schützt mit dem Kind sich selbst. „Kinder und Jugendliche sind für die Menschheit Garanten des Lebenswissens". (Schmälzle 1995; S. 23)

In diesem Sinn ist diese Einführung nicht nur der Versuch, die vielfältigen Institutionalisierungen, rechtlichen Regelungen und organisatorischen Grundzüge der Jugendschutzsysteme in Deutschland abzubilden, sondern auch ein Plädoyer für einen engagierten gesellschaftlichen Diskurs über unsere Wertebilder als Voraussetzung der Ausrichtung des individuellen, staatlich oder gesellschaftlich verantworteten Handelns. Dabei kommt es darauf an, in dem noch darzustellenden „magischen" Dreieck zwischen Kontrolle, Erziehung und der Beeinflussung von Strukturbedingungen des Aufwachsens eine Balance zu finden. Und es ist wichtig, die unterschiedlichen Akteure in einem sich **wechselseitig stützenden System der Schutzbemühungen** aufeinander abzustimmen.

1.2 Grundperspektiven dieser Publikation

Die Vielgestaltigkeit möglicher Gefährdungen von Kindern und Jugendlichen, auf die die Gesellschaft mit Regelungen des Kinder- und Jugendschutzes reagiert[1], die diversen rechtlichen Regelungen und die unterschiedlichen Akteure und Handlungsmuster in diesem Bereich verlangen von einer so kurz gefassten Einführung hochkonzentrierte und auch vereinfachende Darstellungen. Grafische Strukturbilder sollen dabei helfen, den Überblick zu erleichtern.

Wir verzichten bewusst auf detaillierte Einzelinformationen in Form von Statistiken, Daten aus empirischen Untersuchungen und dergleichen und verweisen an deren Stelle auf Quellen, aus denen die Leserinnen und Leser jeweils aktuelle Informationen schöpfen können. Gleiches gilt für vertiefende Betrachtungen, die in einschlägigen wissenschaftlichen Studien zu finden sind. Im Hinblick auf tagesaktuelle und praxisorientierte Informationen verweisen wir auf die Recherchemöglichkeiten im Internet, insbesondere auf die Informationsangebote, die die öffentlichen und frei-gemeinnützigen Jugendschutzinstitutionen bereit halten.

Diese Einführung konzentriert sich auf den Jugendschutz in Deutschland. Aufgrund der Begrenzung des Umfanges dieser Arbeit muss dabei weitgehend ausgeblendet werden, dass sich durch die weltweite Verbreitung der Informationen, durch kulturelle Relativierungen von Wertorientierungen und durch die Dominanz nationalstaatlicher rechtlicher Regelungen – die erst sehr zaghaft durch internationale Aktivitäten ergänzt werden – ein hochdynamisches Feld gebildet hat. Hier müssen wir auf weiterführende Spezialliteratur und Quellen verweisen.

---

1   Die bislang breiteste Darstellung wurde 1995 mit dem von Bienemann, Hasebrink und Nikles herausgegebenen Handbuch des Kinder- und Jugendschutzes publiziert. Viele Inhalte sind nach wie vor aktuell. Eine gute Arbeitshilfe zum Präventiven Kinder- und Jugendschutz (2007) hat das Bayerische Landesjugendamt erstellt.

Wir möchten, dass mit den hier enthaltenen Darstellungen und Informationen eine möglichst sachgerechte und werturteilsoffene Einarbeitung in die Fragestellungen und Perspektiven des Kinder- und Jugendschutzes möglich ist. Gleichwohl können wir auf einige wertorientierte Einschätzungen und Beurteilungen nicht verzichten. Der Kinder- und Jugendschutz ist dabei kein geschlossenes System von Normen und Institutionalisierungen. Die „Jugendschutzlandschaft" verändert sich vor allem durch den Wandel der gesellschaftlichen Vorstellungen über das, was Jugend und Kindheit zu sein haben. Diese Vorstellungen werden als normative Erwartungen und Ansprüche vor dem Hintergrund von Wertvorstellungen formuliert, die zunächst die Erwachsenen auffordern, das Ihre dazu beizutragen, dass Jugendliche vor den von der Gesellschaft als Gefahrenquellen erkannten Kontakten, Stoffen, Medieninhalten und anderem mehr geschützt werden. Unabhängig von der Frage, wie die Gesellschaft zu dieser spezifischen Form normativer Erwartungen kommt und warum sie ausgerechnet diese oder jene Schutzräume formuliert, werden im gesellschaftlichen Diskurs Deutungsmuster und Regelungen abgeleitet, die in der Gesellschaft für die Entwicklung von Kindern und Jugendlichen für konstitutiv gehalten werden.

Diese Einführung in den Kinder- und Jugendschutz besteht einerseits in einem zusammenhängenden ersten Teil, der einige grundlegende Zuordnungen, die **historische Entwicklung und die diversen Institutionalisierungen** darlegt. Dieser Teil dient quasi der „Durchmessung" und damit auch der Reduktion der Komplexität des Kinder- und Jugendschutzes auf die wesentlichen Grundzüge. Im Hinblick auf **spezifische Einzelthemen** und auf entsprechende grundlegende und aktuelle Dokumente **sei auf das Online-Handbuch zum Jugendschutz** verwiesen, das unter www.handbuch-jugendschutz.de zu finden ist. Über die rechtlichen Regelungen des Jugendschutzgesetzes und des Jugendmedienschutz-Staatsvertrages mit Hinweisen auf weitere jugendschutzrechtliche bedeutsame Gesetze informiert der **Kommentar zum Jugendschutzrecht** (Nikles/Roll/Spürck/Erdemir/Gutknecht 2011). Die Autoren sind in wechselnden Zuordnungen an den Publikationen beteiligt. Ein zweiter Teil widmet sich ausgewählten Regelungsbereichen mit **pädagogisch ausgerichteten fallorientierten Darlegungen**. Die Fallschilderungen können auch als didaktisches Material eingesetzt werden. [2] Schließlich findet der Leser im dritten Teil **Hinweise auf Institutionen, Literatur und spezifische Quellen**. Weitere Literatur kann über die Literaturdatenbank der Bundesarbeitsgemeinschaft Kinder- und Jugendschutz e.V. (www.bag-jugendschutz.de) recherchiert werden.

---

2 Einige Teile dieser Publikation fanden sich in ähnlicher Art bislang in: Jugendschutzrecht. Kommentar zum Jugendschutzgesetz (JuSchG) und zum Jugendmedienschutz-Staatsvertrag (JMStV), 1. Aufl. München 2003 und 2. Aufl. München 2005. Die 2011 erschienene 3. Auflage konzentriert sich ausschließlich auf die Rechtskommentierung.

Teil A
2. Kinder- und Jugendschutz als regulative Idee

Der Kinder- und Jugendschutz ist sowohl ein verfassungsrechtlich begründeter und in diversen Gesetzen verankerter gesellschaftlicher Auftrag als auch eine im Kinder- und Jugendhilfegesetz festgelegte Fachaufgabe mit Zuordnungen zu und Verbindungen in viele gesellschaftliche Bereiche hinein. Der spezifische Charakter des Kinder- und Jugendschutzes als eines komplexen Geflechtes von Regelungen und institutionellen Vorkehrungen lässt sich nur schwer in einer einheitlichen Systematik darstellen – und dies ist zugleich ein Grundproblem der Verortung und der institutionellen Sicherung dieser Aufgabe. Beispielsweise erstrecken sich Zuständigkeiten über verschiedene Ministerien und Behörden, auf den Bund oder die Bundesländer und Kommunen, die jeweils aus ihrer Handlungslogik heraus Schwerpunkte setzen, die Thematik auch begrenzen oder unterschiedlich betonen.

Ausgehend von zentralen **Wertorientierungen** einer freiheitlichen und sozialen gesellschaftlichen Grundordnung steht als leitender Gedanke des Jugendschutzes die Entwicklung junger Menschen zu selbstständigen und gemeinschaftsfähigen Persönlichkeiten sowie die Sicherung dieser Entwicklung im Vordergrund. Die moderne Gesellschaft stellt für diese Entwicklung nicht nur chancenreiche Optionen zur Verfügung, sondern verursacht zugleich auch Bedingungen, die eine solche Entwicklung beeinträchtigen und hemmen können. Der Kinder- und Jugendschutz basiert auf der grundlegenden Vorstellung, dass die jungen Menschen im Sinne der Programmaussagen des Kinder- und Jugendhilferechts (§ 1 Abs. 3 Nr. 3 SGB VIII) vor Gefahren für ihr Wohl geschützt werden müssen.

Von diesen Überlegungen ausgehend leitet der Kinder- und Jugendschutz seine zentrale regulative Idee, das heißt den Auftrag ab, gezielt den Blick auf diejenigen Bedingungen und Verhältnisse zu lenken, die eine Gefährdung der personalen Integrität und der sozialen Integration von Kindern und Jugendlichen darstellen können. Die Einnahme dieser, primär auf mögliche Gefährdungen angelegten, Perspektive hat dem Jugendschutz seit jeher den Vorwurf eingehandelt, er sehe gesellschaftliche Sachverhalte und Entwicklungen nur in defizitärer Sicht, sei moralisch überfrachtet und sehe Chancen und Risiken der Entwicklung junger Menschen nicht ausgewogen genug. Im Einzelfall mag und muss man sich über die Berechtigung derartiger Urteile streiten, grundsätzlich aber gilt: der Kinder- und Jugendschutz ergreift nun einmal Partei. Er ist nicht „gegen etwas", sondern „für den Schutz".

> **„Recht auf Erziehung, Elternverantwortung, Jugendhilfe**
>
> (1) Jeder junge Mensch hat ein Recht auf Förderung seiner Entwicklung und auf Erziehung zu einer eigenverantwortlichen und gemeinschaftsfähigen Persönlichkeit.
>
> (2) Pflege und Erziehung der Kinder sind das natürliche Recht der Eltern und die zuvörderst ihnen obliegende Pflicht. Über ihre Betätigung wacht die staatliche Gemeinschaft.
>
> (3) Jugendhilfe soll zur Verwirklichung des Rechts nach Absatz 1 insbesondere
>
> 1. junge Menschen in ihrer individuellen und sozialen Entwicklung fördern und dazu beitragen, Benachteiligungen zu vermeiden oder abzubauen,
> 2. Eltern und andere Erziehungsberechtigte bei der Erziehung beraten und unterstützen,
> 3. Kinder und Jugendliche vor Gefahren für ihr Wohl schützen,
> 4. dazu beitragen, positive Lebensbedingungen für junge Menschen und ihre Familien sowie eine kinder- und familienfreundliche Umwelt zu erhalten oder zu schaffen."
>
> (Sozialgesetzbuch Achtes Buch SGB – VIII Kinder- und Jugendhilfe – § 1)

Der Kinder- und Jugendschutz bedient sich bei der Umsetzung dieser regulativen Idee diverser Handlungsformen, deren leitende Paradigmen (1) der Kontrolle und Intervention, (2) der Information, Förderung und Erziehung sowie (3) der Beeinflussung von Lebensbedingungen sich teilweise überschneiden, in Spannung zueinander stehen, aber zusammengenommen auch eine Art **„policy mix"** bilden.

Dabei geht es – dem Verständnis freiheitlich-demokratischer und rechtsstaatlicher Ordnung folgend – in den meisten Fällen nicht um direkte Einwirkungen auf das Handeln der Menschen, sondern um Regelungen der institutionellen und rechtlichen Rahmenbedingungen. Die konkreten Normen, Institutionen und Maßnahmen des Kinder- und Jugendschutzes, wie sie sich in den drei oben genannten Handlungsformen abbilden, haben sich im historischen und fachlichen Kontext in einer spezifischen Reihenfolge entwickelt. Zunächst wurde versucht, ausschließlich mit dem Mittel staatlicher Kontrolle einzugreifen und in erster Linie durch Verbote und Vorschriften, die sich an die Erwachsenen und Gewerbetreibenden richteten, Gefährdungen zu vermeiden oder zu mildern. Die erzieherische Dimension, nicht als versteckte Form der Sozialdisziplinierung, sondern als Förderung und Entwicklungsunterstützung, hat erst in den vergangenen Jahrzehnten immer größeres Gewicht erhalten. Seit einiger Zeit ist – im Sinne des Auftrages des § 1 Abs. 3 Nr. 4 SGB VIII, „positive Lebensbedingungen für junge Menschen und ihre Familien sowie eine kinder- und familienfreundliche Umwelt zu erhalten oder zu erschaffen" – der so genannte „strukturelle Jugendschutz" hinzugetreten. Hierbei handelt es sich um die Perspektive einer grundlegenden und frühzeitigen Beeinflussung von Lebensbedingungen und Lebensstrukturen, unter denen tragfähige Entwicklungsmöglichkeiten gewährleistet sind.

Positive und negative Lebensbedingungen sind in einem ständigen bewertenden Diskurs zu thematisieren. Dem Kinder- und Jugendschutz kommt dabei die spezielle Aufgabe zu, die Aufmerksamkeit auf die „Gefährdungsgrenzen" zu richten, zugleich aber auch die Kinder und Jugendlichen davor zu schützen, dass entwicklungsbedingtes konflikthaftes Verhalten junger Menschen vorschnell sanktioniert wird und damit gegebenenfalls sogar nicht intendierte negative Entwicklungen gefördert werden. Der **Kinder- und Jugendschutz ist kein Ersatz für fehlende Kommunikation und Zuwendung, kein Ersatz für defizitäre Erziehungsprozesse.** Und er kann kein polizeiliches oder kriminalpräventives Handlungsprogramm ersetzen.

Der Kinder- und Jugendschutz stellt insgesamt ein **gesellschaftliches, wertorientiertes Programm** dar, mit dem der Blick auf potentielle und tatsächliche Gefährdungen des Prozesses der sozialen, kognitiven, emotionalen und körperlichen Entwicklung junger Menschen gelenkt wird. Er besteht aus einem Bündel spezifischer rechtlicher Regelungen, schwerpunktmäßig im Bereich des Suchtmittel- und Medienkonsums, aus konkreten Regulierungen der Verbreitung und des Zugangs zu diesen Mitteln und Medien, aus erzieherischen Angeboten und Maßnahmen sowie aus diversen institutionellen und strukturellen Vorkehrungen, Gefährdungen nicht entstehen zu lassen.

3. Grundlegungen

Der Kinder- und Jugendschutz ist – wie oben dargelegt – ein Komplex unterschiedlicher Handlungs- und Eingriffsmuster in diversen gesellschaftlichen Feldern, die das Aufwachsen und Leben junger Menschen berühren. Bevor detaillierte Fragen danach gestellt werden, welche Akteure mit welchen Mitteln und Methoden handeln, ist ein Blick auf die den Kinder- und Jugendschutz leitenden Grundorientierungen sinnvoll. Es sollen also das zugrundeliegende Menschenbild, das Verständnis staatlichen Handelns und die Vorstellungen über die gesellschaftliche Ordnung betrachtet werden.

3.1 Ordnungsbilder

Noch vor staatlichem und gesellschaftlichem Handeln gehört die Förderung und Sicherstellung eines gelingenden Aufwachsens junger Menschen zu den **Aufgaben der Eltern**. Sie, d.h. in einem weiteren Sinne die Personensorgeberechtigten, die nach den Vorgaben unserer Verfassungsordnung „zuvörderst" in der Verantwortung für ihre Kinder stehen (Art. 6 Abs. 2 GG), sind dabei mit der Spannung konfrontiert, ihre Kinder einerseits so zu erziehen und zu begleiten, dass diese mit zunehmendem Alter in der Lage sind, ihr Leben selbstverantwortlich zu gestalten. Andererseits besteht ihre Aufgabe darin, Kindern oder Jugendlichen Schutz und Hilfe zu gewähren und risikobehaftete Einflüsse von ihnen fernzuhalten. Dabei gilt es, immer wieder die Balance zu finden zwischen den Freiheiten, die den Kindern eingeräumt werden oder die sie sich selbst erwerben, und den Grenzen, die ihnen gesetzt werden. Ob in der familialen Erziehung diese Balance gelingt, hängt von vielen Faktoren ab: von der Lebenssituation der Familie im sozialen Umfeld, vom sozial-ökonomischen und sozio-kulturellen Status, von den spezifischen Erziehungsstilen und nicht zuletzt von den Kompetenzen und dem Verhalten der Kinder selbst. Jenseits einzelner Erziehungsstile, Lebensentwürfe und Weltsichten weist unsere Gesellschaftsordnung in einem hohem Maße dem Individuum die Aufgabe zu, im Spannungsfeld zwischen sozialen und personalen Lebensrisiken und der selbstverantworteten Gestaltung des Lebens tragfähige Perspektiven zu entwickeln. Unser Menschenbild ist ausgerichtet auf die persönliche Entscheidungsfreiheit und auf die Eigenverantwortung des Einzelnen. Die Grenzen zwischen dieser individuellen Eigenverantwortung und der hoheitlichen Verantwortung des Staates werden durch Rechtsnormen bestimmt, die ihrerseits durch das jeweilige Wertesystem geprägt sind. So sind beispielsweise Eingriffe in das individuelle „Elternrecht" nur dann legitim, wenn Kinder von ihren Eltern vernachlässigt oder misshandelt werden oder wenn sich junge Menschen selbst Schaden zufügen und dies von den Eltern nicht abgewendet werden kann.

Nach unseren ordnungspolitischen Vorstellungen kommt es dem Staat nicht zu, die Erziehung durch Setzung konkreter Erziehungsziele unmittelbar zu regeln, sondern sein Wirken ist auf Einrichtung und Unterhalt von Bildungs- und Erziehungsinstitutionen begrenzt, wobei diese in ihrem Wirken selbstverständlich den Zielen der Verfassung verpflichtet sind. Auch die Jugendschutzgesetzgebung richtet sich nicht direkt auf den Prozess des Aufwachsens der Kinder und Jugendlichen selbst. Der Rechtsstaat hat allerdings die Aufgabe, das Individuum in seinen Rechten zu schützen. Programmatisch heißt es: „Jeder junge Mensch hat ein Recht auf Förderung seiner Entwicklung und auf Erziehung zu einer eigenverantwortlichen und gemeinschaftsfähigen Persönlichkeit" (§ 1 SGB VIII). Staatliches Handeln konzentriert sich im Jugendschutz darauf, Regelungen zu treffen, mit denen die vom Einzelnen nicht oder nur begrenzt beherrschbaren allgemeinen Gefährdungen unterbunden werden sollen. Gesellschaftlichen Institutionen, Gewerbetreibenden, Eltern und Erziehern, also generell den „Erwachsenen", werden Regelungen zum Schutz von jungen Menschen auferlegt. Sie begehen bei Nichtbeachtung in genau definierten Fällen Ordnungswidrigkeiten oder machen sich strafbar.

Die staatliche Ordnung wird durch die Verfassung, das Grundgesetz für die Bundesrepublik Deutschland, bestimmt. Das Spannungsfeld staatlicher Tätigkeit lässt sich mit Blick auf die Verfassung dadurch markieren, dass verschiedene Freiheiten garantiert werden müssen, die zum Teil in Konflikt miteinander geraten können: hier die Meinungsfreiheit, dort die Verletzung der persönlichen Ehre, hier das Recht und die Pflicht der Eltern, dort der Anspruch der Kinder auf Erziehung und Entwicklung.

Der Staat bewegt sich im Kinder- und Jugendschutz unter anderem **zwischen Eingriff und Kontrolle** einerseits und **Aufsicht über Regulierungen**, die in gesellschaftlich institutionalisierten Kontexten verankert werden, andererseits.

Beispielhaft sei auf den Mediensektor Bezug genommen. Zunächst gehört die Meinungsfreiheit zu den im Grundgesetz formulierten Grundrechten.

> „(1) Jeder hat das Recht, seine Meinung in Wort, Schrift und Bild frei zu äußern und zu verbreiten und sich aus allgemein zugänglichen Quellen ungehindert zu unterrichten. Die Pressefreiheit und die Freiheit der Berichterstattung durch Rundfunk und Film werden gewährleistet. Eine Zensur findet nicht statt.
> (2) Diese Rechte finden ihre Schranken in den Vorschriften der allgemeinen Gesetze, den gesetzlichen Bestimmungen zum Schutze der Jugend und in dem Recht auf persönliche Ehre.
> (3) Kunst und Wissenschaft, Forschung und Lehre sind frei. Die Freiheit der Lehre entbindet nicht von der Treue zur Verfassung."
> (Grundgesetz der Bundesrepublik Deutschland, Artikel 5)

Medienerzeugnisse werden damit nicht einer Zensur unterworfen, das heißt gerade nicht durch eine staatliche Zensurbehörde vor der Veröffentlichung geprüft und freigegeben. Allerdings unterliegen Herstellung und Handel der Verpflichtung, jugendgefährdende Medieninhalte von jungen Menschen fernzuhalten. Dies geschieht bei gefährdenden Inhalten dadurch, dass Vertriebsbeschränkungen eingehalten werden müssen. Diese werden durch die staatlichen beziehungsweise kommunalen Ordnungsbehörden auf ihre Einhaltung kontrolliert. Ferner gibt es altersbezogene Regulierungen beim Zugang zu den Medien durch Alterskennzeichnungen oder durch die Einhaltung von Sendezeiten. Dabei reguliert der Staat nicht unmittelbar selbst, sondern nimmt seine Verantwortung dadurch war, dass er einen ordnungspolitischen Rahmen vorgibt, innerhalb dessen die Medienanbieter, beispielsweise die privaten Fernsehsender, selbstregulierend tätig werden. Hierfür hat sich in den letzten Jahren der Begriff „Regulierte Selbstregulierung" etabliert.

Ein weiteres Beispiel bezieht sich auf die grundlegenden Bedingungen des Aufwachsens von Kindern. In den letzten Jahren wurden die gesetzlichen Vorgaben verdichtet, um den Jugendbehörden bei Vernachlässigung oder Misshandlung von Kindern ein zielgerichteteres Eingreifen zu ermöglichen. Die in solchen Fällen erforderlichen Maßnahmen, etwa die Herausnahme eines Kindes aus der Familie, bedürfen allerdings der familiengerichtlichen Prüfung und Begleitung. Aber auch hier lässt sich die grundsätzliche Spannung zwischen Elternrecht und staatlichem Wächteramt über die Entwicklung der jungen Menschen nicht aufheben.

Immer wieder kommt es in Einzelfällen und im gesellschaftlichen Diskurs zu strittigen Auseinandersetzungen, bei denen die unterschiedlichen Rechtsgüter, die Interessen und Auffassungen gegeneinander abgewogen werden.

Welchen gesellschaftspolitischen Vorstellungen wir im Kinder- und Jugendschutz folgen, ist auf einer generellen Ebene Konsens: Ob Wirtschaft und Handel, Telekommunikationsunternehmen oder Fernsehanbieter, alle versprechen über ihre Verbände Bemühungen um Beachtung des Kinder- und Jugendschutzes. De facto aber ist es immer wieder erforderlich zu prüfen, ob und inwieweit den wirtschaftlichen Interessen im Detail dennoch Vorrang eingeräumt wird. Marktmechanismen richten sich nicht nach moralischen Kategorien, sondern folgen dem Prinzip der Gewinnmaximierung. Unternehmen und Verbände verfügen zwar vielfach über eigene selbstverpflichtende Verhaltensrichtlinien. Dennoch bedarf es in vielen Fällen des öffentlichen Diskurses und der konkreten Einforderung dieses Verhaltens. Dabei scheint der bessere Weg immer zunächst der zu sein, Korrekturen von Marktprozessen in die Verantwortung der Zivilgesellschaft sowie der Unternehmen selbst zu legen, statt eine Lösung durch rechtliche Vorgaben vom Staat zu erwarten.

Menschenbild, Gesellschaftsbild und Staatsverständnis sind die drei Orientierungsbilder, deren spezifische Spannungen immer wieder Anlass geben, bei Auftreten von Gefährdungspotenzialen über den geeigneten Kinder- und Jugendschutz zu entscheiden: Was überlassen wir den Eltern und wo setzen wir auf die eigenen Kräfte des jungen Menschen? In welchen Bereichen hat der Staat eine konkrete Schutzaufgabe? Wo sind Gesellschaft und Wirtschaft in der Handlungsverantwortung? Und wie lassen sich die unterschiedlichen Ansätze und Verantwortlichkeiten miteinander verbinden, durch das Zusammenwirken der Institutionen, durch gemeinsame Kampagnen in der Öffentlichkeit, durch Informationsangebote und – was unverzichtbar ist – durch das Wachhalten eines öffentliches Diskurses.

Abbildung 1: Ordnungsbilder

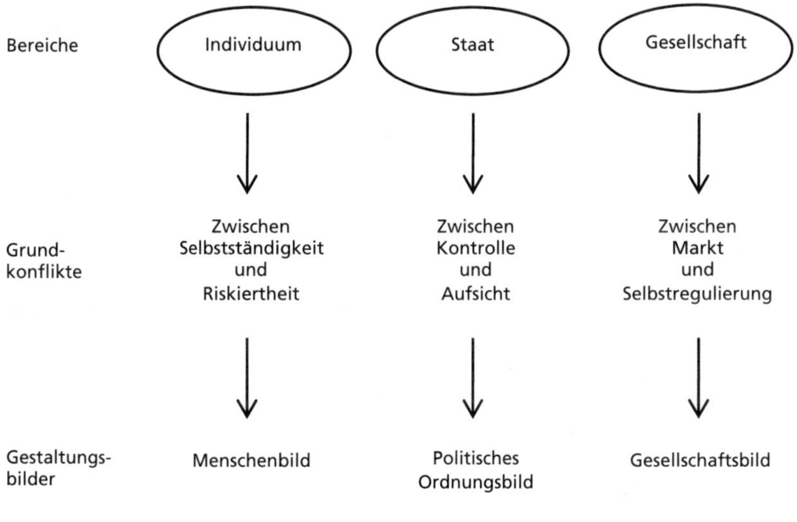

Bereiche	Individuum	Staat	Gesellschaft
Grund-konflikte	Zwischen Selbstständigkeit und Riskiertheit	Zwischen Kontrolle und Aufsicht	Zwischen Markt und Selbstregulierung
Gestaltungs-bilder	Menschenbild	Politisches Ordnungsbild	Gesellschaftsbild

3.2 Funktionen des Kinder- und Jugendschutzes

Der Jugendschutz, seine Wertbilder, Regelungen und Institutionen, nehmen im gesellschaftlichen Kontext eine Reihe sich ergänzender Funktionen wahr, die man schwer in eine Rangfolge stellen kann.
Die zentrale, vor allem rechtlich gestützte Funktion ist die der Bewahrung junger Menschen vor schädigenden Einflüssen. Ungeachtet der Schwierigkeiten, sich über das Schädigungspotential von Substanzen (Droge oder Genussmittel?) oder von Medieninhalten (Spiel oder Gewaltanregung?) zu verständigen, stehen wir vor vielfältigen Problemen, die Einflüsse zu kontrollieren oder gar auszuschließen. Je offener die Substanzen und Inhalte im gesellschaftlichen Raum zugänglich sind, desto größer und vernetzter muss und wird der Aufwand sein, die gewünschten Regulierungen auch umzusetzen. Konnte man in den ersten Jahren des Kinofilms noch durch strikte Zugangsbeschränkungen jungen Menschen den Zutritt zu Kinosälen verwehren, so ist dies heute zwar immer noch möglich, doch existieren die Filminhalte in anderen technischen Formen wie Video-Kassetten, DVD und neuerlich auch in elektronisch vermittelbarer Form. Der Konsum der Inhalte ist nicht mehr gebunden an konkrete Orte oder an ein „festes" technisches Medium. Mithin reichen Kontrollen des „öffentlichen Raumes" nicht mehr aus. Handel und Verbreitung jugendgefährdender medialer Inhalte lassen sich zwar in nationalstaatlichen Grenzen mit den zur Verfügung stehenden ordnungs- und strafrechtlichen Instrumenten in gewissem Umfang kontrollieren, doch jenseits dieser gelten andere rechtliche Bestimmungen und differente kulturelle und gesellschaftspolitische Bewertungsmuster. Und die Grenzen zwischen den gesellschaftlichen Systemen sind fließender denn je in der menschlichen Geschichte.

Die Anregung des öffentlichen Diskurses über Gefährdungen des Aufwachsens ist keine Funktion, die rechtlich grundgelegt werden könnte. Der Diskurs erwächst aus der Auseinandersetzung mit gesetzlichen Regelungen, mit dem Verhalten von Gewerbetreibenden oder Medienanbietern und besonderen Ereignissen. Zu nennen wären Anlässe wie der Prozess gegen einen Gastwirt, dem durch Flatrate-Veranstaltungen Mitschuld am Alkoholtod eines Jugendlichen vorgeworfen wird [Urteil LG Berlin 03.07.2009 Az.: (522) 1 Kap Js 603/07 Ks (1/08) , ZJJ 2010, S. 78-80], grenzwertige Doku-Soaps eines Fernsehsenders, Amokläufe desorientierter Schüler. Die entstehenden öffentlichen Debatten sind gerade in einer Mediengesellschaft schwer in pragmatische und zielgerichtete Strategien hinein zu lenken. Der medial unterstützten Erregung des Volkes folgen dann vielfach populistische Reaktionen aus dem politischen Entscheidungsraum der Parteien und der Regierungen. Diese sind nicht immer funktional auf das zentrale Anliegen des Kinder- und Jugendschutzes bezogen. Deshalb sind auch die verfolgten „Nebenziele" zu beachten, etwa politische Profilierungen oder Legitimationsstrategien.

Wenn rechtliche, institutionelle und vollzugsorientierte Maßnahmen tragfähig sein sollen, dann bedarf es solider politisch-handwerklicher Arbeit, die gerade bei diesem Thema Rückbindung an gesellschaftlich relevante Gruppen und Organisationen erfahren muss, auf deren Mitwirkung bei der Erreichung von breiter gesellschaftlicher Akzeptanz nicht verzichtet werden kann.

Die oben aufgezeigten Grenzen der Kontrolle und Regulierung des Zugangs junger Menschen zu Produkten und Medien mit Gefährdungspotential sind Anlass, die Stärkung der Eigenkräfte der jungen Menschen als weitere zentrale Funktion des Kinder- und Jugendschutzes zu betonen. Neben einer grundlegenden und allgemeinen Stärkung der personalen und sozialen Entwicklung junger Menschen in Elternhaus, Tageseinrichtung, Schule und Jugendarbeit bieten sich auch spezielle erzieherische Ansätze, beispielsweise mit konsumpädagogischen oder medienpädagogischen Angeboten an. Individualisierungstendenzen, die unsere moderne Gesellschaft kennzeichnen, taugen nicht als Anknüpfungspunkt für Argumentationen, der Staat solle sich aus generellen Jugendschutzregelungen zurückziehen. Der Jugendschutz ist unverzichtbarer Teil staatlich verantworteter Sorge um ein gelingendes Aufwachsen junger Menschen. Diese Aufgabe nimmt er auch wahr über den Erzieherischen Kinder- und Jugendschutz, der allerdings im Kontext des Kinder- und Jugendschutzgesetzes (SGB VIII) relativ schwach ausgestaltet ist, was sich unter anderem an der nicht bedarfsgerechten Personalausstattung der Jugendämter ablesen lässt.

Unsere Gesellschaft zeichnet sich dadurch aus, dass ihre institutionalisierten Systeme der Bildung und Wissensvermittlung immer früher und immer umfassender die Sozialisationsprozesse mitbestimmen. Gleichwohl kommt den Eltern weiterhin eine zentrale Bedeutung im Prozess des Aufwachsens der jungen Menschen zu. Die Stärkung der erzieherischen Kompetenzen von Eltern und fernerhin von allen in der Erziehung tätigen Personen ist auch im Jugendschutz eine wichtige Aufgabe. Dies gilt vor allem unter zwei Gesichtspunkten. Zum einen ist das Aufwachsen in der Perspektive des einzelnen jungen Menschen meist auch mit dem Austesten von Grenzen der eigenen Belastbarkeit (etwa beim Alkoholkonsum), mit der Klärung dessen, was ihm noch untersagt und schon erlaubt ist (etwa beim frühen Diskobesuch) oder mit Protesthaltungen gegenüber gesellschaftlichen Normen verbunden. Zum anderen fühlen sich Eltern vielfach allein dadurch in ihrem Handeln überfordert, weil die Umgangsformen der jungen Menschen neuartig sind oder weil neue Medien und Medieninhalte auftreten, weil sie den oft mühevollen Dialog darüber nicht durchhalten oder schlicht durch eigene schwierige Lebenslagen bedrängt sind. Die Regelungen zum Jugendschutz, leider nur in wenigen Bereichen in verständlicher Rechtssprache formuliert, sind ihnen zwar überwiegend in groben Umrissen bekannt, aber nicht immer in einer Form präsent, die erzieherische Abwägungen und Entscheidungen erleichtern. Dies gilt z.B. auch für Erziehungspersonen, die im Wissen um Altersbeschränkungen den Alkoholkonsum vierzehn- bis achtzehnjähriger in einer Ferienfreizeit eher „managen" müssen, denn immer strikt handhaben können. Die in vielfältigen Formen verfügbaren Informations- und Aufklärungsschriften, Hinweise in Webangeboten und gelegentlichen Veranstaltungen in der Eltern- und Familienbildung erreichen nach allen Erfahrungen überwiegend diejenigen Eltern, die ohnehin bereits gut informiert sind oder ein besonderes Interesse beispielsweise hinsichtlich der Mediennutzung ihrer Kinder entwickelt haben.

Strukturbildende Einflussnahmen auf Bedingungen des Aufwachsens – etwa in der Form, in der sie in § 1 SGB VIII angesprochen sind – umfassen eigentlich das, was man sich idealerweise als Alternative zu Geboten und Verboten wünscht: Der Abenteuerspielplatz als attraktive Alternative zur nachmittäglichen Fernsehsoap, das Sportprogramm, das das Kräftemessen im virtuellen Computerspiel ergänzt, der nächtliche Diskobus, der jungen Leuten eine sichere Heimkehr ermöglicht. An diesen Beispielen wird der enge Bezug des Jugendschutzes zur Kinder- und Jugendhilfe und zur Jugendarbeit deutlich.

3.3 Handlungsoptionen

Bei der Umsetzung der Ziele des Kinder- und Jugendschutzes bieten sich verschiedene Handlungsoptionen an, die aus den oben dargestellten Orientierungsbildern einerseits und aus den Ressourcen der einzelnen Akteure andererseits resultieren. Grob skizziert stehen Gesetzgeber und Regierung vor allem rechtliche, programmatische und finanzielle Mittel zur Verfügung. Sie können einen Beitrag zur kontrollierend-ordnenden Dimension des Kinder- und Jugendschutzes leisten, den gesellschaftlichen Diskurs anregen sowie Institutionen einrichten oder fördern, die den Kinder- und Jugendschutz als ihre Zweckbestimmung betrachten. Bei Letzteren kann es sich beispielsweise um die Einrichtung von Kontrollinstitutionen handeln (z. B. die Bundesprüfstelle für jugendgefährdende Medien) oder um Träger und Verbände, die den Kinder- und Jugendschutz als Fachaufgabe betreiben (z. B. auf Bundesebene die Bundesarbeitsgemeinschaft Kinder- und Jugendschutz oder in den Bundesländern die diversen Arbeitsgemeinschaften und -stellen).

Kontrollierend-ordnender Jugendschutz[3]

> Mit dieser Bezeichnung wird in Fachkreisen das gesamte kontrollierende Repertoire an Jugendschutzregelungen und -maßnahmen (klassisch: Gesetzlicher Jugendschutz) bezeichnet. Diese Regelungen (Gebote, Verbote, Maßnahmen, Kontrollen, Auflagen) sind Ausdruck ordnungspolitischen Gestaltungswillens hinsichtlich der Rahmenbedingungen, unter denen in dieser Gesellschaft junge Menschen möglichst ungefährdet aufwachsen sollen. Institutionell bearbeitet wird dieser Bereich des Jugendschutzes durch die Ordnungsbehörden, Institutionen der Medienaufsicht wie die Bundesprüfstelle für jugendgefährdende Medien oder die Kommission für Jugendmedienschutz sowie – im Rahmen rechtlicher Vorgaben und/oder selbstverantwortet – durch Selbstkontrolleinrichtungen der Medienanbieter.

Es ist nur begrenzt möglich, den Entwicklungsprozess junger Menschen mit Hilfe kontrollierender Regelungen im Sinne von Abschirmungen vor Gefährdungen, also durch Vorschriften für Erwachsene, Gewerbetreibende oder Medienanbieter zu beeinflussen. Daher sind Bemühungen um die Erziehungskompetenz der Eltern und um eine Stärkung der jungen Menschen selbst von großer Bedeutung. Dabei geht es vor allem darum, dass Erziehende und junge Menschen generelle Kompetenzen entwickeln, mit potentiell gefährdenden Einflüssen umzugehen: Die Konsumerziehung kann dazu beitragen, dass junge Menschen ein kritisches Auswahlverhalten gegenüber Konsumangeboten entwickeln, die Medienpädagogik kann den Blick schärfen für die offenen oder verborgenen Botschaften der Inhalte, denen wir in der so genannten „Mediengesellschaft" täglich ausgesetzt sind. Deshalb ist der Erzieherische Jugendschutz, rechtlich verankert in § 14 SGB VIII – Kinder- und Jugendhilfe, zunehmend wichtig.

Erzieherischer Jugendschutz

> Um die Kinder und Jugendlichen in ihrer eigenen Urteils- und Unterscheidungsfähigkeit zu stärken und weil schädigende Einflüsse auf die Entwicklung junger Menschen trotz rechtlicher Regelungen und technische Vorkehrungen nicht ausgeschlossen werden können, sind vielfältige pädagogische Angebote und Hilfestellungen für unterschiedliche Gefährdungsbereiche entwickelt worden. Sie richten sich sowohl an Eltern (durch Information und Beratung), an Erzieher und Lehrkräfte (durch Information, didaktisches Material und methodische Schulung) sowie an junge Menschen selbst (durch Information, Aufklärung und allgemeine Stärkung ihrer Lebenskompetenzen). Getragen wird dieser Bereich des Jugendschutzes primär durch öffentliche und private Träger der Jugendhilfe, die in unmittelbarem Kontakt zum Erziehungsgeschehen stehen.

---

3   Die Verfasser benutzen den Begriff „Kontrollierend-ordnender" Jugendschutz, um die ordnungspolitische Dimension deutlich hervorzuheben. Unter rechtlichen Aspekten wäre der Begriff „ordnungsrechtlich" zu wählen, da das Jugendschutzgesetz rechtssystematisch dem Nebenstrafrecht zugeordnet wird. In jedem Fall ist für diesen Bereich des Jugendschutzes die häufig verwandte Bezeichnung „Gesetzlicher Jugendschutz" nicht ganz zutreffend, denn auch andere Bereiche des Jugendschutzes sind gesetzlich normiert.

Der Erfolg des Erzieherischen Kinder- und Jugendschutzes hängt davon ab, ob und wie die pädagogischen Aufgabenbereiche, insbesondere Schule und Jugendhilfe) spezifische Gefährdungsaspekte in ihren Konzepten berücksichtigen und inwieweit die Eltern ihren Erziehungsaufgaben nachkommen. Die Aufmerksamkeit dafür, dass die Querschnittsaufgabe Kinder- und Jugendschutz stärker integriert werden muss, ist in den letzten Jahren deutlich gestiegen. Dies mag vielleicht auch damit zusammenhängen, dass in unserer Gesellschaft junge Menschen zu einem „knappen Gut" geworden sind, das erhöhte Anstrengungen der Förderung und Hilfe provoziert.

Struktureller Jugendschutz

Neben den diversen rechtlichen Regelungen und dem erzieherischen Einwirken existiert eine Fülle von strukturellen Rahmenbedingungen, die den Schutz von Kindern und Jugendlichen fördern und sichern. In erster Linie sind hier die Lebens- und Sozialisationsbedingungen zu nennen, die entscheidend auf den Entwicklungsprozess junger Menschen einwirken. Als Beispiel können Freizeitangebote genannt werden, die insbesondere bei so genannten „anregungsarmen" familialen Verhältnissen ein Gegengewicht zu ansonsten möglicherweise einseitigem Medienkonsum sein können.

> Es handelt sich beim strukturellen Jugendschutz aber nicht um ein eigenes, genauer umrissenes Handlungsfeld (wie die kontrollierend-ordnenden Regelungen oder der erzieherische Jugendschutz), sondern um eine „Dimension" oder „Blickrichtung". Getragen wird diese Perspektive von der Vorstellung, dass alle Institutionen, deren Handeln einen Bezug zu jungen Menschen hat, in der Verpflichtung stehen, auf deren Lebensbedingungen positiv einzuwirken. Dies beginnt bei der Stadtplanung, setzt sich fort über die Schule bis hin zur Jugendhilfe, die hier im Sinne einer „Einmischungsstrategie" eine besondere im Kinder- und Jugendhilfegesetz verankerte Aufgabe hat.

Der Strukturelle Jugendschutz findet seinen rechtlichen Anknüpfungspunkt in § 1 Abs. 3 Nr. 4 des Sozialgesetzbuches VIII.

Intervenierender Jugendschutz

Die öffentliche Aufmerksamkeit, die in den letzten Jahren den Fällen von Kindesvernachlässigung und Kindestötung zukam, trug wesentlich dazu bei, dass sich das Begriffsverständnis des „Kinder- und Jugendschutzes" auf die bis dahin nicht übliche Kategorie eines individuell intervenierenden Jugendschutzes erweiterte. Sie führte 2005 und 2012 zu gesetzlichen Neuregelungen im Kontext des Kinder- und Jugendhilfegesetzes (SGB VIII) sowie zu manchen organisatorisch-fachlichen Neuordnungen der örtlichen Jugendhilfe (vgl. Struck 2012). Wird bekannt, dass Kinder oder Jugendliche durch Personensorgeberechtigte vernachlässigt oder misshandelt werden, ist die öffentliche Jugendhilfe zu Schutzmaßnahmen gesetzlich verpflichtet. Hinzuweisen ist darauf, dass der Schutzaspekt zunächst allerdings nur am Anfang des Interventionsvorganges steht, nämlich dann, wenn in den familialen Haushalt beziehungsweise in den Lebenskontext des jungen Menschen eingegriffen wird. Es folgen danach in der Regel erzieherische Interventionen und Maßnahmen, in schwereren Fällen auch die Fremdunterbringung von Kindern.

> Mit dem intervenierenden Jugendschutz bezeichnen wir hoheitliche Eingriffe in das Sorgerecht von Eltern und Personensorgeberechtigten, die ihre Kinder vernachlässigen oder misshandeln. Mit diesem Begriff lässt sich das „klassische" Dreieck des Jugendschutzes (Kontrolle-Erziehung-Strukturbeeinflussung) ergänzen.

Traditionellerweise werden in Deutschland die Inobhutnahme oder auch der Schutz von Kindern und Jugendlichen in Einrichtungen, der durch regelmäßige Überprüfungen der Ausstattung und Qualitätsentwicklung in Einrichtungen der Erziehungshilfe gewährleistet wird, nicht zum üblichen Repertoire des Kinder- und Jugendschutzes, wie es insbesondere rechtlich durch das Jugendschutzgesetz, das Jugendarbeitsschutzgesetz und den Jugendmedienschutz-Staatsvertrag umrissen wird, gezählt. Unabhängig davon, dass die genannten Interventionen in einem sehr spezifische Aufmerksamkeits- und Handlungsrahmen stehen, sind wohl auch die Grenzziehungen zwischen den Institutionen dafür verantwortlich, dass die möglichen Zusammenhänge, beispielsweise eine unter Vernachlässigung stehende Lebenssituation von Kindern und deren mangelnde eigene Abwehrkraft gegenüber materiellen und medialen Gefährdungen, zu wenig in den Blick genommen werden.

Die dargestellten Handlungsoptionen besitzen unterschiedliche Charakteristiken (vgl. Abb. 2).

Beim kontrollierend-ordnenden (ordnungsrechtlichen) Jugendschutz stehen die Handlungsmittel des Rechts im Vordergrund. In politischen Programmen und durch Rechtsetzung (Gesetze, Rechtsverordnungen) werden Sachverhalte als regelungsbedürftig definiert und Verfahren der Umsetzung festgelegt. Diese Handlungsoption arbeitet mit einem hohen Generalisierungsgrad und setzt darauf, dass in der Öffentlichkeit die Normen Anerkennung finden. Sollen die Regelungen Wirkung entfalten, so müssen sie nicht nur bekannt sein, sondern in der Bevölkerung beziehungsweise bei den zu beteiligenden Unternehmen (Gewerbetreibenden, Medienanbietern) auch auf Akzeptanz treffen. Wichtig ist zudem, dass es ausreichende Sanktionsmöglichkeiten für den Fall abweichenden Verhaltens gibt und diese auch angewendet werden.

Der Erzieherische Jugendschutz setzt vor allem auf die Handlungsmittel der Information, der Aufklärung und der Partizipation der zu beteiligenden Eltern, Erzieher und Lehrer sowie der jungen Menschen selbst. Es müssen Kommunikationsfelder, Räume und Situationen geschaffen und genutzt werden, um spezifische Erziehungsziele zur Sprache bringen zu können, um Erziehungsvorgänge erörtern und Handlungsperspektiven im personalen Raum entwickeln zu können. Hoch generalisierte Vorgehensweisen, etwa das Verteilen von Kleinschriften oder Plakataktionen verfehlen ihre Wirkungen, wenn sie nicht eingebettet sind in personale Kommunikation, die auch soziale und kulturelle Bedingungen des Erziehungsumfeldes berücksichtigen.

Der strukturelle Jugendschutz stellt zum einen eine „indirekte" Form des Jugendschutzes insoweit dar, als tragfähige Entwicklungsbedingungen jungen Menschen einen Schutz vor belastenden Einflüssen bieten können. Wer beispielsweise über eine solide schulische Bildung verfügt, kann sich in der Regel anders mit medialen Inhalten kritisch und auch distanznehmend auseinandersetzen als jemand, der nur über begrenzte Kompetenzen verfügt. Diese Handlungsoption verlangt ein hohes Maß an vernetztem Denken über Lebensräume und Lebensbedingungen und tragfähige Kooperationsmuster zwischen Politik, Planung und den praktischen Handlungsebenen.

Beim intervenierenden Jugendschutz handelt es sich um die direkteste Form des Eingriffs in Lebenszusammenhänge. Und es stellt sich die Aufgabe, besonders aufmerksam und sensibel mit der Balance zwischen hoheitlichem Eingreifen, den Schutzbedürfnissen des jungen Menschen und der Verantwortung der Eltern umzugehen. Die konkreten Eingriffsmuster müssen letztlich immer die Lebens- und Entwicklungsperspektive der Kinder und Jugendlichen in den Mittelpunkt stellen und pädagogischem Handeln den Vorrang geben.

Abbildung 2: Handlungsarten

	Kontrollierend-ordnender Jugendschutz	Erzieherischer Jugendschutz	Struktureller Jugendschutz	Intervenierender Jugendschutz
Handlungsmittel	Rechtliche Mittel (Gesetze, Verordnungen, Verfahren)	Leitbilder und erzieherische Methoden	Planungs- und Organisationsmittel	Hoheitliche eingreifende Maßnahmen
Handlungsform	Politische Programme, Gesetzgebung, Regulierungsmechanismen	Information, Kommunikation und Partizipation	Infrastrukturplanung	Gesetzliche Eingriffsmuster und erziehungsbezogene Kooperationen
Handlungsdimension	Generalisierung, Gewerbe- und Unternehmensbezug, Orientierung auf Öffentlichkeit	Personalisierung, Einbeziehung von Erziehungspersonen und jungen Menschen	Einbeziehung von Trägern der Infrastruktur, Schaffung sozial aktiver Felder	Personalisierung, unmittelbare Einbeziehung von Erziehungspersonen und jungen Menschen
Wirkungsbezug	Kenntnis der Regelungen; Akzeptanz; Umsetzung der Kontrollen	Akzeptanz, Verhaltensregulierung im sozialen und personalen Umfeld	Beeinflussung von Lebensbedingungen	Inobhutnahme, Hilfen zur Erziehung, Verhaltensregulierung im sozialen und personalen Umfeld

Im Gegensatz zu früheren Jahrzehnten, in denen die Trennungslinien zwischen der Jugendwohlfahrt (bzw. Jugendhilfe) auf der einen Seite („Wir machen die emanzipatorische pädagogische Arbeit") und des Jugendschutzes auf der anderen Seite („Wir brauchen ordnungspolitische Grenzziehungen") zum Teil überaus deutlich ausgeprägt waren, ist die Sprachlosigkeit zwischen den Akteuren heute weitgehend gewichen. Die unterschiedlichen Ansätze des Kinder- und Jugendschutzes werden nicht mehr als getrennte Ansätze, sondern eher als sich ergänzende betrachtet. Dies mag daran liegen, dass die gesellschaftlichen Entwicklungen dem sozialpädagogischen und auf soziale Problemlagen ausgerichteten Handeln im Jugendalter zunehmende Bedeutung zukommen ließen. Auch die Aufnahme des Erzieherischen Kinder- und Jugendschutzes als Auftrag in das Kinder- und Jugendhilfegesetz hat der Jugendhilfe die Möglichkeit eröffnet, sich mit einer eigenständigen präventiven Jugendschutzarbeit zu profilieren. Vielleicht spielt auch die Tatsache eine gewichtige Rolle, dass der institutionalisierte Jugendschutz durch die Implementierung von Erkenntnissen sozial- und erziehungswissenschaftlicher Forschung dem Verdacht entgegentrat, seine Politik ausschließlich an normativen Vorgaben auszurichten. Im Konzept eines strukturellen Jugendschutzes sprechen die institutionalisierten Bereiche des Jugendschutzes und der Kinder- und Jugendhilfe im Übrigen die gleiche Sprache. Beide nehmen – wie bereits dargestellt – den programmatischen Satz des § 1 SGB VIII auf. Unmittelbar nach dem Auftrag „Kinder und Jugendliche vor Gefahren für ihr Wohl zu schützen" folgt, dass die Jugendhilfe dazu beitragen soll, „positive Lebensbedingungen für junge Menschen und ihre Familien sowie eine kinder- und familienfreundliche Umwelt zu erhalten oder zu schaffen."

3.4 Schutzsphären

Die verschiedenen Jugendschutzansätze wurden im vorangegangenen Abschnitt in ihrem jeweiligen Handlungsprofil als „kontrollierend-ordnender", „erzieherischer", „struktureller" und „intervenierender" Kinder- und Jugendschutz dargestellt. Ein weiterer Ansatz einer Systematisierung besteht in der Betrachtung unterschiedlicher Schutzsphären, auf die sich die gegenseitig ergänzenden Handlungsarten beziehen. Unsere Gesellschaft kennt zur Sicherung der sozialen Integration und zur personalen Integrität junger Menschen folgende, graphisch konzentrisch darstellbare Sphären.

Abbildung 3: Schutzsphären

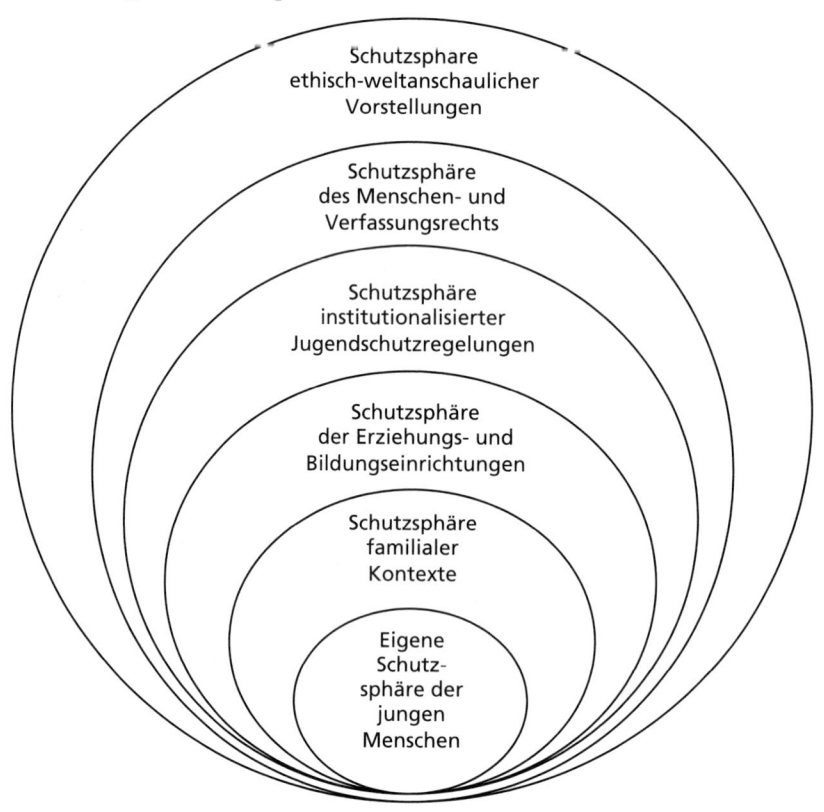

- Schutzsphäre ethisch-weltanschaulicher Vorstellungen
- Schutzsphäre des Menschen- und Verfassungsrechts
- Schutzsphäre institutionalisierter Jugendschutzregelungen
- Schutzsphäre der Erziehungs- und Bildungseinrichtungen
- Schutzsphäre familialer Kontexte
- Eigene Schutzsphäre der jungen Menschen

Ziel jeglichen Jugendschutzes ist, dass der junge Mensch im Laufe seiner Entwicklung – unterstützt und gefördert durch Erziehung und geschützt durch gesellschaftliche Regulierungen und tragfähige Lebensbedingungen – eine eigene Schutzsphäre institutionalisierter Regelungen vor gefährdenden Einflüssen aufbaut. Dies ist in einer Gesellschaft, die viele Freiheiten zulässt und sich selbst auch mannigfaltige Gefährdungen „zumutet", ein wichtiges Ziel des Jugendschutzes. Es kommt hinzu, dass junge Menschen in einer offenen Gesellschaft, in die inzwischen Informationen aus der ganzen Welt einströmen und die nicht an den nationalen Grenzen Halt machen, nur unzureichend vor Gefährdungen durch Medieneinflüsse geschützt werden können, selbst wenn wir hierüber einen nationalgesellschaftlichen Konsens herstellen wollten. Wir setzen vor allem bei unseren erzieherischen Bemühungen darauf, dass einzelne gefährdende Einflüsse umso weniger nachhaltigen Schaden anrichten, je stabiler die soziale und personale Identität des jungen Menschen ist und je gesicherter seine Lebensbedingungen sind. In diesem Kontext ist auch ein Blick auf die Gruppenbildungen junger Menschen zu richten, die zunehmend nicht nur in tatsächlichen „peer-groups" existieren, sondern auch in den medial getragenen Kommunikationswelten.

Eine zweite Schutzsphäre ist die familiale Umwelt. In diesem Bereich ist besonders darauf zu achten, dass sich die Eltern ausreichend um den Alltag ihrer Kinder kümmern. Manche Eltern-Kind-Beziehungen sind durch Kommunikationsarmut bestimmt, vielen Eltern fehlen Zeit, Kraft und manchmal auch die Kompetenz, sich mit den Erfahrungen ihrer Kinder auseinanderzusetzen. Dazu gehören nun einmal die ersten Erfahrungen mit gesellschaftlich akzeptierten potentiellen Suchtstoffen (Alkohol und Tabak) oder der Kontakt mit gefährdenden Medieninhalten. Diese Erfahrungen der Kinder und Jugendlichen müssen im Elternhaus reflektiert und mit den jungen Menschen bearbeitet werden. Jugendschutzinitiativen und -angebote für diesen Bereich versuchen, mit den Eltern ins Gespräch zu kommen und sie in direkter Kommunikation zu informieren und zu ermutigen, ihre Erziehungsaufgabe aktiv wahrzunehmen (vgl. Elterntalk in Bayern: www.elterntalk.net).

In der Schutzsphäre der Erziehungs- und Bildungseinrichtungen können in begrenztem Maße familiale Defizite aufgearbeitet werden. Der derzeitige Ausbau der elementarpädagogischen Tagesbetreuung könnte die pädagogischen Spielräume erweitern, wenn die Einrichtungen angemessen ausgestattet und ausreichendes sowie entsprechend geschultes Personal vorhanden wären. Weiterhin werden Eltern durch die Anreicherung des Handlungsrepertoires der Einrichtungen und die Herausbildung sogenannter Familienzentren mehr Möglichkeiten der Kommunikation, Beratung und Unterstützung als bislang angeboten. Für so genannte Einzelkinder bieten sich vielfach erst hier Chancen sozialen Lernens in Gruppen Gleichaltriger. Es bedarf allerdings noch deutlicher Anstrengungen, die Angebote von Erziehungs- und Bildungseinrichtungen weiter in ihrer Qualität zu verbessern. Ein wichtiges Anliegen besteht darin, Status und Qualität der Ausbildung von Erzieherinnen und Erziehern anzuheben. Dies muss einhergehen mit Bildungs- und Erziehungskonzepten, die den spezifischen Anforderungen des Kinderschutzes gerecht werden, etwa durch Angebote der Konsum- und Medienpädagogik.

In den allgemeinbildenden Schulen müsste diskutiert werden, warum in den Lehrplänen beispielsweise zwar den Themen Klimaschutz, Umweltschutz und Tierschutz Raum gegeben wird, sich dagegen eine Auseinandersetzung darüber, was wir uns als Menschen an Belastungen angeblich schadlos zumuten oder was wir achselzuckend hinnehmen, häufig auf knappe Informationen über Rechte und Pflichten junger Menschen und über vorhandene Schutzregelungen beschränkt. Generell wird darüber hinaus das breite Spektrum der Beratungs-, Hilfe- und Unterstützungsangebote, das unsere Gesellschaft für junge Menschen bereithält, zu wenig vermittelt.

Die Schutzsphäre institutionalisierter Jugendschutzregelungen, vom Jugendschutz im öffentlichen Raum bis hin zu den Regulierungen im Medienbereich, ist in unserer Gesellschaft vergleichsweise breit ausgebaut. Erhebliche Defizite bei gesetzlichen Regelungen lassen sich kaum erkennen, selbst wenn die immer wieder aufkommenden Diskussionen um Änderungen im Jugendschutzrecht einen anderen Eindruck erwecken mögen. Die eigentlichen Probleme liegen im Vollzug, nämlich in der Kontrolle durch die Ordnungsbehörden, in der in diesem Bereich oft völlig unzureichenden Ahndung von Verstößen und in der zum Teil schwierigen Kooperation und Koordination zwischen den Institutionen. Zwar ist das Jugendschutzrecht über die Grenzen der Bundesländer hinweg einheitlich geregelt, die Strukturbildungen (z. B. Organisationsstrukturen und Zuständigkeitsregelungen) des konkreten Jugendschutzes in den Bundesländern selbst sind jedoch unterschiedlich stark ausgeprägt. Einige Bundesländer bemühen sich, durch ergänzende landesrechtliche Regelungen die Qualität der Jugendschutzarbeit zu sichern. Vielfach sind aber Unklarheiten über Zuständigkeiten und defizitäre Personalausstattungen zu finden, häufig hängt der Erfolg der Arbeit vom Engagement einzelner Fachkräfte ab. Die „bürokratischen" Regulierungssysteme im Medienbereich operieren zum Teil weitab von gesellschaftlichen Organisationen und ihr Wirken ist im öffentlichen Raum nicht immer in der wünschenswerten Breite bekannt.

Der Kinder- und Jugendschutz wird letztlich nicht durch institutionelle Regelungen oder Maßnahmen getragen, sondern durch die Schutzsphäre ethisch-weltanschaulicher Orientierungen und den damit verbundenen Sichtweisen auf den Menschen und seine Würde. Das Grundgesetz räumt dem Jugendschutz Verfassungsrang ein und verpflichtet den Staat, sowohl im Einzelfall durch hoheitliche Intervention als auch generell durch präventive und regulierende Maßnahmen die Entwicklung junger Menschen zu schützen. Die ebenfalls verfassungsrechtlich geschützte Freiheit der Medien, die uns einerseits Jugendschutzprobleme beschert, ist andererseits unverzichtbar für die Aufrechterhaltung eines kritischen Dialogs über Gefährdungen und über den erforderlichen Schutz von jungen Menschen. Dieser Dialog wird auch durch die Vielfalt des Mediensektors gefördert, in dem ein kritisches Wechselspiel beispielsweise zwischen öffentlich-rechtlichen und privaten Medienanbietern sowie zwischen Print- und Onlinemedien zu beobachten ist.

Das in unserer Gesellschaft entwickelte Instrumentarium des Jugendschutzes ist im Vergleich zu anderen europäischen Ländern sehr breit und ausdifferenziert angelegt. Bei aller Kritik an mancherlei Unkoordiniertheit, fehlender Kommunikation, mangelnder Stringenz der Umsetzung oder Zweifeln an der Wirksamkeit von Regelungen liegt gerade in dieser Vielgestaltigkeit ein hohes Entwicklungs- und Diskurspotential.

3.5 Konzeptionelle Entwicklungslinien

Der Schutz von Kindern und Jugendlichen vor seelischen und körperlichen Überforderungen hat sich im Sinne einer generellen Orientierung einerseits und im Sinne eines konkreten institutionalisierten Handelns andererseits über viele Jahrzehnte hinweg herausgebildet. Der Jugendschutz entstand seit der Industrialisierung im Schnittfeld von pädagogischer Aufklärung und Reformbewegung und von Entwicklungen rechts- und sozialstaatlicher Orientierungen und Regelungen. Der Jugendschutz war und ist dabei auch immer wieder ein Kristallisationspunkt der öffentlichen Diskussion über gesellschaftliche Werte und soziale Orientierungsmuster – insbesondere in Zeiten, in denen diese einem beschleunigten Wandel unterliegen. In den Regulierungsbemühungen des Jugendschutzes spiegelt sich damit nicht nur ein Stück gesellschaftlicher Auseinandersetzung über die Frage wider, welche Einflüsse gefährlich für den kindlichen und jugendlichen Entwicklungsprozess und welche nützlich sein können. Mehr noch ist die Debatte Ausdruck des gesellschaftlichen Denkens und der Wahrnehmung von Verantwortung gegenüber der nachfolgenden Generation.

In der Geschichte des Jugendschutzes sind allerdings gelegentlich auch politisch-soziale Instrumentalisierungen festzustellen, die fachliche Konzeptionen des Jugendschutzes überlagerten. In diesem Zusammenhang muss man auf die staatliche Zensur im Nationalsozialismus hinweisen, die sich der in der Weimarer Republik bereits vorhandenen Regulierungen der Medienangebote bemächtigte, bevor eine Gleichschaltung der Medien zu einer fast totalen Kontrolle führte. In der Folge gab es damit aber auch keinen Diskurs mehr über die Verführung junger Menschen durch eine letztlich menschenverachtende Ideologie. Mit diesem historischen Hinweis kann einmal mehr darauf aufmerksam gemacht werden, dass auf diesem Hintergrund auch der Jugendschutz immer eine Gratwanderung darstellt. In den fünfziger Jahren während des Ost-West-Konfliktes wurde gelegentlich versucht, politisch motivierte Zensurvorstellungen mit der Rede von der „Verweichlichung" und der „moralischen Desorientierung" der Jugend zu begründen (Buchloh 2002).

Historische Abfolge

Der historisch älteste Handlungsansatz ist der **kontrollierend-ordnende** – auch „gesetzlich" genannte – **Jugendschutz**. Er begann in Deutschland mit dem berühmten Preußischen Regulativ von 1839, mit dem die Arbeitszeit von Kindern eingeschränkt wurde, um ihnen einen Schulbesuch zu ermöglichen. Allerdings war diese Maßnahme nicht nur philanthropisch begründet, sondern entsprang der Sorge, nicht mehr über genügend wehrfähige junge Männer verfügen zu können, da die damals weit verbreitete schwere körperliche Arbeit von Kindern bei vielen jungen Männern zur Wehruntauglichkeit führte. Diese frühen **Jugendarbeitsschutzregelungen** standen am Beginn einer langen Folge arbeitsschutzrechtlicher Regelungen.

Zu den ersten **medienschutzrechtlichen Regelungen** gehörte das Reichslichtspielgesetz von 1920. In der Tradition dieses Gesetzes standen die beiden ersten Jugendschutzgesetze der Bundesrepublik Deutschland, das Gesetz zum Schutz der Jugend in der Öffentlichkeit (JÖSchG von 1951), das unter anderem der Freiwilligen Selbstkontrolle der Filmwirtschaft (FSK) eine Grundlage für die Alterskennzeichnungen der Filme gab, und das Gesetz über die Verbreitung jugendgefährdender Schriften (GjS) von 1953.

Es folgte im historischen Ablauf der **erzieherische Jugendschutz** als zweiter Ansatz. Dabei gilt es zu beachten, dass bereits in den 1920er Jahren, beispielsweise durch die Propagierung von „guter" Jugendliteratur, erste Ansätze entwickelt wurden. Bis weit in die 1950er Jahre hinein dominierte jedoch ein eher „bewahrpädagogisches" Handeln. Spätestens seit den 1970er Jahren begann man, den Erzieherischen Jugendschutz als Schaffung von erzieherisch wirkenden Feldern zu verstehen, in denen sich junge Menschen mit gesellschaftlichen Einflüssen auf ihre Lebens- und Entwicklungsbedingungen selbst aktiv auseinandersetzen sollten, um sozusagen den „inneren Kreiselkompass" eigenaktiv justieren zu können. Ausdruck des erfolgreichen Bemühens der Jugendschutzinstitutionen, den erzieherischen Kinder- und Jugendschutz als eigenständige Aufgabe rechtlich zu verankern, war dessen Aufnahme als § 14 in das Kinder- und Jugendhilfegesetz (SGB VIII) im Jahr 1990/1991.

Der dritte Ansatz des **strukturellen Jugendschutzes** – die Sicherung sozio-ökonomisch und sozialräumlich tragfähiger Lebensverhältnisse – steht in Zusammenhang mit einem sozialwissenschaftlich geprägten Handlungsparadigma der Einflussnahme auf Strukturbedingungen des Aufwachsens junger Menschen (vgl. Baum 2000). So korrespondieren die historischen Entwicklungsphasen jeweils auch mit wissenschaftlich-professionellen Sichtweisen. Die verstärkte wissenschaftliche Auseinandersetzung mit den Wirkungszusammenhängen medialer Einflüsse auf den Entwicklungsprozess junger Menschen trug beispielsweise wesentlich dazu bei, dass das weiterhin stark rechtlich überformte Verständnis des Kinder- und Jugendschutzes um eine sozialpädagogische und sozialwissenschaftliche Dimension erweitert wurde.

Die Ausrichtung der Jugendschutzarbeit vor Ort an sozialpädagogischen Prinzipien war seit den 1970er Jahren nicht nur ein professionelles Erfordernis. Sie war auch gleichsam der Schlüssel und die Brücke für einen Übergang von einem reaktiv agierenden zu einem präventiv sich verstehenden und in der Folge dann zu einem strukturell orientierten, das Sozialisations- und Lebensumfeld in den Blick nehmenden Jugendschutz. Erst durch die Verknüpfung der staatlichen Regulierungen mit sozialpädagogisch-erzieherischen Anteilen ist der Kinder- und Jugendschutz im modernen Verständnis politikfähig geworden. Diese Verschränkung erlaubte nunmehr eine jenseits ordnungsrechtlicher Bedenken begründete Legitimierung staatlicher Sorge für die heranwachsende Generation und bettete zugleich den erzieherischen Jugendschutz in eine bereits tradierte ordnungspolizeiliche Praxis ein. Die Professionalität sozialpädagogischer Praxis im erzieherischen Jugendschutz bestand nun darin, pädagogische Erkenntnisse und Argumentationsstränge in den politischen Raum hinein zu tragen und somit auf den Gesetzgeber einzuwirken, einen aus fachlicher Sicht sinnvollen ordnungsrechtlichen Rahmen zum Schutz junger Menschen zu schaffen oder anzupassen.

Mehrfach wurde bereits darauf hingewiesen, dass der Jugendschutz in heutigem Verständnis zwingend die Verschränkung von gesetzlichem, erzieherischem und strukturellem Jugendschutz beinhaltet. Als sich der gesetzliche Jugendschutz etablierte, der sich ja vorwiegend an die Erwachsenen richtet, konnten Staat und Gesellschaft noch davon ausgehen, dass Jungsein ein Zwischenstadium ist, um erwachsen zu werden. Und genau diese Phase war durch äußere Umstände stark beeinflussbar und gefährdet. Im damaligen Denken der Entwicklungspsychologie und auch der Sozialisationstheorie und der Jugendforschung war dagegen strukturell nicht angelegt, Jugendlichen Kompetenzen zuzusprechen, die sie zu Akteuren ihrer eigenen Entwicklung machten, die sie selbst befähigten, sich vor Gefährdungen zu schützen. Man ging davon aus, dass die Regelungen der Jugendschutzgesetze gleichsam die zentralen gefährdenden Tatbestände repräsentieren würden. Die Frage lautete nicht, wie man vor dem Gesetz Einfluss auf die Jugendlichen gewinnen oder sie schützen konnte, sondern wie man nach dem Gesetz und analog zu ihm pädagogisch auf die Jugendlichen einwirken konnte; und dabei gleichzeitig Eltern, Erzieher und andere Erwachsene dazu befähigte oder davon überzeugte, Jugendliche nicht zu gefährden. Insofern wurden pädagogische Diskurse über präventive Maßnahmen stark durch die in den Gesetzen vorformulierten Tatbestände geprägt, die Hauptlinie der Argumentation im erzieherischen Jugendschutz konnte sich zunächst nicht leicht von diesen lösen.

Mit der Etablierung des erzieherischen Kinder- und Jugendschutzes wurden allerdings die Konturen zwischen Jugendschutz und anderen Bereichen der Pädagogik, Jugendhilfe oder Sozialen Arbeit unschärfer. Die Pädagogik reklamierte den Anspruch, Jugendgefährdungen vor dem Hintergrund der Sozialisationsbedingungen und psychologischen Entwicklungsbedingungen erklären und danach auch handeln zu können. Ordnungspolizeiliches Eingreifen sollte nunmehr nicht mehr als Normalfall gelten, sondern galt vielfach eher als Grenzfall, als ultima ratio. Das Verhältnis zwischen ordnungspolizeilich begründeten Eingriffen und pädagogischem Handeln wurde damit auch teilweise zum eigentlichen Problem hochstilisiert. Sozialpädagogen tendierten eher dazu, sich vom ordnenden und kontrollierenden Rahmen zu distanzieren.

Begrifflich-sprachlich ist darauf hinzuweisen, dass „Jugendschutz" im 19. Jahrhundert neben den gesetzlichen Regelungen auch synonym zu Jugendfürsorge verwandt wurde. Mit dem Reichsjugendwohlfahrtsgesetz 1920/1923 etablierte sich eine eigenständige Jugendwohlfahrt, bestehend aus den beiden Säulen Jugendfürsorge (Unterstützung oder Ersatz elterlicher Erziehung) und Jugendpflege (der heutigen Jugendarbeit entsprechend). Sowohl mit kontrollierenden Maßnahmen als auch mit Aktivitäten der Jugendpflege und der Jugendverbände begann die Tradition des Jugendmedienschutzes. Nach dem zweiten Weltkrieg entstanden zwei rechtliche Säulen. Die erste betraf den Jugendschutz in der Öffentlichkeit mit Regelungen zum Suchtmittelkonsum, Gaststättenbesuch, Zugang zu Filmen u.a.m. Die zweite umfasste den Jugendmedienschutz, der sich zunächst auf die jugendgefährdenden „Schriften" bezog. Aus den oben genannten Gründen der Abgrenzung beziehungsweise eigenständigen Sichtweise fand die erzieherische Perspektive Eingang in das Kinder- und Jugendhilfegesetz, das seinerseits diverse Schutzregelungen im Sinne der Prävention von und Intervention bei Kindesvernachlässigung kennt.

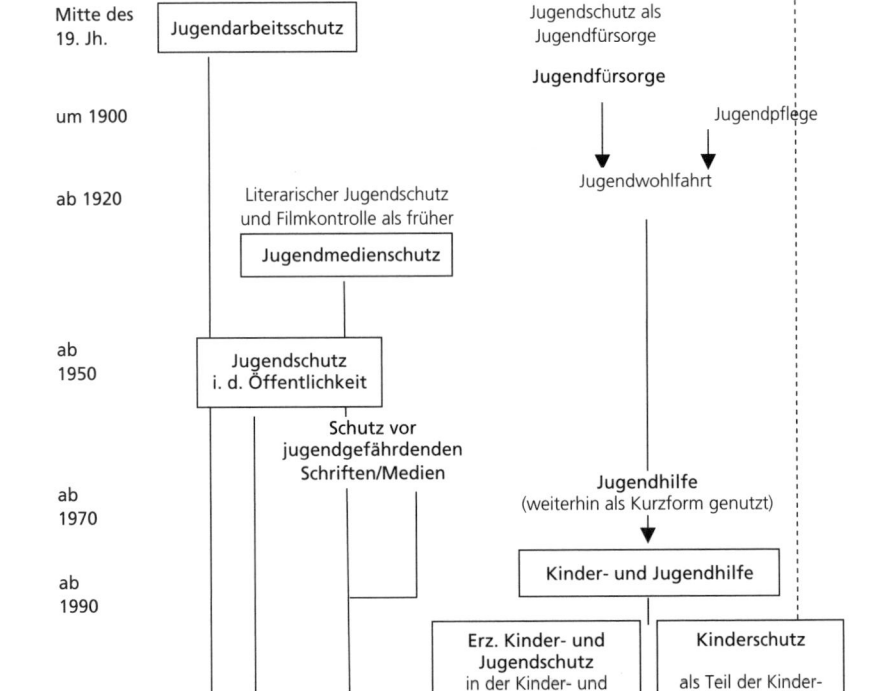

Abbildung 4: Begriffliche Entwicklungslinien

Mitte des 19. Jh.	Jugendarbeitsschutz		Jugendschutz als Jugendfürsorge
			Jugendfürsorge
um 1900			Jugendpflege
			↓ ↓
ab 1920	Literarischer Jugendschutz und Filmkontrolle als früher		Jugendwohlfahrt
	Jugendmedienschutz		
ab 1950	Jugendschutz i. d. Öffentlichkeit		
	Schutz vor jugendgefährdenden Schriften/Medien		
ab 1970			Jugendhilfe (weiterhin als Kurzform genutzt)
ab 1990			Kinder- und Jugendhilfe
		Erz. Kinder- und Jugendschutz in der Kinder- und Jugendhilfe	Kinderschutz als Teil der Kinder- und Jugendhilfe
			Heute: Jugendarbeit
	Kinder- und Jugendschutz		∨

* Die eingerahmten Begriffe finden heute Verwendung

4. Entwicklungen des Jugendschutzrechts

Die Wurzeln des institutionell und rechtlich formierten Jugendschutzes in Deutschland liegen in der ersten Hälfte des 19. Jahrhunderts. Die Entwicklungen – im Hinblick auf die leitenden Paradigmen und die entstehende Komplexität des Handlungsfeldes – werden nachfolgend anhand der gesetzlichen Regelungen aufgezeigt.

4.1 Früher Jugendarbeitsschutz

Die Entwicklung jugendschutzrechtlicher Regelungen begann mit dem Jugendarbeitsschutz. Anfang des neunzehnten Jahrhunderts machten sich in den Industrieregionen die gesundheitlichen Schäden bei den bereits in frühen Kindheitsjahren beschäftigten jungen Menschen so massiv bemerkbar, dass der Staat in die Arbeitsverhältnisse eingreifen musste. So verbot das am 9. März 1839 erlassene „Preußische Regulativ über die Beschäftigung jugendlicher Arbeiter in Fabriken" die Kinderarbeit unter neun Jahren und beschränkte die tägliche Arbeitszeit von Jugendlichen unter 16 Jahren auf zehn Stunden. Nachtarbeit zwischen einundzwanzig Uhr abends und fünf Uhr früh wurde grundsätzlich untersagt. Die in den folgenden Jahrzehnten erlassenen Arbeitszeitverordnungen für die unterschiedlichen Beschäftigungsbereiche einerseits und Überschneidungen zur Gewerbeordnung und ihren Regelungen wurden zunehmend als problematisch angesehen. Insoweit entsprach die zusammenfassende Neuregelung des Jugendarbeitsschutzrechts im Gesetz über Kinderarbeit und die Arbeitszeit der Jugendlichen (Jugendschutzgesetz) vom 30. April 1938 (RGBl. I S.437) zunächst durchaus allgemeinen gesellschaftlichen Erwartungen. Zugleich aber überformten die herrschenden Nationalsozialisten das Gesetz ideologisch, indem sie in einer Präambel erklärten, „Jugendschutz ist Volksschutz" und „Alle Jugendlichen zu seelisch und körperlich gesunden Volksgenossen zu erziehen, ist völkische Notwendigkeit und nationalsozialistische Pflicht". Mit dem Jugendschutz war untrennbar der Erziehungsanspruch des nationalsozialistischen Staates verbunden, was dadurch klar zum Ausdruck kam, dass bei Fehlverhalten Jugendlicher am Arbeitsplatz auch Erziehungsmaßnahmen und bei schwerwiegenden Fällen von Disziplinlosigkeit Jugendarrest und gar Jugendstrafe möglich waren. „Somit stehen die Erfüllung der Jugendschutzbestimmungen und die Pflichten des Jugendlichen gegenüber Betriebsführer und Volksgemeinschaft in Wechselwirkungen zueinander", wie einer der führenden Kommentare (Rohlfing/Schraut, Jugendschutzgesetz 1944, S. 36) es formulierte. Dennoch muss festgehalten werden, dass neben dem Blick auf die Jugendlichen auch die Kinder separat Berücksichtigung fanden und dass insgesamt differenzierte Regelungen zur Arbeitszeit, zu den Pausen, zur Wochenarbeitszeit, zum Gefahrenschutz in besonderen Arbeitsbereichen und anderem mehr systematisch geordnet wurden. Der so gesetzlich ausgestaltete Jugendschutz galt allerdings im Kern nur für die „deutschen Volksgenossen". In den gesetzlichen Neuregelungen nach dem Krieg [4] wandte man sich, auf dem Hintergrund der Instrumentalisierung des Jugendschutzes durch den Nationalsozialismus, der eben auch Strafandrohungen gegenüber den Jugendlichen enthielt, strikt gegen eine Strafbewehrung Jugendlicher.

4.2 Schutz vor Gefährdungen im öffentlichen Raum

Neben dem Jugendarbeitsschutz haben gesetzliche Maßnahmen, die den Zugang zu Veranstaltungen im öffentlichen Raum und den Umgang mit Medieninhalten und Suchtmitteln regeln, die längste Tradition. Um die Linien zum „Gesetz zum Schutze der Jugend in der Öffentlichkeit" (JÖSchG), das 1951 in Kraft trat, übersichtlich darstellen zu können, empfiehlt sich eine Trennung der Inhalte, die sich speziell auf die Alterskennzeichnung von Filmen und entsprechende Zugangsregeln beim Kinobesuch beziehen (und insoweit zum jugendmedienschutzrechtlichen Teil gehören), von denjenigen, die sich auf „öffentliche Verhaltensbereiche", nämlich den Besuch von Tanzveranstaltungen und Gaststätten und den Umgang mit Alkohol und Tabak beziehen.

Früher Jugendmedienschutz

Der faszinierte Blick auf neue gesellschaftliche Phänomene ist nicht nur heute mit der Frage nach möglichen Entwicklungsbeeinträchtigungen und Gefährdungen junger Menschen verbunden. Früh spielte die Auseinandersetzung mit dem Medium Film eine zentrale Rolle. Das Lichtspielgesetz von 1920 (RGBl. S. 953) regelte unter anderem, dass die öffentliche Vorführung von Filmen nur nach Zulassung durch in Berlin und München eingerichtete Prüfstellen erfolgen konnte. Zwar durften Zulassungen wegen einer politi-

---

4   Die wichtigsten (historischen) Rechtskommentare zum Jugendschutzrecht sind nachgewiesen und übersichtlich behandelt bei: Nikles, Die Kommentierung 2011.

schen, sozialen, religiösen, ethischen oder weltanschaulichen Tendenz gemäß § 1 Abs. 2 nicht versagt werden, gleichwohl blieb das Gesetz immer sehr umstritten, weil in den unruhigen politischen Zeiten der Weimarer Republik generelle und spezielle Zensurvorwürfe sich mit Auseinandersetzungen zwischen politischen und weltanschaulichen Richtungen trefflich mischen ließen. Im Hinblick auf den Jugendschutz war eine besondere Zulassung erforderlich, wenn Vorführungen vor Kindern über 6 Jahren und Jugendlichen bis zu 18 Jahren erfolgen sollten. Kinder unter 6 Jahren waren grundsätzlich nicht zu öffentlichen Filmvorführungen zugelassen. Weitere, differenzierende Regelungen gab es nicht, dafür aber eine Fülle von einzelnen polizeirechtlichen Regelungen in den deutschen Ländern. In den Prüfstellen waren bereits damals auch ehrenamtliche Beisitzer tätig. Bemerkenswert ist, dass bei den Verfahren, in denen Filme, die für den Besuch Jugendlicher zugelassen werden sollten, Jugendliche zwischen 18 und 20 Jahren als Sachverständige anzuhören waren. Das Lichtspielgesetz wurde nach dem Ende des Zweiten Weltkrieges vom Alliierten Kontrollrat aufgehoben.

Für denjenigen Teil des JÖSchG, der sich mit dem Verhaltensbereich Jugendlicher in der Öffentlichkeit befasst, gab es jenseits vieler polizeirechtlicher Instrumente auf der Ebene der Gemeinden und Länder einen frühen Regelungsversuch in der dritten Wahlperiode des Reichstages. Vorgelegt wurde ein Entwurf zu einem „Gesetz zum Schutz der Jugend bei Lustbarkeiten" (Reichstag III. 1924/25 Drucks. Nr. 972). Darin sollte der Besuch Jugendlicher unter 18 Jahren bei Lustbarkeiten, Schaustellungen und Darstellungen aller Art verboten werden, wenn sittliche, geistige oder gesundheitliche Schädigungen drohten. Der Gesetzentwurf geriet unter anderem auch in die Kritik derer, die anstelle von Einschränkungen die Jugendpflege verbessern und stärken wollten. Auch heute stehen wir vor einer ähnlichen Situation, nämlich vor dem Spannungsverhältnis oder gar Konflikt zwischen der Setzung rechtlicher Schutzgrenzen einerseits und Förderung von Maßnahmen der Erziehung und Bildung andererseits. Das Gesetz, am 17. Mai 1927 im Reichstag verabschiedet, scheiterte schließlich am Reichsrat. Die Länder hatten allerdings weniger inhaltliche als vielmehr finanzwirtschaftliche Bedenken im Hinblick auf die Umsetzung weitreichender ordnungsrechtlicher Regelungen. Weitere Gesetzesinitiativen wurden deshalb nicht unternommen.

Während der Zeit des Nationalsozialismus erfolgten im Bereich des Jugendrechts vielfältige restriktive Veränderungen, so im Jugendstrafrecht und in der Jugendfürsorge. Zuletzt wurde am 10.6.1943 eine Polizeiverordnung zum Schutze der Jugend (RGBl. I S.349) erlassen, die auch kriegsbedingt notwendige Ausgangsbeschränkungen für Jugendliche enthielt. Diese Polizeiverordnung kannte Strafandrohungen gegen Jugendliche. Sie wurde nach dem Krieg zunächst nicht aufgehoben und ihre Weitergeltung war umstritten. In der Debatte um das Gesetz zum Schutz der Jugend in der Öffentlichkeit der ersten Nachkriegsjahre spielte die Auseinandersetzung mit der Polizeiverordnung, die mit dem Inkrafttreten des Gesetzes auch endlich außer Kraft gesetzt wurde, insoweit eine Rolle, als polizeiliche Maßnahmen gegen junge Menschen einhellig und konsequent abgelehnt wurden. Einzelne Schutzbestimmungen wurden jedoch übernommen. Bis auf den heutigen Stand hat sich beispielsweise die Altersbegrenzung bei Genuss von branntweinhaltigen und „anderen alkoholischen Getränken" gehalten. Bemerkenswert ist auch die langjährige Konstanz der Regelungen zum Besuch von Tanzveranstaltungen. Auch die im Jugendschutzgesetz von 2002 enthaltene Regelung zur erziehungsbeauftragten Person lässt sich auf das Jahr 1943 zurückverfolgen. In § 9 hieß es: „Der Erziehungsberechtigte darf mit der Wahrnehmung seiner Erziehungsgewalt im Sinne dieser Polizeiverordnung nur eine volljährige Person beauftragen." Die Volljährigkeitsgrenze lag bis 1975 bei 21 Jahren.

Abbildung 5: Rechtliche Entwicklungen

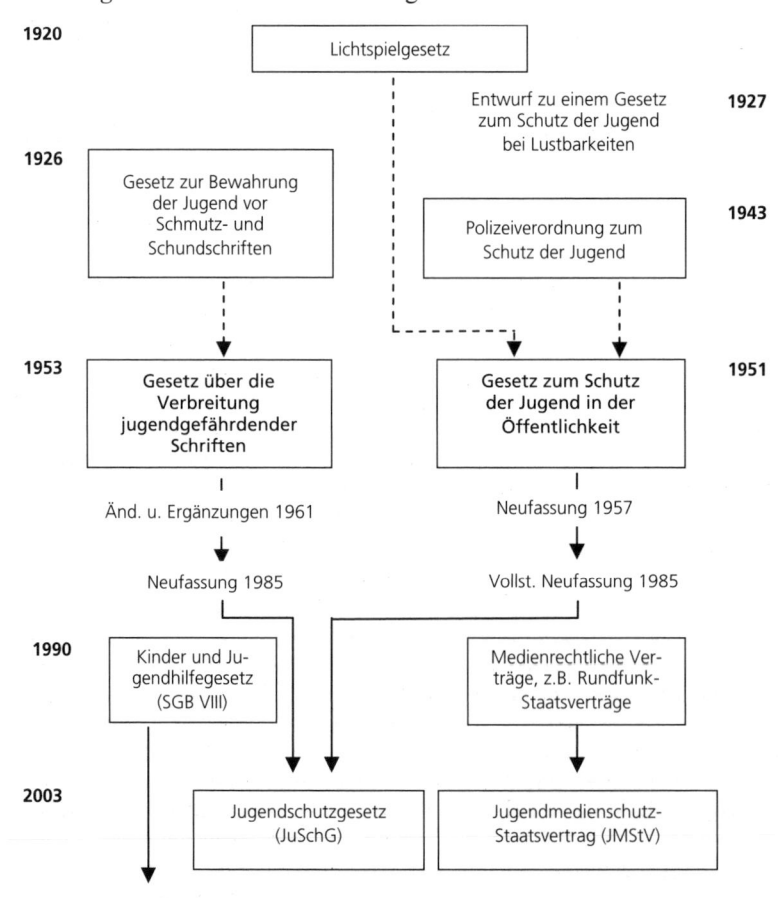

1920	Lichtspielgesetz
1926	Gesetz zur Bewahrung der Jugend vor Schmutz- und Schundschriften
1927	Entwurf zu einem Gesetz zum Schutz der Jugend bei Lustbarkeiten
1943	Polizeiverordnung zum Schutz der Jugend
1951	Gesetz zum Schutz der Jugend in der Öffentlichkeit
1953	Gesetz über die Verbreitung jugendgefährdender Schriften
	Änd. u. Ergänzungen 1961
	Neufassung 1957
	Neufassung 1985
	Vollst. Neufassung 1985
1990	Kinder und Jugendhilfegesetz (SGB VIII)
	Medienrechtliche Verträge, z.B. Rundfunk-Staatsverträge
2003	Jugendschutzgesetz (JuSchG)
	Jugendmedienschutz-Staatsvertrag (JMStV)

Gesetz zum Schutze der Jugend in der Öffentlichkeit (JÖSchG) 1951

Mit dem Gesetz zum Schutze der Jugend in der Öffentlichkeit vom 4. Dezember 1951 (BGBl. I S.936) schuf der Gesetzgeber eine gesetzliche Grundlage zur Abwehr von Gefährdungen im öffentlichen Raum. Das heutige Jugendschutzgesetz (JuSchG) steht in großen Teilen in der Tradition dieses ersten Nachkriegsgesetzes zum Jugendschutz. Das Gesetz richtete sich an Eltern, Erzieher, Veranstalter und Gewerbetreibende sowie an die zuständigen Behörden. Es enthielt in seiner ersten Fassung von 1951 fünfzehn sprachlich sehr knapp gehaltene Paragraphen. Geregelt wurden darin die im Grundsatz bis heute geltenden altersbezogenen Beschränkungen und Verbote des Aufenthalts an gefährdenden Orten, beim Besuch von Gaststätten, bei Genuss und Abgabe alkoholischer Getränke und bei Tabakwaren. Der Zutritt zu öffentlichen Spielhallen und die Teilnahme an Glücksspielen waren Jugendlichen unter 16 Jahren nicht gestattet. Für die Teilnahme an öffentlichen Tanzveranstaltungen wurden Altersgrenzen bei 16 und 18 Jahren sowie Zeitgrenzen festgelegt.

Bei der Zulassung zu öffentlichen Filmveranstaltungen galten die Altersgrenzen 6, 10 und 16 Jahre. Die Grenzsetzung bei 16 Jahren ist insoweit interessant, als es damals mithin bis zur Volljährigkeit mit 21 Jahren keine weitere Altersstufe gab. Die Altersstufe 18 Jahre wurde erst 1957 eingeführt. Kindern unter 6 Jahren war der Besuch nur in Begleitung Erziehungsberechtigter oder von diesen beauftragter Personen gestattet.

Gesetz zum Schutze der Jugend in der Öffentlichkeit (JSchÖG) 1957

Bereits relativ früh nach Verabschiedung des Gesetzes stieg das Bedürfnis, die einzelnen Regelungen weiter zu präzisieren und zu ergänzen. Das Gesetz zum Schutze der Jugend in der Öffentlichkeit (JSchÖG) vom 4. Dezember 1956 (BGBl. I S.936, i.d.F. vom 27. Juli 1957, BGBl. I S.1058) enthielt vor allem folgende Veränderungen gegenüber 1951.

Hinzugefügt wurden Begriffsdefinitionen zu Kind (bis 14 Jahre) und Jugendlichem (bis 18 Jahre) sowie zu den Erziehungsberechtigten und ihnen gleichgestellten Personen über 21 Jahren, die mit Zustimmung des Sorgeberechtigten das Kind oder den Jugendlichen zur Erziehung, Ausbildung, Aufsicht oder Betreuung in ihre Obhut genommen haben. Ersetzt wurden die wenig praxistauglichen Begriffe „jugendfördernd" als Zulassungsvoraussetzung des Films bei Filmbesuch unter 10 Jahren und „geeignet zur Vorführung vor Jugendlichen" zwischen 10 und 16 Jahren. Der Gesetzgeber führte ein grundsätzliches Verbot des Filmbesuchs für Kinder unter 6 Jahren ein. Die weiteren Altersfreigaben lagen bei 12, 16 und 18 Jahren. Heraufgesetzt wurde die Altersgrenze auf 18 Jahre beim Verbot des Besuchs von Spielhallen und der Nutzung öffentlich aufgestellter Spielgeräte mit Gewinnmöglichkeit.

Die Systematik des Gesetzes und die Abfolge der Paragraphen blieben im Wesentlichen unverändert. Entgegen des in der politischen Debatte um die Novelle vorgetragenen Begehrens, Kinder und Jugendliche, die sich beispielsweise unberechtigterweise auf Tanzveranstaltungen aufhalten, wieder zu bestrafen, blieb der Gesetzgeber bei der grundsätzlichen Regelung, dass Ordnungswidrigkeiten und Straftaten im Jugendschutz nur von Erwachsenen begangen werden können.

Zusätzlich aufgenommen wurde als neuer § 8 eine Ermächtigung, durch Rechtsverordnung mit Zustimmung des Bundesrates Veranstaltungen zu bezeichnen, die geeignet sind, einen verrohenden Einfluss auf Kinder- und Jugendliche auszuüben, um dann diesen den Besuch solcher Veranstaltungen untersagen zu können. Eine erste Verordnung wurde am 2. April 1959 (BGBL. I S.240) erlassen und betraf Catcherveranstaltungen und Ringkämpfe, die nicht nach den im Sport geltenden Regeln ausgetragen werden. Wie sehr ähnliche Ereignisse immer wieder zu regulieren waren und sind, zeigen die Auflagen, die die Stadt Köln im Frühjahr 2009 zu einem Schaukampf des „Ultimate Fighting" erließ. Minderjährigen wurde der Zutritt zu dieser brutalen Form des Ring- und Boxkampfes verwehrt.

Im Hinblick auf die Freigabe von Filmen enthielt bereits das Gesetz von 1951 die Regelung, dass der obersten Landesbehörde das Recht der jugendschutzbezogenen „Anerkennung" der Filme zusteht. Die Länder bedienten sich bei der Umsetzung dieser Regelungen – länderübergreifend – der 1949 von der deutschen Filmwirtschaft eingerichteten „Freiwilligen Selbstkontrolle" (FSK). Mit den bereits sehr detaillierten Regelungen in der Novelle von 1957 festigte man die entstandene Praxis der Alterseinstufungen. Dies wirkt bis heute nach, positiv im Sinne der Anforderungen an differenzierte Beurteilungen, eher hinderlich im Hinblick auf Versuche der Vereinfachung von Regelungen, die sich eben über viele Jahre etabliert haben. Die FSK ist heute diejenige Selbstkontrollinstitution mit der zeitlich längsten und fachlich vertieftesten Erfahrung in der jugendschutzbezogenen Beurteilung medialer Erzeugnisse. Das Gesetz blieb über fünfundzwanzig Jahre unverändert.

Gesetz zum Schutze der Jugend in der Öffentlichkeit (JÖSchG) 1985

Nach einer mehr als zehnjährigen Debatte mit diversen Entschließungen und Anläufen zu einer Reform wurde das Gesetz zum Schutze der Jugend in der Öffentlichkeit (Jugendschutzgesetz – JÖSchG) vom 25. Februar 1985 (BGBl. I, S. 425) als Neufassung eingeführt.

Die Neuregelungen umfassten unter anderem einige sprachliche und konzeptionelle Veränderungen bei der Bezeichnung jugendgefährdender Orte. Geändert wurden zeitliche Beschränkungen. So war nunmehr Jugendlichen ab 16 Jahren der Aufenthalt in Gaststätten bis 24 Uhr gestattet, die Anwesenheit von Kindern und Jugendlichen unter 16 Jahren nur in Begleitung eines Erziehungsberechtigten, bei einer Veranstaltung eines anerkannten Trägers der Jugendhilfe, auf Reisen oder bei der Einnahme von Mahlzeiten oder Getränken. Ergänzt wurde ein absolutes Aufenthaltsverbot von Kindern und Jugendlichen in Nachtbars und vergleichbaren Vergnügungsbetrieben. In Angleichung an die genannte Zeitgrenze wurde auch das Ende des Kinobesuchs von Jugendlichen über 16 Jahren von 23 auf 24 Uhr verlegt.

Aufgehoben wurde das grundsätzliche Verbot der Anwesenheit von Kindern unter 6 Jahre bei öffentlichen Filmveranstaltungen. Nunmehr war der Filmbesuch in Begleitung eines Erziehungsberechtigten möglich. Die vorgesehenen Zeitgrenzen beim Filmbesuch galten nur, wenn Kinder und Jugendliche ohne Begleitung eines Erziehungsberechtigten waren.

Eingeführt wurde die Regelung, dass alkoholische Getränke in der Öffentlichkeit nicht in Automaten angeboten werden dürfen.

Das Gesetz legte fest, dass sonstige Personen über 18 Jahre, die auf Grund einer Vereinbarung mit dem Personensorgeberechtigten Aufgaben der Personensorge wahrnehmen, ihre Berechtigung zur Begleitung von Kindern und Jugendlichen (z.B. beim Filmbesuch) darzulegen haben. Gewerbetreibende oder Veranstalter haben ihrerseits bei der Beachtung von Altersgrenzen in Zweifelsfällen das Lebensalter zu überprüfen.

Sah das bis 1985 geltende Recht noch Rechtsverordnungen für besondere Veranstaltungsarten vor, so führte der Gesetzgeber nunmehr einen Auffangtatbestand ein, der es den zuständigen Behörden ermöglichte, bei Veranstaltungen, die nicht durch die Detailregelungen des Gesetzes abgedeckt sind, die Anwesenheit von Kindern und Jugendlichen nicht zu gestatten beziehungsweise durch Alters- und Zeitbegrenzungen Gefährdungen auszuschließen.

Zusammenfassend kann festgehalten werden, dass die Neufassung des Gesetzes im Jahre 1985 im Rückblick deutlich kritischer als in der seinerzeitigen Kommentierung (z.B. Gernert/Stoffers 1993) einzuschätzen ist. Es gab über die Verschärfung der Vorschriften zur Alkoholabgabe und über einige wenige Anpassungen hinaus vor allem keine akzeptanzverbessernden Vereinfachungen im Hinblick auf veränderte Lebensgewohnheiten. Die bis heute gegenüber dem JuSchG zu erhebenden diesbezüglichen Vorwürfe nähren sich damit auch aus dem über mehr als zwanzig Jahre andauernden Unbehagen an ausgebliebenen Vereinfachungen, Systematisierungen und lebensweltlichen Anpassungen.

4.3 Schutz vor jugendgefährdenden Schriften und Medien

Vorgeschichte

Im Bereich des „literarischen Jugendschutzes" begann die Gesetzgebung mit dem Gesetz zur Bewahrung der Jugend vor Schmutz- und Schundschriften vom 18.12.1926 (RGBl. I S.505). Auf dem Hintergrund einer bereits vor der

Jahrhundertwende begonnenen und phasenweise höchst leidenschaftlich geführten öffentlichen Diskussion über literarische Druckerzeugnisse, denen man negative Einflüsse auf die Jugend zuschrieb, gab es vielfältige breit angelegte Kampagnen gegen „unterwertige Literatur". Diese Kampagnen wurden zu einem erheblichen Teil von Jugendverbänden und Jugendbünden getragen, die meist in jugendbewegter Tradition standen. Es gab aber auch Gruppen, die einem autoritären politischen Denken verpflichtet waren und die die Kritik an Schmutz und Schund eher für ihre Zwecke nutzten.

Während man in der Öffentlichkeit vielfach undifferenziert argumentierte, war die fachliche Debatte um eine differenzierende Behandlung der Problemlage bemüht. Man unterschied zunächst zwischen der „ästhetischen" und der „ethischen" Schundliteratur. Gemeint waren einmal die literarisch schlechten, aber moralisch ungefährlichen Schriften und zum anderen die nicht nur literarisch wertlosen, sondern gleichzeitig auch moralisch gefährlichen Bücher, wie es Schultze schon 1911 formulierte. Zu den Arten der ethischen Schundliteratur, auf die sich das Gesetz 1926 konzentrierte, zählte man drei große Gruppen von Druckerzeugnissen: die sexuelle, die kriminelle und die verrohende Schundliteratur. Zur ersten Gruppe wurde die Schriften gezählt, die als „unzüchtige" Literatur bereits strafrechtlich bewehrt waren oder „ohne geradezu unzüchtig im Sinne des Strafgesetzbuches zu sein, es doch verstehen, die geschlechtlichen Instinkte der Leser aufzupeitschen" (Hellwig 1927, S. 45) „Die kriminelle Schundliteratur spekuliert auf den Reiz des Kriminellen" (S.46), wobei es nicht der Stoff sei, „sondern nur die Art und Weise, in welcher der kriminelle Stoff verarbeitet wird." (S.46) So hieß es, für den Fabrikanten krimineller Schundliteratur sei das Verbrechen Selbstzweck: „Möglichst eingehende Schilderung aller grausigen Einzelheiten ist bei ihm die Hauptsache; von einer psychologischen Motivierung der Tat und von einer höheren künstlerischen Idee, die das Ganze beherrscht, ist natürlich keine Rede." (S. 47)

Das Gesetz schuf die Möglichkeit, in einem Prüfverfahren jugendgefährdende Schriften auf eine Liste zu setzen und ein Vertriebsverbot auszusprechen. Es entfaltete allerdings nur wenige Jahre eine begrenzte Wirksamkeit, die übrigens mehr in einer „Selbstregulierung" – Kritiker sprachen von Selbstzensur – der verlegerischen Szenen lag, denn in der tatsächlichen Indizierung von relativ wenigen Schriften.

Mit der Reichskulturkammergesetzgebung schufen die Nationalsozialisten ein System, mit dem die gesamte literarische Produktion im Deutschen Reich unter staatliche Kontrolle gebracht wurde. Das Schmutz- und Schundschriftengesetz wurde explizit außer Kraft gesetzt (10.4.1935, RGBl. I, S.541). Die Militärregierung hob nach dem Zusammenbruch des Deutschen Reiches die Gesetzgebung der nationalsozialistischen Zeit in vielen Rechtsgebieten auf, so auch die Gesetzgebung zur Reichskulturkammer (Kontrollratsgesetz 60 vom 19.12.1947, Amtsbl. der Militärregierung Nr. 22, S.644). Das Gesetz zur Bewahrung der Jugend vor Schmutz- und Schundschriften von 1926 erlangte damit jedoch keine erneute Geltung.

Unter den vor allem durch soziale Notlagen und durch zusammengebrochene Wertebilder gekennzeichneten gesellschaftlichen Bedingungen der ersten Nachkriegsjahre mehrten sich unmittelbar nach Wiederherstellung der ersten staatlichen Strukturen die Forderungen nach einem neuen Gesetz zum literarischen Jugendschutz. Stark machte sich dabei der Einfluss von Persönlichkeiten und Organisationen bemerkbar, die in der Weimarer Zeit bereits in den Kampagnen gegen Schmutz und Schund, in konfessionellen Organisationen der katholischen und evangelischen Sittlichkeitsbewegungen, der Nüchternheitsbewegungen und Suchtkrankenhilfe und anderer Strömungen standen. Während sich auf Bundesebene die Gesetzgebungstätigkeit erst langsam entfaltete, machte Rheinland-Pfalz als einziges Bundesland mit einem Landesgesetz zum Schutz der Jugend vor Schmutz und Schund vom 12.10.1949 (GVBl. I, S.505) einen frühen Versuch gesetzlicher Regulierung. Dieses Gesetz wurde später im Zusammenhang mit dem Gesetz über die Verbreitung jugendgefährdender Schriften (GjS) aufgehoben.

Gesetz über die Verbreitung jugendgefährdender Schriften (GjS) 1953

Das Gesetz über die Verbreitung jugendgefährdender Schriften (GjS) vom 9. Juni 1953 (BGBl. I, S. 377) war im Hinblick auf die Regelungsinhalte in weiten Teilen mit dem Gesetz zur Bewahrung der Jugend vor Schmutz- und Schundschriften des Jahres 1926 vergleichbar. Es änderten sich allerdings einige Sprachmuster, wobei insbesondere darauf verzichtet wurde, im Gesetz bereits eine explizite Bewertung der Schriften als „Schmutz" und „Schund" vorzunehmen.

Das GjS beruhte auf der verfassungsrechtlichen Grundlage des Art. 5 Abs. 2 GG, nach der die Rechte der freien Meinungsäußerung, der Pressefreiheit und der Freiheit der Berichterstattung ihre Schranken in „gesetzliche[n] Bestimmungen zum Schutze der Jugend" finden. Der Gesetzgeber eröffnete damit Möglichkeiten, die Abgabe jugendgefährdender Schriften an Jugendliche zu untersagen, deren Vertrieb einzuschränken und damit die ebenfalls Jugendmedienschutz bewirkenden allgemeinen strafrechtlichen Möglichkeiten zu ergänzen, nämlich beispielsweise bei Tatbeständen des § 131 StGB (Gewaltdarstellungen) und § 184 (Pornographie) Medien zu beschlagnahmen und einzuziehen.

Die Regelungen des GjS betrafen im Wesentlichen die Einrichtung einer Bundesprüfstelle (abgekürzt BPS) genannten Institution als Bundesbehörde, Verfahren der Beurteilung entsprechender Schriften, die Führung einer Liste indizierter Publikationen, „vor allem unsittliche sowie Verbrechen, Krieg und Rassenhaß verherrlichende Schriften" (§ 1 GjS).

Gesetz über die Verbreitung jugendgefährdender Schriften 1961

Für die Novelle des Gesetzes (Fassung vom 29.April 1961, BGBl. I, S.497) gab es mehrere Gründe und Anlässe. Unter anderem war ein vor dem Bundesverfassungsgericht angestrengtes Urteil (10. März 1958, BVerfGE 42/56), das sich mit den sogenannten Nacktkulturzeitschriften befasste und das Elternrecht bekräftigte, auch Kindern diese Zeitschriften zugänglich zu machen, Beweggrund, sich mit Überarbeitungen des Gesetzes zu befassen. Das Urteil wurde angestrengt, weil vor allem in der Öffentlichkeit gegen diese Schriften lautstark protestiert wurde. Dabei standen in Kreisen des Jugendschutzes weniger die Schriften der Freikörperkulturbewegung selbst im Zentrum der Kritik, sondern vor allem literarische Erzeugnisse, die eher diese Lebensanschauung für verkaufsfördernde und sexuell erregende Abbildungen nutzten. Die Organisationen des Jugendschutzes schlugen sogar selbst vor, den die Nacktkultur betreffenden § 2 Abs. 2 GjS ersatzlos zu streichen. Aus der Sicht von Jugendschutz und Jugendhilfe gab es also bereits seinerzeit eine deutliche Abkehr von spezifischen Richtungen der alten Sittlichkeitsbewegungen, die inzwischen auch in den verbandlichen Kontexten des institutionalisierten Jugendschutzes keine Rolle mehr spielten. Doch der Gesetzgeber entschied sich für die Beibehaltung der genannten Regelung.

Das Urteil hatte über den konkreten Anlass hinaus insoweit für den Jugendschutz Bedeutung, als erneut das Elternprivileg im Jugendmedienschutz betont wurde: bis auf wenige Sachverhalte können die Eltern im privaten Bereich darüber frei entscheiden, was sie ihren Kindern erlauben oder zumuten. Und in Begleitung der Eltern sind bestimmte Beschränkungen nicht wirksam.

Deutlichere Aussagen fand der Gesetzgeber zur inhaltlichen Beschaffenheit der Schriften. Neu formuliert wurde deshalb § 1 Abs. 1. Nicht nur „unsittliche, sowie Verbrechen, Krieg und Rassenhaß verherrlichende" Schriften, sondern „verrohend wirkende, zu Gewalttätigkeit, Verbrechen oder Rassenhaß anreizende sowie den Krieg verherrlichende Schriften" standen nunmehr unter dem Prüfungsverdikt.

Ferner umfasste die Novelle von 1961 vor allem eine „Ausweitung" des Begriffs Schriften: Schallaufnahmen und Darstellungen wurden nun den Schriften gleichgestellt. Ein weiterer Kern der Novelle findet sich sodann in den Vertriebsbeschränkungen, in die der Versandhandel und die gewerblichen Leihbüchereien einbezogen wurden. Schließlich gab es die Neueinrichtung eines vereinfachten Verfahrens bei der Bundesprüfstelle, mit der Schwierigkeiten beseitigt wurden, immer recht große Beschlussgremien zusammenrufen zu müssen.

Gesetz über die Verbreitung jugendgefährdender Schriften 1985

Die Novelle von 1985 brachte neben einer sprachlichen Erweiterung, anstelle von „Schallaufnahmen" ist jetzt von „Ton- und Bildträgern" die Rede, vor allem zwei wesentliche Änderungen.

Verschärfungen wurden im Bereich der Vertriebsformen und -wege vorgenommen. So durften Ton- und Bildträger – im Vordergrund der öffentlichen Debatte standen insbesondere Videofilme –, die in die Liste der jugendgefährdenden „Schriften" aufgenommen waren, nur in Ladengeschäften vermietet werden, die Kindern und Jugendlichen nicht zugänglich sind und von ihnen nicht eingesehen werden können. Seinerzeit wurden aus preislichen Gründen Videofilme zunächst überwiegend vermietet und weniger verkauft. „Shop in shop"-Lösungen, das heißt der Verkauf oder Verleih von Trägermedien, die jungen Menschen nicht zugänglich gemacht werden durften, in abgegrenzten Teilen der Geschäfte waren demnach nicht gestattet. Verleger und Zwischenhändler hatten die Pflicht, auf Vertriebsbeschränkungen entsprechender Produkte hinzuweisen.

Als Folge des vierten Strafrechtsreformgesetzes von 1974 (BGBl. I, S. 469) wurde auch die Vorschrift neu gefasst, nach der schwer jugendgefährdende Schriften den Werbe- und Vertriebsbeschränkung des GjS unterliegen, ohne dass es vorab einer Aufnahme in die Liste jugendgefährdender Schriften bedarf. Es handelt sich um Schriften, die die Tatbestände des § 131 StGB (Gewaltdarstellung) und § 184 (Verbreitung pornographischer Schriften) erfüllen. Ebenso behandelt wurden die offensichtlich schwer jugendgefährdenden Schriften.

Das Gesetz änderte seine Bezeichnung in: Gesetz über die Verbreitung jugendgefährdender Schriften und Medieninhalte (GjSM).

4.4 Jugendschutz und Erziehung

Bereits in den 1920er Jahren kreiste das Jugendschutz-Paradigma nicht nur um die Kontrolle im Bereich der Literatur und der Medien, seinerzeit des Films. Immer wurden auch – wie an der Förderung und Werbung für anspruchsvolle Jugendliteratur gezeigt werden kann – die erzieherischen Aspekte in den Blick genommen. Zwar dominierte bis in die Zeit nach dem zweiten Weltkrieg eher ein Denkmuster der Bewahrung des zu Erziehenden vor schädigenden Einflüssen. Zunehmend gewann aber die Einsicht Raum, man könne gezielte erzieherische Aktivitäten ergreifen, um junge Menschen zu einer jeweils eigenen Positionierung gegenüber derartigen Einflüssen zu führen. Eine solche Aufgabenperspektive musste, um sich wirksam etablieren zu können, Eingang finden in die noch ausgeprägt behördlich-hoheitlich denkenden Institutionen der öffentlichen Jugendhilfe.

Jugendwohlfahrtsgesetz

Ein erster Schritt dahin machte im Jahre 1961 die Novellierung des Reichsjugendwohlfahrtsgesetzes (BGBl. I S.1193), die die Aufgaben des Jugendamtes um „erzieherische Maßnahmen des Jugendschutzes und für gefährdete Minderjährige" (§ 5 Abs. 1, Nr. 8) erweiterte und die Jugendhilfe insgesamt erstmals als Leistungs- und nicht mehr überwiegend als Eingriffsrecht gesetzlich regelte. Das Gesetz trat mit neu strukturiertem Aufbau als Gesetz für Jugendwohlfahrt (JWG) am 1.7.1962 in Kraft. Der erzieherische Jugendschutz war zwar damit im Gesetz genannt, er stand jedoch in unmittelbarem Kontext von Schutzmaßnahmen für „gefährdete" junge Menschen. Die generelle präventive Ausrichtung war noch nicht klar erkennbar.

Während die Organisationen des Jugendschutzes und die mit dem Jugendschutz befassten Fachkräfte der Jugendämter in diesem Auftrag eine Öffnung des Jugendschutzgedankens und einen Ansatz zur Verknüpfung der verschiedenen Handlungsrichtungen des Jugendschutzes sahen (vgl. Nikles/Baum 2001), blieb der überwiegende Teil der Jugendhilfe über Jahre hinweg bei einer eher abwehrenden Haltung. Im Frankfurter Kommentar (Münder 1988, S. 109f) zum Jugendwohlfahrtsgesetz war nur von „Maßnahmen des Jugendschutzes und Maßnahmen für gefährdete Minderjährige" die Rede, die Vorstellung einer eigenständigen erzieherischen Perspektive zum Jugendschutz fehlte. Dagegen wurden die Maßnahmen undifferenziert als gegenüber jungen Menschen repressiv wirkend bezeichnet.

Das Negativbild vom Jugendschutz als einem Bündel von repressiven Maßnahmen gegenüber jungen Menschen und eine – zwischenzeitlich schwächer gewordene, aber immer noch andauernde – Distanznahme zum ordnungsrechtlichen Jugendschutz verbaute der Jugendhilfe über Jahre eine systemische Sichtweise der Jugendschutzidee und damit die Möglichkeit, eine Verknüpfung des Schutzgedankens mit ihrem Erziehungsauftrag vorzunehmen. Die Gründe für diese Distanz dürften eher in gesellschaftspolitischen Debatten der 1960er und 1970er Jahre zu suchen sein als in einer durchdachten Theorie der Erziehung. Bis hinein in das SGB VIII sind die erzieherischen Handlungsperspektiven immer auch mit dem Schutzgedanken als einem durchgängigen Prinzip der Jugendhilfe verbunden gewesen. (vgl. Struck in: Wiesner, SGB VIII, S. 231)

Ab 1970 gewannen Reformbestrebungen in der Jugendhilfe wieder an Gewicht. 1973 wurde als Ergebnis der Arbeit einer Expertenkommission ein Diskussionsentwurf und 1974 ein ministerieller Referentenentwurf vorgelegt. In der Fachwelt gab es Übereinstimmung darin, dass der Jugendschutz im Sinne einer Gefahrenabwehr weiterhin in den einschlägigen Gesetzen (JÖSchG, GjS, JArbSchG etc.) verbleiben sollte, zumal sich diese Regelungen in erster Linie an Gewerbetreibende, Inhaber von Arbeitsstätten und Arbeitgeber, Veranstalter und andere verantwortliche Erwachsene richten.

Im Hinblick auf den erzieherischen Jugendschutz zeigten sich aber weiterhin unterschiedliche Sichtweisen. Stellvertretend für die Jugendhilfe sei auf die Positionierung des Deutschen Vereins für öffentliche und private Fürsorge und seines Fachausschusses Jugend- und Jugendwohlfahrtsrecht hingewiesen. Man sah keine Veranlassung, dem erzieherischen Jugendschutz einen spezifischen Ort zuzuweisen (Grundthesen 1971). Bemerkenswerterweise offenbarte diese Stellungnahme, dass man den erzieherischen Jugendschutz immer noch nicht so begriff, wie er von den Jugendschutzorganisationen weiterentwickelt wurde, nämlich explizit nicht als erzieherische Hilfe in Problemlagen und bei Defiziten der Erziehung, sondern als spezifische Perspektive des Kompetenzaufbaus zwecks aktiver Auseinandersetzung beispielsweise mit Gefährdungstatbeständen im Bereich der Medien oder des Konsums von Genuss- und Suchtmitteln.

Dementsprechend betonten die Jugendschutzorganisationen in der Reformdiskussion die Notwendigkeit, den erzieherischen Jugendschutz im Jugendhilferecht als spezifische präventive Aufgabe zu verankern. Nachdem 1980 ein erster Anlauf zu einem neuen Jugendhilfegesetz am Widerstand des Bundesrates scheiterte, brauchte es wiederum mehrere Jahre bis zu einem erneuten Gesetzgebungsverfahren. 1988 forderte die Bundesarbeitsgemeinschaft Aktion Jugendschutz, den erzieherischen Jugendschutz im Kontext der Aufgaben der Jugendförderung mit folgender Formulierung aufzunehmen: „Durch Angebote des erzieherischen Jugendschutzes soll die Entwicklung von Kindern und Jugendlichen vor hemmenden, störenden und gefährdenden Einflüssen geschützt werden. Sie sollen Kinder und Jugendliche zur Kritikfähigkeit, Entscheidungsfähigkeit und Eigenverantwortlichkeit hinführen. Kinder und Jugendliche sollen durch präventive Auseinandersetzung mit Gefährdungsbereichen befähigt werden, Gefahren zu erkennen und sich mit ihnen auseinanderzusetzen" (Stellungnahme 1988).

Sozialgesetzbuch VIII – Kinder- und Jugendhilfe –

Kurz vor der deutschen Wiedervereinigung im Jahre 1990 erfolgte, sozusagen im „Windschatten" der großen deutschen und weltpolitischen Veränderungen, die Verabschiedung eines neuen Jugendhilferechts (zur Vorgeschichte: Wiesner 2000). Das Gesetz zur Neuordnung des Kinder- und Jugendhilferechts (Kinder- und Jugendhilfegesetz – KJHG) vom 28. Juni 1990 (BGBl. I, S.1163) regelte die Kinder- und Jugendhilfe neu und ordnete sie als Achtes Buch in das Sozialgesetzbuch ein (SGB VIII). Darin hat der Gesetzgeber in § 14 den Erzieherischen Jugendschutz eigenständig geregelt und zwar getrennt von eingreifenden Maßnahmen bei konkreten Gefährdungslagen (§ 42). Zudem wurde der Querschnittscharakter des präventiven Kinder- und Jugendschutzes durch die programmatische Aufgabenbestimmung in § 1 Abs. 3 Nr. 3 als Aufgabe der gesamten Jugendhilfe festgeschrieben. Es gelang damit eine Komplettierung des jugendpolitischen Formenkreises zum Jugendschutz vom präventiv ausgerichteten erzieherischen Jugendschutz über strukturelle Maßnahmen der Beeinflussung und Gestaltung von Lebensbedingungen bis hin zu Schutzvorkehrungen in der Öffentlichkeit und im Medienbereich – von grundlegenden strafrechtlichen und anderen Regelungen einmal abgesehen.

> **§ 14 Erzieherischer Kinder- und Jugendschutz**
> (1) Jungen Menschen und Erziehungsberechtigten sollen Angebote des erzieherischen Kinder- und Jugendschutzes gemacht werden.
> (2) Die Maßnahmen sollen
> 1. junge Menschen befähigen, sich vor gefährdenden Einflüssen zu schützen und sie zu Kritikfähigkeit, Entscheidungsfähigkeit und Eigenverantwortlichkeit sowie zur Verantwortung gegenüber ihren Mitmenschen führen,
> 2. Eltern und andere Erziehungsberechtigte besser befähigen, Kinder und Jugendliche vor gefährdenden Einflüssen zu schützen.
> (Sozialgesetzbuch Achtes Buch (SGB VIII) – Kinder- und Jugendhilfe – § 14)

Die im Rahmen der Kinder- und Jugendhilfe seit einigen Jahren etablierten diversen Aktivitäten der Kompetenzstärkung junger Menschen, beispielsweise in der Medienpädagogik, haben auch ein merklich verändertes Verständnis für den heute differenzierter zu sehenden Jugendschutz entstehen lassen. Im Blick auf § 14 SGB VIII sei darauf hingewiesen, dass in der Perspektive der Kinder- und Jugendhilfe auch junge Erwachsene zu den „jungen Menschen" gezählt werden. Die Unterstützung beim Selbstschutz vor Gefährdungen endet also nicht mit dem 18. Geburtstag, anders als die gesetzlichen Verbote. Die Bemühungen um eine Kompetenzstärkung der jungen Menschen haben zugleich die Sensibilität für Fragen nach der Akzeptanz und nach den lebensweltlichen Bezügen der Regelungen gesteigert. Während in den 1950er und 1960er Jahren die Konflikte um den Jugendschutz im Wesentlichen zwischen der gewerblichen Wirtschaft einerseits und der Jugendpolitik nebst den Jugendschutzorganisationen andererseits ausgetragen wurden, scheint in den letzten Jahrzehnten eine zusätzliche Legitimitätsproblematik zwischen den Lebensorientierungen zumindest in Teilen der Bevölkerung einerseits und der grundsätzlichen Schutzidee aufzubrechen.

5. Reform des Jugendschutzrechts 2003

Im historischen Vergleich erfolgte die letzte größere Neuordnung des Jugendschutzrechts Anfang des 21. Jahrhunderts ohne breitere gesellschaftliche Diskurse; selbst die Fachorganisationen, in den Kontext der Novellen 1985 noch breit eingebunden, blieben bis zuletzt weitgehend Zaungäste. Dies lag unter anderem daran, dass sich die Reform – getrieben durch die Veränderungen bei Medienangeboten und Medienkonsum – fast ausschließlich auf den Kinder- und Jugendmedienschutz konzentrierte. Überlagert wurde dies durch Kompetenz- und Abgrenzungsprobleme im föderalen System. Der Kultur- und Bildungsbereich und damit zusammenhängend die Medien liegen in der Kompetenz der Bundesländer; dort ist die Federführung regelmäßig nicht bei den für den Kinder- und Jugendschutz zuständigen Fachministerien, d.h. obersten Landesjugendbehörden, sondern bei den für Rundfunk zuständigen Referenten. Daraus resultieren spezifische Kommunikations- und Koordinierungsprobleme, selbst wenn die Jugendminister bemüht sind, die medienpolitischen Dimensionen mit zu bedenken. Die Jugendhilfe ihrerseits ist einerseits dezentral verankert, andererseits über die Obersten Landesjugendbehörden in Form einer Arbeitsgemeinschaft auch zentral handelnder Akteur. Die Reform hat mit ihrer seinerzeit noch einigermaßen tragfähigen Zuständigkeitsteilung – Trägermedien beim Bund, Telemedien bei den Bundesländern – zwar eine Vereinheitlichung versucht, dabei aber bestehende Strukturen kaum angetastet, sondern eingebunden (vgl. etwa die Stellung von jugendschutz.net im JMStV). Dies war insgesamt mit einer nicht einfachen Verknüpfung der geteilten Aufgaben verbunden, bei der weitergehende Vorschläge nach einer einheitlicheren Regelung offensichtlich nicht realisierbar schienen.

Im Ergebnis trat am 1. April 2003 ein Jugendschutzgesetz (JuSchG) in Kraft, das im Kern aus einer weitgehend unveränderten Übernahme des Gesetzes zum Schutz der Jugend in der Öffentlichkeit (JÖSchG) und der medienschutzrechtlich angepassten Übernahme des Gesetzes über die Verbreitung jugendgefährdender Schriften und Medien (GjSM) bestand (JuSchG vom 23. Juli 2002, BGBl. I ‚2002, S. 2730; Bekanntm. vom 8. April 2003, BGBl. I 2003, S. 476).

Zum gleichen Zeitpunkt trat ein zwischen den Bundesländern abgeschlossener Jugendmedienschutz-Staatsvertrag in Kraft, der eine Reihe von Neuerungen des Jugendmedienschutzes enthält. Es handelt sich dabei um eine Bündelung bislang verstreuter Regelungen im Medienbereich, Verknüpfungsregelungen zum JuSchG sowie neue Aufgabenverteilungen und Kontrolleinrichtungen. Hervorzuheben ist die Ausformulierung eines neuen Regulierungsparadigmas, das „Regulierte Selbstregulierung" heißt. Danach richten die Medienanbieter Selbstkontrollen ein, die nach festgelegten Regeln die Einhaltung von Jugendschutzbestimmungen in ihrem Medienbereich (beispielsweise der privaten Rundfunkanbieter) sichern, wobei deren Tätigkeit wiederum durch die Kommission für Jugendmedienschutz einheitlich für die jeweils örtlich zuständige Landesmedienanstalt reguliert wird (Jugendmedienschutz-Staatsvertrag vom 10. bis 27. September 2002, vgl. GVBl. NW. Nr. 9 vom 14. März 2003, S. 84, Anlage).

6. Organisationen und Institutionen

Traditionellerweise wacht der Staat mit den von ihm geschaffenen Institutionen über die Einhaltung rechtlich verankerter Schutzregelungen, vor allem dort, wo Persönlichkeitsrechte – hier das Recht junger Menschen auf Entwicklung zu eigenverantwortlichen und gemeinschaftsfähigen Persönlichkeiten. (SGB VIII, § 1 Abs.1) – betroffen sind. Letztlich ist der verfassungsrechtlich verankerte Schutz der Jugend (Art 5 Abs. 2 GG) eine **dauerhafte Aufgabe des Staates**, selbst wenn er bestimmte Regulierungen gesellschaftlicher Prozesse nicht unmittelbar selbst vornimmt.

6.1 Aufsichtsbehörden

Als Aufsichtsbehörden bezeichnet man zum einen solche Behörden, die staatliche Aufsicht über nachgeordnete Behörden und Dienststellen ausüben. Das hier verwandte offenere Verständnis schließt zum anderen auch die Tätigkeiten von Behörden und Einrichtungen der öffentlichen Hand ein, bei denen es um die **Aufsicht über gesetzliche Regelungsbereiche** im gesellschaftlichen Miteinander geht (z.B. die Gewerbeaufsicht für die wirtschaftliche Betätigung).

Für die Aufsicht und Kontrolle von jugendschutzrechtlichen Regelungen sind nach den jeweiligen Rechtsgrundlagen unterschiedliche Stellen zuständig. Die Einhaltung der Vorschriften zum Jugendschutz in der Öffentlichkeit (Alkohol, Tabakwaren, Gaststätten- und Diskobesuch, Kinobesuch und anderes) ist landesrechtlich – in Nuancen unterschiedlich – geregelt; üblicherweise sind die örtlichen **Ordnungs- und Polizeibehörden** zuständig. Dies betrifft auch den Vertrieb von sogenannten Trägermedien.

Für Rundfunk und Telemedien sind **eigene Strukturen der Medienaufsicht** geschaffen worden.

Im **öffentlich-rechtlichen Rundfunk**, d.h. beim ZDF und bei den in der ARD zusammengeschlossenen Landesrundfunkanstalten, überwachen deren eigene Aufsichtsgremien beziehungsweise Jugendschutzbeauftragte das Programm, weil man hier eine stärkere gesellschaftliche Verantwortung als beim profitorientierten Privatfernsehen unterstellt und vor allem weil es historisch so gewachsen war.

Den privaten Rundfunk und die Telemedien überwachen die **Landesmedienanstalten**. Im Bereich des Jugendschutzes – und den Fragen eventueller Menschenwürdeverletzung – ist zur Vereinheitlichung die Kommission für Jugendmedienschutz (KJM) zuständig, die als Organ der jeweiligen Landesmedienanstalt fungiert.

Jeder Rundfunk- und Telemedienanbieter (der eine Mindestgröße überschreitet) hat zudem einen eigenen **Jugendschutzbeauftragten** zu bestellen (§ 7 JMStV). Daneben gibt es Einrichtungen der Selbstkontrolle von Medienanbietern, die z.T. die Benennung von Jugendschutzbeauftragten ersetzen können und im System der regulierten Selbstregulierung sehr große Bedeutung haben.

Da das **Jugendamt** die generelle Aufgabe hat, der Gefährdung von Kindern und Jugendlichen vorzubeugen bzw. diese davor zu schützen, ist auch das Jugendamt der Stadt oder des Kreises in den Kinder- und Jugendschutz involviert. Das Jugendamt ist in Fragen des Jugendschutzes in der Regel jedoch nicht als eigentliche Aufsichtsbehörde tätig, sondern konzentriert sich auf den Erzieherischen Kinder- und Jugendschutz. Ist allerdings das Kindeswohl im Einzelfall unmittelbar gefährdet, so muss das Jugendamt Eltern und Fachkräfte beraten und muss gegebenenfalls auch einschreiten, um die Wahrung der Rechte des Kindes zu gewährleisten. In dieser Publikation sprechen wir in diesem Zusammenhang vom Intervenierenden Jugendschutz.

6.1.1 Ordnungs- und Polizeibehörden

Polizei- und Ordnungsbehörden sind die Behörden, die mit der **Wahrnehmung der öffentlichen Sicherheit und Ordnung** beauftragt sind und durch ihre Tätigkeit einen Beitrag zur Gefahrenabwehr leisten. Die allgemeinen Ordnungsbehörden arbeiten auf der Grundlage länderrechtlicher Regelungen und sind in der Regel kommunal organisiert. Die kreisfreien Städte und die Landkreise sind deshalb die geeigneten ersten Ansprechpartner für den Bürger bei Fragen oder Beschwerden zur öffentlichen Ordnung. Daneben gibt es **spezielle Ordnungsbehörden**, auf Länderebene z.B. die Gewerbeaufsicht oder auf Bundesebene z.B. die Zollbehörden.

Neben den Ordnungsbehörden ist die **Polizei** für die Wahrung der öffentlichen Sicherheit und Ordnung zuständig. Im Jugendschutz wird sie bei der **akuten Gefahrenabwehr** und bei **Verdacht auf vorliegende Straftaten** unmittelbar selbst oder auf Veranlassung der Staatsanwaltschaft tätig. Auf der überörtlichen Ebene sind bei den Ländern spezielle Polizeiabteilungen beispielsweise damit beauftragt, die unerlaubte Verbreitung von Schriften etwa kinderpornographischer Art im Internet zu verfolgen. Auf der örtlichen Ebene begleitet und sichert die Polizei unter anderem die kommunalen Ordnungsbehörden bei Jugendschutzkontrollen.

6.1.2 Medienkontrollinstitutionen

Der Staat verfügt über eine Vielzahl von Instrumenten der direkten oder indirekten Steuerung gesellschaftlicher Prozesse. So kann er **unmittelbar**, über eigene Institutionen oder über die Kommunen direkte Kontrolle ausüben. Er hat auch die Möglichkeit, Institutionen mit Aufgaben zu beleihen oder Aufgaben in private Hand zu geben. Auswahl und Grenzen der **indirekten Steuerung** hängen von Ziel und Zweck und nicht zuletzt davon ab, ob und wie weit der Staat in der Verpflichtung steht, die Aufgabenerfüllung auch unmittelbar selbst kontrollieren zu können beziehungsweise dieses Handeln auch in der Verantwortung politisch legitimierter Gremien zu halten. Zum Verständnis zwei Beispiele: Der Staat kann polizeiliche Befugnisse ohne Verlust seines Gewaltmonopols nicht an Private abgeben oder auslagern. Bei Adoptionen sind zwar Beratungsaufgaben externalisierbar, die entscheidenden Verfahren müssen jedoch beim Staat, respektive bei den öffentlichen Trägern der Jugendhilfe, überprüft durch die Familiengerichte, bleiben.

Übertragen auf den kontrollierenden Jugendmedienschutz heißt dies: Wie in anderen Aufgabenfeldern auch kontrolliert der Staat in einigen Bereichen unmittelbar etwa durch Staatsanwaltschaften bei der Verfolgung von Straftaten, über die Bundesprüfstelle für jugendgefährdende Medien bei der Prüfung von Medien auf Jugendgefährdung und durch die Ordnungsbehörden hinsichtlich der Überwachung der Einhaltung von Vertriebsbeschränkungen von (Träger-)Medien durch Gewerbetreibende.

Bei der Medienkontrolle – d.h. insbesondere beim Ermitteln der adäquaten Alterseinstufung – der sogenannten Trägermedien sind für den Film- bzw. Videobereich die Freiwillige Selbstkontrolle der Filmwirtschaft (FSK) und für Computerspiele die Unterhaltungssoftware-Selbstkontrolle – (USK) tätig. Organisationsbezogen handelt es sich bei den Einrichtungen um selbstständige und von der Wirtschaft getragene Institutionen mit eigener Rechtspersönlichkeit. In beiden Fällen werden in die Prüfgremien sowohl von der Wirtschaft als auch von der öffentlichen Hand Vertreter entsandt. Die Prüfentscheidung wird durch einen von den Obersten Jugendbehörden bestellten Ständigen Vertreter rechtlich verbindlich gemacht. Die hinter dem Verfahren stehende rechtstheoretische Konstruktion wird von den Fachjuristen nicht einheitlich bewertet (vgl. Gutknecht in: Nikles u.a. 2011, § 14 JuSchG Rn. 22), was aber für die Anwendungspraxis keine Rolle spielen dürfte.

Für den Bereich der elektronischen Informations- und Kommunikationsmedien ohne den Bereich der Individualkommunikation nach dem Telekommunikationsgesetz (§ 2 JMStV), d.h. insbesondere für den privaten Rundfunk und für Medienangebote im Internet, hat der Staat durch einen **Staatsvertrag** der zuständigen Bundesländer weiter reichende Selbstregulierung zugelassen. Die Aufsicht über den privaten Rundfunk liegt bei den

Landesmedienanstalten, denen eine gewisse „Staatsferne" zugeschrieben wird, und die strukturell aus einem Entscheidungsgremium (Medienrat, Versammlung o.ä.) und der Verwaltung bestehen. Das im Jugendmedienschutz-Staatsvertrag gesetzlich verankerte System beruht auf der Einrichtung von „Selbstregulierungs-Systemen" durch die Wirtschaft und Anerkennungsverfahren der von diesen Systemen aufgestellten normativen und verfahrensmäßigen Regeln sowie einer Letztkontrolle bei Entscheidungen, die den üblichen Beurteilungsspielraum verlassen. Der Staat überantwortet mithin der Medienwirtschaft den operativen Prozess der Regulierung ohne unmittelbare Beteiligung und stellt bei ordnungsgemäßer Durchführung die Mitglieder dieses Systems selbst bei Verletzungen der Regeln – zumindest in minder schweren Fällen – von unmittelbarer Haftung frei. Durch das Anerkennungsverfahren und die Überprüfung der Einhaltung des Beurteilungsspielraums behält der Staat seine hoheitlichen Eingriffsmöglichkeiten. Außerdem bleibt die Aufsicht überall dort direkt zuständig, wo sich Anbieter nicht an der Selbstregulierung beteiligen. Diese Konstruktion wird fachlich als **„Regulierte Selbstregulierung"** bezeichnet. Zur Vereinheitlichung der Entscheidungen der Aufsicht wurde durch den JMStV als zentrales Gremium die „Kommission für Jugendmedienschutz (KJM)" geschaffen, die als Organ der jeweils zuständigen Landesmedienanstalt fungiert und in der Direktoren der Landesmedienanstalten mit Sachverständigen zusammenwirken, die von Bund und Ländern entsandt wurden (§ 14 JMStV).

Mit dem Ausdruck „Regulierung der Selbstregulierung" bezeichnet man also einen Kontext, in dem der Staat mit rechtlichen Instrumenten „private Beiträge zur Erfüllung öffentlicher Aufgaben bewirkt und steuert" (Thoma 2008, S.39), damit das Gemeinwohl sichert und zugleich die an der Erfüllung der Aufgaben Beteiligten auf eine eigenaktive Regulierung der Einhaltung von Normen und Verfahrensregeln verpflichtet. Es verbleibt eine staatliche Aufsicht, die über Interventionsmacht verfügt, um auf Verletzungen der Selbstregulierungsnormen reagieren zu können und dort tätig zu werden, wo Selbstkontrolle nicht beteiligt ist.

Dieses Regulierungsmuster unterscheidet sich also von einer **reinen Selbstregulierung**, wie sie etwa vorliegt, wenn Telefongesellschaften untereinander einen Verhaltenskodex vereinbaren und ein Verfahren vorsehen, wie die Einhaltung überprüft und gegebenenfalls sanktioniert werden kann. Ein Beispiel hierfür sind die Vereinbarungen der werbenden Wirtschaft, die als Selbstkontrollinstanz den Deutschen Werberat gegründet hat.

Das Konzept der Regulierten Selbstregulierung beruht auf der Einsicht, dass der Staat die komplexen medialen Angebote zunehmend nicht mehr allein hinsichtlich problematischer jugendschutzrelevanter Inhalte sichten und deren Verbreitung regulieren kann. Zugleich wird mit der Überantwortung von Regulierungsaufgaben an die Anbieter selbst deren Mitverantwortung gestärkt, was insgesamt den Jugendschutz breit verankert.

Abbildung 6: Medienkontrolle in Deutschland

Staatliche oder vom Staat eingerichtete Kontrolle

(1) Zentralstellen zur Bekämpfung gewaltdarstellender, pornografischer und sonstiger jugendgefährdender Schriften bei den Generalstaatsanwaltschaften der Länder
(2) Polizeistreifen im Internet [landesrechtlich geregelt]
(3) Bundesprüfstelle für jugendgefährdende Medien – BPjM
(4) Jugendbehörden
    (a) Oberste Landesjugendbehörden – OLJB
    (b) Landesjugendämter – LJA
    (c) Jugendämter – JA
(5) Landesmedienanstalten
(6) Kommission für Jugendmedienschutz – KJM
(7) jugendschutz.net

Mischform staatlicher Kontrolle und Selbstkontrolle

(1) Freiwillige Selbstkontrolle der Filmwirtschaft GmbH – FSK [mit ständigem Vertreter der Obersten Landesjugendbehörden bei der FSK]
(2) Unterhaltung Software Selbstkontrolle – USK [mit ständigem Vertreter der Obersten Landesjugendbehörden bei der USK]
(3) Automaten-Selbst-Kontrolle – ASK [mit Vertreter der Obersten Landesjugendbehörden]

Staatlich vorgeschriebene Selbstkontrolle

(1) Jugendschutzbeauftragte bei den öffentlich-rechtlichen Rundfunkanstalten
(2) Jugendschutzbeauftragte bei Fernsehsendern
(3) Jugendschutzbeauftragte bei Online-Diensten

Durch die KJM anerkannte freiwillige Selbstkontrolle

(1) Freiwillige Selbstkontrolle Fernsehen e.V. – FSF
(2) Freiwillige Selbstkontrolle Multimedia-Diensteanbieter e.V. – FSM
(3) FSK.online
(4) USK-online

Sonstige Freiwillige Selbstkontrolle

(1) DT-Control – Interessengemeinschaft Selbstkontrolle elektronischer Datenträger im Pressevertrieb - GbR
(2) eco – Verband der deutschen Internetwirtschaft e.V.
(3) Bundesverband interaktiver Unterhaltungssoftware (BIU)

Weitere freiwillige Selbstkontrollen (außerhalb der Telemedien)

(1) Deutscher Presserat
(2) Deutscher Werberat
(3) Freiwillige Selbstkontrolle Telefonmehrwertdienste (FST)

Für den Bereich des JMStV sind **vier Selbstkontrolleinrichtungen** anerkannt: Die privaten Rundfunkanbieter haben die Freiwillige Selbstkontrolle Fernsehen (FSF) gegründet, die insbesondere vorlagefähige Sendungen ihrer Mitglieder vor Ausstrahlung auf die geeignete Sendezeit einstuft. Die Freiwillige Selbstkontrolle Multimedia (FSM) prüft Telemedienangebote ihrer Mitglieder insbesondere beim Vorwurf einer Nichteinhaltung von Jugendschutzbestimmungen; sie hat eine Beschwerdestelle und stellt den Anbietern ein Verfahren zur Selbstklassifizierung ihrer Angebote zur Verfügung. Die erst seit kurzem anerkannte FSK-online ist ebenfalls Selbstkontrolle im Bereich der Telemedien und ermöglicht durch die enge Zusammenarbeit mit der FSK eine abgestimmte Prüfung, wenn der Einsatz eines Medienangebots in verschiedenen Angebotsformen geplant ist oder flankierende Telemedienangebote vorgesehen sind (z.b. eine eigene Homepage für einen neuen Film). Ähnliches gilt für die USK-online, die insbesondere bei Telemedienangeboten mit Bezug zu Computerspielen ihren Schwerpunkt finden dürfte.

Die Institutionen in alphabetischer Reihenfolge:

Automaten-Selbst-Kontrolle – ASK

Die Automaten-Selbst-Kontrolle mit Sitz in Berlin bewertet seit 1982 gewerblich betriebene Bildschirmspielgeräte und ist seit 2003 eine Selbstkontrolleinrichtung im Sinne des Jugendschutzgesetzes. Mitglieder sind die Spitzenverbände der deutschen Unterhaltungsautomatenwirtschaft. Die runden Prüfsiegel sind in den für die Alterskennzeichnung festgelegten Farben gestaltet, enthalten die nach § 14 JuSchG vorgeschriebenen Altersangaben und finden sich als Aufkleber auf den Spielgeräten.

Bundesprüfstelle für jugendgefährdende Medien – BPjM

Die Bundesprüfstelle für jugendgefährdende Medien (BPjM) ist eine dem zuständigen Bundesministerium (für Familie, Senioren, Frauen und Jugend) nachgeordnete Behörde mit Sitz in Bonn, die für die sog. Indizierung jugendgefährdender – also nicht nur entwicklungsbeeinträchtigender – Telemedien und Trägermedien zuständig ist. Sie leitet ihre Verfahren auf Antrag oder Anregung hierfür berechtigter Stellen (§ 21 Abs. 2 JuSchG) ein. Antragsberechtigt sind die Jugendbehörden (des Bundes, der Länder und der Kommunen) sowie die Kommission für Jugendmedienschutz (KJM). Anregungsberechtigt sind andere Behörden und Träger der freien Jugendhilfe. Einzelpersonen können sich mit ihren Anregungen und Hinweisen an die genannten Institutionen wenden. Die Prüfgremien sind pluralistisch besetzt (§ 19 JuSchG). Die Indizierung löst Beschränkungen für Vertrieb und Werbung aus, die in § 15 JuSchG geregelt sind.

Deutscher Presserat

Der 1952 gegründete Deutsche Presserat wird vom Bundesverband Deutscher Zeitungsverleger (BDZV), vom Deutschen Journalistenverband (DJV), dem Verband der Zeitschriftenverleger (VDZ) und ver.di Fachbereich Medien (dju) getragen und stellt sich der Doppelaufgabe, Einschränkungen freier Information und Meinungsbildung entgegenzutreten und Missstände im Pressewesen festzustellen und auf deren Beseitigung hinzuwirken. Der Presserat sieht sich auch für die Online-Ausgaben und Telemedienauftritte von Presseunternehmen zuständig (http://www.presserat.info/inhalt/der-presserat/ statuten/satzung.html; dort: § 9).

Er ist eine reine Selbstkontrolle ohne förmliche Rückkopplung zu Behörden für Sicherheit oder Kinder- und Jugendschutz. Die Prüfkriterien seiner Arbeit sind im Pressekodex begründet, der presseethische Grundsätze und Regeln enthält.

Deutscher Werberat

Der Deutsche Werberat ist eine 1972 gegründete Institution der Werbewirtschaft (ZAW), die sich zur Aufgabe gesetzt hat, „selbstdisziplinierend" auf die Einhaltung von werberechtlichen Vorschriften, von durch den Werberat aufgestellten Verhaltensrichtlichen z.B. für die Werbung mit und vor Kindern oder für die Bewerbung von alkoholischen Getränken zu achten. Mitglieder sind Delegierte der werbetreibenden Wirtschaft, der werbeverbreitenden Medien und der Kommunikationsagenturen und ggf. weitere berufene Experten.

DT-Control

Die DT-Control ist ein Zusammenschluss von Verbänden des Buch-, Zeitungs- und Zeitschriftenvertriebs. Sie besteht seit 1995 in der Form einer Gesellschaft bürgerlichen Rechts und wird als freiwillige Selbstkontrolleinrichtung im Pressevertrieb tätig. Ihre Aufgabe besteht darin, die im Zeitungs- und Zeitschriftenhandel selbstständig oder als Beilage zu den gedruckten Medien vertriebenen Datenträger (z.B. CD-ROM, DVD) auf ihre Vereinbarkeit mit den Jugendschutzbestimmungen zu prüfen. Dies geschieht durch Vorprüfungen und Empfehlungen. Anknüpfungspunkt zum Jugendschutzgesetz ist § 12 Abs. 5 JuSchG.

Freiwillige Selbstkontrolle der Filmwirtschaft GmbH – FSK

Die seit 1949 bestehende Institution ist eine Einrichtung der Spitzenorganisation der Filmwirtschaft und prüft auf freiwilliger Basis Filme, Videokassetten und andere Bildträger im Hinblick auf die öffentliche Vorführung. Die Prüfergebnisse (mit der Alterskennzeichnung) dienen den nach dem Jugendschutzgesetz zuständigen Obersten Landesjugendbehörden für die Jugendfreigabe. In langjähriger Entwicklung sind detaillierte Prüfkriterien und – verfahren entstanden, die auch für andere Selbstkontrollinstitutionen orientierende Qualität haben. Die FSK wird als Gesellschaft mit beschränkter Haftung geführt. Die Prüfsiegel in quadratischer Form mit abgerundeten Ecken nach den Vorschriften des Jugendschutzgesetzes finden sich auf den Trägermedien. Auf Anzeigen und Plakaten sollten zumindest in Kurzform Hinweise auf die Jugendfreigabe gegeben werden. Filme ohne Alterskennzeichen dürfen Minderjährigen nicht im Kino vorgeführt werden und auch nicht in Form von Trägermedien zugänglich gemacht werden (§§ 11, 12 JuSchG).

FSK.online

Seit September 2011 ist eine Abteilung der FSK als Einrichtung der Freiwilligen Selbstkontrolle nach dem JMStV (§ 19 JMStV) anerkannt. Sie berät bei der jugendschutzkonformen Gestaltung von Webangeboten, bietet einen Label-Generator für die Alterseinstufung von Webangeboten und hält eine Beschwerdestelle vor. Als Zielgruppe werden u.a. Kinobetreiber, Filmverleiher, Videoproduzenten oder Videothekare mit eigenem Webauftritt genannt.

Freiwillige Selbstkontrolle Fernsehen e.V. – FSF

Die Freiwillige Selbstkontrolle Fernsehen wurde 1993 gegründet und ist eine anerkannte Freiwillige Selbstkontrolle nach dem JMStV (seit 2003). Ihr gehören private Fernsehanbieter in Deutschland an. Die FSF wird als gemeinnütziger eingetragener Verein geführt. Im Bereich der Programmprüfung gibt es eine Selbstverpflichtung zur Vorlage für alle Sendungen, bei denen der Jugendschutz berührt sein könnte, mit Ausnahme von Live-Sendungen. Es werden dann eventuell Sendezeitbeschränkungen festgelegt oder Schnittauflagen vereinbart. Die Entscheidung der FSF schützt einen Anbieter vor Maßnahmen der staatlichen Aufsicht, solange der Beurteilungsspielraum eingehalten ist.

Freiwillige Selbstkontrolle Multimedia-Diensteanbieter e.V. – FSM

Die Freiwillige Selbstkontrolle Multimedia-Diensteanbieter beruht auf einem Zusammenschluss von Unternehmen der Multimediabranche. Auf der Grundlage eines Verhaltenskodexes soll unter anderem die Beachtung des Jugendschutzes gestärkt werden. Die FSM ist ein eingetragener Verein mit Sitz in Berlin und wurde 1997 gegründet. Sie ist seit 2005 als Freiwillige Selbstkontrolle nach dem JMStV anerkannt. Die Beschwerdeordnung sieht bei festgestellten Verstößen Hinweise und Rügen vor. Die FSM betreibt eine Beschwerdestelle, die in den internationalen INHOPE-Verbund eingebunden ist. Für Anbieter stellt sie ein Verfahren zur Selbstklassifizierung von Telemedienangeboten zur Verfügung, dessen Alterseinstufung eine wichtige Grundlage für die Anwendung differenzierter Jugendschutzprogramme seitens der Eltern darstellt.

Freiwillige Selbstkontrolle Telefonmehrwertdienste e.V. – FST

Die als eingetragener Verein 1997 gegründete Institution ist ein Zusammenschluss von Unternehmen (Netzbetreibern, Diensteanbietern), Verbänden und Organisationen im Bereich der Telefonmehrwertdienste, die sich auf einen Verhaltenskodex im Sinne einer Selbstkontrolle verständigt haben. Der Sitz ist Düsseldorf.

Jugendschutzbeauftragte

Anbieter länderübergreifender Fernsehprogramme und Anbieter von allgemein zugänglichen Telemedien, die entwicklungsbeeinträchtigende und jugendgefährdende Inhalte enthalten, sowie Anbieter von Suchmaschinen müssen über eine speziell beauftragte Person verfügen, die über Herstellung, Erwerb, Planung und Programmgestaltung hinweg die Aspekte des Jugendschutzes beachten und entsprechende Vorschläge zu deren Umsetzung entwickeln soll (§ 7 JMStV). Der Rolle der Jugendschutzbeauftragten kommt im Rahmen des Gesamtkonzeptes einer durch Gesetz verpflichtend eingerichteten Selbstkontrolle große Bedeutung zu. Ein wirksames Zusammenspiel zwischen Programmverantwortlichen und Jugendschutzbeauftragten fördert das Verständnis in Jugendschutzfragen, vermeidet kontrollierende staatliche Eingriffe und stärkt die Rechtssicherheit.

Jugendschutz.net

jugendschutz.net ist eine von den Jugendministern der Bundesländer gegründete Einrichtung, die jugendschutzrelevante Angebote im Internet (Telemedien) überprüft und auf die Einhaltung von Jugendschutzbestimmungen drängen soll. Ziel ist ein vergleichbarer Jugendschutz wie in traditionellen Medien. Durch den Jugendmedienschutz-Staatsvertrag wurde jugendschutz.net organisatorisch an die Kommission für Jugendmedienschutz (KJM) angebunden. Jugendschutz.net verfügt über eine Meldehotline und bietet Informationen für eine den Jugendschutz beachtende Nutzung des Internets an.

Juristenkommission (JK)

Die Mitglieder der Spitzenorganisation der Filmwirtschaft können für Filme, Videos und andere Bildträger, die von der Freiwilligen Selbstkontrolle der Filmwirtschaft (FSK) kein Kennzeichen erhalten haben oder ihr nicht vorgelegt worden sind, eine gutachterliche Stellungnahme durch die Juristenkommission einholen. Diese aus jeweils drei Juristen bestehende Kommission prüft, ob das vorgelegte Medium gegen Bestimmungen des Strafgesetzbuches, insbesondere hinsichtlich Gewaltdarstellung (§ 131 StGB) und Verbreitung pornographischer Schriften (§ 184 StGB) und/oder gegen Strafbestimmungen des Jugendschutzgesetzes verstößt. Kommt die Juristenkommission zu der Überzeugung, dass ein solcher Verstoß nicht vorliegt, vergibt sie das Kennzeichen „SPIO JK geprüft". Dieser Beitrag zur Selbstkontrolle im Filmbereich ergänzt damit die Arbeit der FSK um den Bereich des Strafrechts.

Kommission für Jugendmedienschutz – KJM

Mit In-Kraft-Treten des Jugendmedienschutz-Staatsvertrages am 01.04.2003 ist die Aufsicht über den privaten Rundfunk und die Telemedien in Fragen des Jugendschutzes und möglicher Verletzungen der Menschenwürde der Kommission für Jugendmedienschutz (KJM) übertragen worden. Ihre Geschäftsstelle ist derzeit in Erfurt und ab 2013 in Berlin angesiedelt. Mitglieder der KJM sind 6 Direktoren von Landesmedienanstalten und 6 von den Ländern oder vom Bund entsandte Sachverständige (§ 14 JMStV). Im System der regulierten Selbstregulierung ist die KJM für die Anerkennung von Selbstkontrolleinrichtungen zuständig (bisher FSF, FSM, FSK.online, USK-online). Eine weitere Aufgabe ist die Anerkennung von Jugendschutzprogrammen. Überwiegend wird die KJM als Organ der jeweils zuständigen Landesmedienanstalt tätig: Stellt die Kommission Verletzungen des JMStV durch Rundfunk- oder Telemedienangebote fest, so setzt die für den jeweiligen Anbieter zuständige Landesmedienanstalt die getroffenen Entscheidungen um, also beispielsweise ein Ordnungswidrigkeitenverfahren.

Außerdem gibt die KJM Stellungnahmen zu Indizierungsanträgen von Telemedien ab und kann Anträge bei der Bundesprüfstelle für jugendgefährdende Medien stellen.

Landesmedienanstalten

Die Landesmedienanstalten sind die nach jeweiligem Landesrecht gebildeten Kontrollinstitutionen für die privaten Rundfunkveranstalter. Sie sind eigenständige Einrichtungen öffentlichen Rechts und arbeiten unabhängig von staatlichen Weisungen. Auf Bundesebene sind sie in der Arbeitsgemeinschaft der Landesmedienanstalten (ALM) mit der Direktorenkonferenz (DLM) zusammengeschlossen. Im Wesentlichen nehmen sie die Aufgaben der Lizenzerteilung und der Aufsicht wahr, wobei im Bereich des Jugendschutzes die KJM als ihr Organ fungiert. Daneben haben sie fördernde Aufgaben, beispielsweise im Bereich der Verbreitung offener, nicht-kommerzieller Angebote (sog. Bürgerrundfunk) und der Medienpädagogik.

Oberste Landesjugendbehörde

Oberste Landesjugendbehörde ist die nach den Organisationsgesetzen des jeweiligen Bundeslandes für die Aufgaben der Jugendhilfe und des Jugendschutzes zuständige Behörde, also das zuständige Ministerium bzw. die Senatsbehörde.

Im Bereich der Kontrollaufgaben des Jugendschutzes ist sie unter anderem Antragsbehörde für die Aufnahme von Medien in die Liste der jugendgefährdenden Medien und zuständig für die Ernennung eines Teils der Prüfer und Sachverständigen bei den Prüfinstitutionen (BPjM, FSK, USK) und bei der KJM als der zentralen Aufsichtsstelle der Länder für den Jugendmedienschutz.

Unterhaltungssoftware Selbstkontrolle – USK

Die 1994 gegründete Unterhaltungssoftware Selbstkontrolle – USK wird aktuell durch eine gemeinnützige GmbH getragen, deren Gesellschafter aus der Softwarewirtschaft kommen. Sie hat ihren Sitz in Berlin. Als Einrichtung der Freiwilligen Selbstkontrolle prüft und bewertet sie interaktive Unterhaltungssoftware (Computerspiele); seit Einführung des JuSchG bereitet sie die Alterskennzeichnung durch den Ständigen Vertreter der Obersten Landesjugendbehörden bei der USK vor. Das Prüfsiegel hat Rautenform und ist nach den Vorgaben des Jugendschutzgesetzes auf den Trägermedien aufgebracht.

USK-online

Seit September 2011 ist die USK auch als Selbstkontrolle im Bereich des JMStV anerkannt, was insbesondere für Anbieter, die Computerspiele (auch) als Online-Spiele anbieten wollen, interessant sein dürfte. Die USK hält einen Labelgenerator vor und kann zum Jugendschutzbeauftragten bestellt werden; sie berät hinsichtlich der Gestaltung eines JMStV-konformen Telemedienangebotes.

Exkurs in die Praxis

> Für Medien gibt es auf Grund des Zensurverbots (Art. 5 Abs. 1 Satz 3 GG) keine staatliche Vorabkontrolle. Wer z.B. einen Film für Kinder anbieten will, hat selbst die Verantwortung für ein gesetzeskonformes Vorgehen. Die Anforderungen seitens des Jugendschutzes sind dabei je nach Verbreitungsweg allerdings unterschiedlich ausgestaltet. Soll der Film im Fernsehen ausgestrahlt werden, kann durch eine Vorlage bei der FSF Sicherheit gewonnen werden, ob die vorgesehene Sendezeit nach § 5 JMStV zulässig ist; eine Vorlagepflicht besteht nur im Rahmen der Selbstverpflichtung privater Fernsehanbieter. Soll der Film im Kino gezeigt werden, ist eine entsprechende Alterskennzeichnung nach dem JuSchG notwendig, weil sonst nur Erwachsene ins Kino dürften (§ 11 Abs. 1 JuSchG). Ist der Film für die Verbreitung im Internet vorgesehen, genügt zunächst eine Selbsteinstufung durch den Anbieter und sinnvollerweise eine für Jugendschutzprogramme lesbare Alterskennzeichnung, um nicht von diesen blockiert zu werden. Für eine parallele Buchveröffentlichung würden keinerlei Regeln zu beachten sein. Für eine Auswertung des Filmes nacheinander gilt, dass die Alterskennzeichen nach dem JuSchG ohne weiteres auf den JMStV übertragbar sind; umgekehrt besteht derzeit kein Verfahren zur Übertragung. Der Weg vom Fernsehen in das Internet ist durch die Mediatheken der Sender häufig genutzt; die Einstufung der Freiwilligen Selbstkontrolle im Fernsehen wirkt hier fort, muss aber dann gegebenenfalls noch in eine dem Telemedienbereich entsprechende Maßnahme (Zeitschranke, technische Zugangsbeschränkung, Programmierung für Jugendschutzprogramm) umgesetzt werden. Die unterschiedlichen Anforderungen an die Anbieter erscheinen auf den ersten Blick schwierig, lassen sich aber durch ein Reflektieren über die möglichen Differenzierungen bei den Kontrollmöglichkeiten im jeweiligen Verbreitungsweg durchaus nachvollziehen.

6.2 Kinder- und Jugendhilfe

Wie oben dargelegt, hat die Kinder- und Jugendhilfe vor allem **Aufgaben des Erzieherischen Kinder- und Jugendschutzes** wahrzunehmen. Die Kinder- und Jugendhilfe wird im Wesentlichen im Achten Buch des Sozialgesetzbuches und in den das SGB VIII näher ausgestaltenden Ausführungsgesetzen der Bundesländer rechtlich geregelt. Im programmatischen und organisationsrechtlichen Teil des SGB VIII finden sich spezifische Vorgaben und Vorschriften zum Verhältnis der öffentlichen Träger (Kreise und kreisfreie Städte) zu den freien Trägern der Kinder- und Jugendhilfe, die wesentlich an der Ausgestaltung und Erbringung fachlicher Hilfen und Angebote beteiligt sind. Das **Jugendamt**, in seiner spezifischen Form als zweigliedrige Behörde (bestehend aus der Verwaltung und dem Jugendhilfeausschuss), trägt die Verantwortung für die angemessene Wahrnehmung des erzieherischen Kinder-

und Jugendschutzes gemäß § 14 SGB VIII. Hierbei arbeitet es eng mit den freien Trägern zusammen.

Nur in einigen Ländern sind aufsichtliche Tätigkeiten für einzelne Aufgaben nach dem JuSchG zugewiesen oder ist eine unmittelbare Zusammenarbeit mit Polizei- und Ordnungsbehörden bei Jugendschutzkontrollen und Testkäufen vorgesehen. Da Jugendbehörden von Problematiken im Zusammenhang mit dem Jugendschutzgesetz informiert werden sollen (§ 8 Satz 3 JuSchG), kommt ihnen auch eine Aufgabe bei der strukturellen Veränderung von Gefährdungen zu.

Der **Erzieherische Kinder- und Jugendschutz** umfasst allerdings konzeptionell mehr als den unmittelbaren Formenkreis der Kinder- und Jugendhilfe. Im Sinne „gesamterzieherischen Bemühens" (Carlhoff 1993, S. 96) stellt es eine „Querschnittsaufgabe" dar. Diese bezieht sich auf junge Menschen und Erziehungspersonen und kann sinnvollerweise nicht auf den institutionellen Rahmen der Jugendhilfe beschränkt bleiben. Insoweit sind auch wichtige Kooperationspartner der Jugendhilfe, die in § 81 SGB VIII genannt werden, beispielsweise Schule und Schulverwaltung, der Öffentliche Gesundheitsdienst oder die Polizei- und Ordnungsbehörden einzubinden.

Als überörtliche Träger der Kinder- und Jugendhilfe fungieren die **Landesjugendämter**. Je nach landesrechtlichen Bestimmungen handelt es sich um kommunal verfasste Jugendbehörden (z.B. als Teil der Landschaftsverbände in Nordrhein-Westfalen), um eigene staatliche Behörden (z.B. in Brandenburg) oder um Teile staatlicher Behörden mit weiteren Aufgaben (z.B. in Rheinland-Pfalz). In einigen Bundesländern sind sie faktisch mit den Obersten Landesjugendbehörden (Ministerien) verschmolzen (z.B. in Hessen). Sie sind überwiegend in der Präventions- und Multiplikatorenarbeit tätig. Die Arbeitsteilung zwischen ihnen und den Landesarbeitsgemeinschaften Aktion Jugendschutz ist unterschiedlich ausgestaltet.

Die **Oberste Landesjugendbehörde** ist die nach den Organisationsgesetzen des jeweiligen Bundeslandes für die Aufgaben der Jugendhilfe und des Jugendschutzes zuständige Behörde, also das zuständige Ministerium bzw. die Senatsbehörde. Sie gestaltet den Jugendschutz im eigenen Bundesland und wirkt über den Bundesrat an den Gesetzgebungsvorhaben des Bundes mit. Im Bereich der Kontrollaufgaben des Jugendschutzes ist sie unter anderem Antragsbehörde für die Aufnahme von Medien in die Liste der jugendgefährdenden Medien und zuständig für die Ernennung eines Teils der Prüfer und Sachverständigen bei Prüfinstitutionen.

6.3 Verbandliche Organisationen im Kinder- und Jugendschutz

Die für Deutschland typische breite Organisationswelt von freien und gemeinnützigen Trägern der Jugendarbeit, Jugendhilfe und Wohlfahrtspflege, die jeweils unabhängig ihren eigenen fachlichen und weltanschaulichen Bestrebungen folgen, erforderte zwecks Koordination und Abstimmung bereits in der Weimarer Zeit die Einrichtung von verbandlichen Zusammenschlüssen. Im Kontext der Jugendschutzgesetzgebung Anfang der 1950er Jahre, diese sowohl mitinitiierend als auch als Reaktion darauf, entstanden in den meisten Ländern der Bundesrepublik **Landesarbeitsgemeinschaften** (der „Aktion Jugendschutz") als überkonfessionelle, zum Teil auch konfessionelle, Zusammenschlüsse. Die daran beteiligten Organisationen umfassten seinerzeit ein außerordentlich breites Spektrum, von den Gewerkschaften über staatliche und öffentliche Institutionen bis hin zu den Kirchen und Jugendverbänden. Die bestehenden Landesarbeitsgemeinschaften sind rechtlich eigenständige Vereine und zählen zum Organisationsspektrum der Kinder- und Jugendhilfe. Sie werden auf der Grundlage der jeweiligen Jugendförderpläne der Länder finanziert und tragen, weiterhin über ihre Mitglieder vernetzt, heute den Charakter von Fachstellen mit Aufgaben im Bereich der Information und Öffentlichkeitsarbeit, der Multiplikatoren-Schulung und Beratung. Sie nehmen auch Einfluss auf die Jugendschutzpolitik und die Weiterentwicklung des Jugendschutzrechts.

Die Landesarbeitsgemeinschaften sind neben den Spitzenverbänden der Freien Wohlfahrtspflege und diversen Fachverbänden und –institutionen die tragenden Mitglieder der **Bundesarbeitsgemeinschaft Kinder- und Jugendschutz**, die sich den bundeszentralen Aufgaben widmet. Bedingt durch die jeweiligen personellen Ausstattungen und durch länderspezifische Zuständigkeiten in einzelnen Präventions-, Beratungs- und Hilfebereichen haben die dargestellten Arbeitsgemeinschaften und Arbeitsstellen unterschiedliche fachliche Profile ausgebildet, die sich wechselseitig ergänzen.

Die Arbeit der **Spitzenverbände der Freien Wohlfahrtspflege** selbst, alle in der Bundesarbeitsgemeinschaft Kinder- und Jugendschutz vertreten, ist weniger dem klassischen kontrollierend-ordnenden Jugendschutz gewidmet, als vielmehr den intervenierenden und helfenden Aufgaben der Jugendhilfe. Das Interesse an einer breiten Zusammenarbeit gründet allerdings in den diversen Schnittstellen, z.B. zwischen Suchtprävention und Suchtkrankenhilfe, zwischen Erziehung und Erzieherischen Hilfen. In den letzten Jahren rückten die Thematik von Vernachlässigung und Gewalt und das Bemühen um den Ausbau früher Hilfen im Kindesalter in den Vordergrund.

Im Bereich des Erzieherischen Kinder- und Jugendschutzes ist der Trägerbereich der **Jugendarbeit**, sowohl der offenen Jugendarbeit (Jugendfreizeiteinrichtungen) als auch der verbandlichen Jugendarbeit zu nennen. Vor allem die örtlichen und überörtlichen Zusammenschlüsse in der Jugendarbeit entwickeln Aktivitäten, Maßnahmen und regionale Kampagnen im vorbeugenden Jugendschutz, z.B. bei der Alkohol- und Suchtprävention.

Der **Deutsche Kinderschutzbund** widmet sich in seinen örtlichen und regionalen Gliederungen vor allem den praktischen Aufgaben der Hilfe und Unterstützung von Eltern in der Erziehung und Sorge für Kinder. Er ist Mitglied des Paritätischen Wohlfahrtsverbandes.

Teil B
7. Zentrale Bestimmungen und Regelungen

7.1 Alterskennzeichnungen und Zugangsregelungen

Viele jugendschutzrechtliche Regelungen stehen in einem direkten Bezug zum Alter der jungen Menschen und zu den Vorstellungen, die in Wissenschaft und Alltag hinsichtlich der Frage entwickelt wurden und werden, bis zu welchen Altersgrenzen Einflüsse zu Beeinträchtigungen oder Gefährdungen des Entwicklungsprozesses führen können. Dem jeweiligen Stand der Reifeentwicklung entsprechend verringert sich auch die Schutzbedürftigkeit von Kindern und Jugendlichen, wobei der individuelle – in der Regel nur durch die unmittelbaren Bezugspersonen beurteilbare – Entwicklungsstand durchaus erheblich abweichen kann. Diesem Umstand können selbstverständlich allgemeine rechtliche Regelungen nur sehr begrenzt Rechnung tragen, wenngleich für jedermann gültige Grenzen unvermeidbar sind.

Zentrale Prämisse für gesetzliche Jugendschutzregelungen ist, dass junge Menschen in mancherlei Gebieten noch über keine so umfassende Erfahrung verfügen wie Erwachsene und deshalb Problemlagen und Gefährdungen nicht oder nur teilweise zutreffend einschätzen können. Von allgemein präventiven Regelungen beispielsweise des Verbraucherschutzes oder der Unfallverhütung unterscheiden sich solche Regelungen dadurch, dass sie gezielt den Kenntnisstand, die Gefühlslage und den Erfahrungshorizont junger Menschen berücksichtigen wollen und hierbei für verschiedene Altersstufen auch spezifische Regelungen treffen.

Im Rahmen des kontrollierend-ordnenden Jugendschutzes werden zur Separierung der jungen Menschen von Gefährdungen – der ebenso notwendige Umgang mit Ihnen ist Teil des erzieherischen Kinder- und Jugendschutzes – gesetzliche Beschränkungen geschaffen, wobei als wesentlicher Mechanismus **die Setzung von Altersgrenzen** zur Verfügung steht. Dies ist ja auch aus sich heraus verständlich: Nachdem der Anknüpfungspunkt für eine Jugendschutzregelung die nicht vorhandene Volljährigkeit, also das Alter, ist, wird von vornherein das Alter als sinnvolles und geeignetes Kriterium angesehen und zur Basis für das differenzierte gesetzgeberische Vorgehen gemacht.

Unter einer Altersgrenze versteht man, dass bestimmte Bereiche, Vorgänge oder Angebote nicht für alle Altersstufen gleichermaßen zugänglich sind, sondern danach differenziert wird, ab welchem Alter die Vorerfahrungen ausreichen sollten, um einigermaßen problemlos mit den immanenten Gefährdungslagen dieser Bereiche, Vorgänge und Angebote umzugehen.

Zugrunde gelegt wird hier ein Modell der stetigen Zunahme von Erfahrungen bei jedem Individuum wie es beispielsweise mit Vorstellungen der Psychologie über die Aufeinanderfolge von Entwicklungsaufgaben (Havighurst, aber auch Piaget; vgl. Oerter 2008) korrespondiert. Allerdings findet sich auch manchmal die etwas paradoxe Situation, dass jüngere Altersgruppen weniger gefährdungsbedroht sein können als etwas ältere. Dort wo die Gefahr der Übernahme in riskantes eigenes Verhalten aufgrund körperlicher oder anderer Entwicklungsvoraussetzungen nur für ältere Kinder und Jugendliche in Betracht kommt, ist bei jüngeren manchmal nur eine relativ geringere Gefährdung durch Ängstigung, mentale oder psychosoziale Überforderung oder Entstehung problematischer Zukunftsbilder zu vermuten.

Gleichwohl erfolgt die Entwicklung junger Menschen hin zum Erwachsenen – trotz dieser gelegentlichen Verwerfungen – mit einem über das Alter hin zunehmenden Kompetenzgewinn.

Die **Schaffung von Zugangsbarrieren**, die allein am Maßstab des Alters potentieller Nutzer ausgerichtet sind, ist dennoch nicht unumstritten. Gegen solche Altersgrenzen wird häufig mit folgenden Überlegungen argumentiert: Minderjährige gleichen Lebensalters würden oft einen äußerst unterschiedlichen Entwicklungsstand aufweisen können und dementsprechend auch völlig unterschiedlich auf die Gefährdungslage reagieren. Es seien immer wieder Verhaltensbereiche zu beobachten, in denen der durchschnittliche Entwicklungsstand aufeinanderfolgender Altersstufen sich weniger unterscheide als die Extrembereiche innerhalb einer Altersstufe: Die Inter-Kohorten-Varianz sei also dort kleiner als die Intra-Kohorten-Varianz. Eine starre Altersgrenze sei deshalb ein nicht besonders geeignetes Unterscheidungskriterium. Zugangsbeschränkungen sollten also nicht an diesem ungenauen Maßstab orientiert werden.

Andererseits sind nur wenig Alternativen dazu vorstellbar: Eventuell könnte man an bildungsbezogene Kriterien wie Schulbildung, nachgewiesene Vorerfahrungen oder förmlichen Qualifikationserwerb denken. Schließlich gibt es auch heute schon Gefährdungsbereiche, in denen man altersunabhängig eine Qualifikation erwerben kann: So darf man das Schwimmerbecken eines Schwimmbads in der Regel mit dem Nachweis des entsprechenden Schwimmabzeichens benutzen. Anders dagegen beim Motorroller: Diesen darf man zwar auch nur nach Ablegung einer entsprechenden Fahrprüfung benutzen; jedoch ist zusätzlich das Überschreiten einer festgelegten Altersgrenze als erforderlich angesehen worden, weil einem erst dann die entsprechende Reife zur Nutzung einer solchen potentiellen Gefahrenquelle zugetraut wird („Man muss nicht nur das Fahrzeug, sondern auch sich selbst beherrschen können"). Solche Überlegungen gibt es neuerdings auch für „klassische Bereiche" des Jugendschutzes, wenn etwa über die Einführung eines „Medienführerscheins" nachgedacht wird (vgl. www.bayern.de/Medienfuehrerschein-Bayern).

Derzeit stehen altersbezogene Zugänglichkeitsregeln aber nach wie vor im Zentrum gesetzlicher Jugendschutzregelungen. Das bedeutet, dass trotz des zutreffend beschriebenen Problems einer erheblichen Varianz der Verhältnisse zwischen Gleichaltrigen im Hinblick auf die zu regelnde Ausgangslage offensichtlich kein brauchbareres Unterscheidungskriterium als das Alter zu existieren scheint oder erkannt wird. Jedenfalls findet sich kein ebenso schnell erfassbares und relativ leicht prüfbares Kriterium wie dieses.

Bei den Altersstufen ist weiter zu beachten, dass es Bereiche gibt, in denen bereits im Gesetz eine abschließende Regelung darüber getroffen ist, welche Gefährdungsfelder für welche Altersstufen unzugänglich sein sollen. Idealerweise beruht die gesetzlichen Festlegung auf einem fachlichen Diskurs unter Einbeziehung der gesellschaftlich relevanten Gruppen. Bei anderen Bereichen – insbesondere bei den Medien – wird nur ein abstraktes Kriterium der Alterseignung im Gesetz formuliert und der jeweilige Gefährdungsgehalt einzelfallbezogen durch Sachverständige ermittelt. Um hier den Beurteilungsaufwand nicht übermäßig anwachsen zu lassen, sind z.B. gegenseitige Anerkennungen der Prüfergebnisse über verschiedene Medienarten geregelt worden und werden Versuche einer standardisierten oder der automatisierten Kategorisierung zur Alterseinstufung vorgenommen. Zu diesen Versuchen zählte z.B. das aus den USA stammende, weniger brauchbare ICRA-System (Internet Content Rating Association) der Selbstklassifizierung von Internetinhalten. In den aktuell für Telemedien anerkannten Jugendschutzprogrammen von Jusprog und Telekom (http://www.kjm-online.de/de/pub/jugendschutz_in_telemedien/jugendschutzprogramme.cfm), wird Anbietern über eine Schnittstelle die Altersprogrammierung eröffnet, wobei sich diese an einem von der FSM entwickelten Leitfaden orientieren können. Ebenso fällt darunter das in einer Vielzahl von europäischen Ländern genutzte PEGI-System (Pan European Game Information). Dieses weist zwar auch Altersangaben aus, hat aber seine Bedeutung weniger im Ermitteln einer einheitlichen Alterseinstufung als im Aufzeigen des Vorhandenseins einer möglichen Gefährdung für einzelne inhaltliche Teilbereiche. Solche Dimensionen sind Gewalt, Vulgärsprache, Angst, Drogen, Sex, Diskriminierung, Glücksspiel und Onlinespielbarkeit mit anderen Spielern. Die Vorgehensweise von PEGI ist im Ansatz weniger der Alterseinstufungsphilosophie verbunden und ist in Deutschland nicht mit ordnungsrechtlichen Regelungen verbunden. Vielmehr handelt es sich um ein aufklärendes und informatives Instrument, das nur mit dem bekannten Instrument der Alterseinstufung bzw. Altersempfehlung arbeitet. PEGI will den Eltern für ihre eigenständige Entscheidung über die Eignung eines bestimmten Mediums für ihre Kinder ein großes Maß an Informationen übermitteln. Der Hintergrund dieser Überlegungen soll an folgendem Beispiel aufgezeigt werden: atheistische Eltern würden Gefährdungen im Bereich religiöser Darstellungen ganz anders als Eltern aus einem glaubensmäßig geprägten Elternhaus einordnen und damit auch ab einem anderen Alter ihren Kindern den Zugang gestatten. Eine einheitliche Altersfreigabe würde sich hier auf den gesellschaftlichen Mainstream beziehen.

7.1.1 Einzelne Altersstufen

Eine Zusammenstellung verschiedenster, über eine Vielzahl von Gesetzen verteilter Vorschriften, in denen Altersgrenzen Verwendung finden, zeigt, dass sich eine breite Streuung fast über die gesamte Jugendzeit finden lässt, auch wenn im jeweiligen Bereich meist nur ein bis zwei Abstufungen (z.B. Kinder einerseits und Jugendliche andererseits) vorgenommen werden. Am Feinsten wird im Bereich der Medien und dort konkret bei den Altersfreigaben der Trägermedien differenziert, obwohl gerade dort die Kritik an den bestehenden Altersstufen besonders groß ist (vgl. Lampert 2008).

Entwicklungspsychologisch begründet und im Rückbezug auf die Schule als gemeinschaftlich prägender Erfahrungshintergrund lassen sich für Kinder und Jugendliche folgende grobe Lebensabschnitte bilden: 1. Kleinstkinder und Vorschulkinder, 2. Grundschulkinder, 3. Ältere Vollzeitschulpflichtige und 4. Jugendliche in Ausbildung oder in der Oberstufe weiterführender Schulen.

Die erste Altersgruppe – **Kleinstkinder und Vorschulkinder** – ist sehr heterogen, was allerdings im Hinblick darauf, dass hier regelhaft eine Begleitung durch die Eltern oder eine erziehungsbeauftragte Person (vgl. unten 7.3 und Nikles/Roll/Spürck/Erdemir/Gutknecht, Jugendschutzrecht § 1 Rn 7 ff) erfolgen wird, als hinnehmbar erscheint. Bedeutsam sind hier fast nur Regelungen, die das Elternrecht noch weiter einschränken.

Die zweite Altersgruppe – **Grundschulkinder** – bringt einen klar abgegrenzten Einstieg, der meist mit einer deutlich größeren Selbständigkeit der Kinder verbunden ist. Die Obergrenze ist allerdings deutlich schwerer abgrenzbar. Ausgehend von den derzeit in Deutschland verbreitetsten Schulmodellen würde sich eine Zäsur nach vier Schuljahren und damit bei ca. 10 Jahren ergeben; bei sechs Grundschuljahren wäre der schulische Wechsel erst mit ca. 12 Jahren. Interessanterweise ist die Altersgrenze von 10 Jahren in der Zeit vor 1957 auf derzeit 12 Jahre umgestellt worden, ohne dass ein Wechsel des schulischen Hintergrunds damit verbunden gewesen wäre.

Die dritte Altersgruppe – hier als **ältere Vollzeitschulpflichtige** bezeichnet – ist die wohl heterogenste Altersgruppe, sowohl was die rechtliche Differenzierung in Kinder und Jugendliche als auch die Entwicklungsunterschiede betrifft. Man denke nur an die Unterschiede, die sich zwischen Jungen und Mädchen in der körperlichen und Gesamtentwicklung in diesem Lebensalter finden lassen. Auffällig ist, dass die etwa in der Mitte liegende Grenze des Übergangs von Kindern zu Jugendlichen in doppelter Weise ihre Bedeutung verloren hat. Zum einen wird eine Entwicklungsakzeleration beschrieben, so dass heute die Interessen von 12-jährigen oft denen entsprechen, die früher erst bei Jugendlichen auftraten – typisches Beispiel sind Fälle, in denen einvernehmliche Sexualität zwischen annähernd Gleichaltrigen als Fall des sexuellen Missbrauchs von Kindern eingeordnet wird. Auf der anderen Seite dauert die schulische Ausbildung heute regelhaft länger als früher, als man noch nach acht Klassen und damit mit 14 Jahren in die berufliche Ausbildung wechselte.

Die vierte Altersgruppe – **Jugendliche in Ausbildung oder in der Oberstufe weiterführender Schulen** – ist vor allem dadurch gekennzeichnet, dass bestimmte Einschränkungen erst mit der Volljährigkeitsgrenze aufgehoben werden sollen, z.t. auch wegen rechtlichen, insbesondere haftungsrechtlichen Parallelen.

Diese Einteilung der Altersgrenzen in vier grobe Abschnitte lässt sich folgendermaßen darstellen:

Abbildung 7: Altersgruppen

Kleinstkinder und Vorschulkinder 0 bis unter 6 Jahre

unter 3 Jahre	Keine Mitwirkung bei Veranstaltungen (Film, Aufführungen)	[§ 6 JArbSchG]
unter 6 Jahre	kein Besuch von Kinofilmen ohne erwachsene Begleiter	[§ 11 JuSchG]
	Keine Computerspiele, keine Videos und kein Besuch von Filmen, die erst ab 6 Jahren freigegeben sind	[§§ 11 – 14 JuSchG]
	Keine Mitwirkung im Theater	[§ 6 JArbSchG]

Grundschulalter 6 bis unter 10 Jahre

unter 7 Jahre	Keine Geschäftsfähigkeit, d.h. keine rechtswirksamen Handlungen möglich	[§ 104 BGB]
	Keine Deliktsfähigkeit, d.h. keine Haftung des Kindes für von ihm verursachte Schäden	[§ 828 BGB]
unter 8 Jahre	kein Radfahren auf der Straße, wenn Gehweg vorhanden	[§ 2 StVO]
unter 10 Jahre	Keine volle Haftung bei Unfällen mit Autos oder Bahnen	[§ 828 BGB]

Vollzeitschulpflicht 10 bis unter 15 Jahre

unter 12 Jahre	Keine PKW-Mitfahrt ohne Kindersitz (Ausnahmeregeln bestehen)	[§ 21 StVO]
	Keine Computerspiele, keine Videos und kein Besuch von Filmen, die erst ab 12 Jahren freigegeben sind (Ausnahme ab 6 Jahren beim Kinobesuch in Begleitung der Eltern)	[§§ 11 – 14 JuSchG]
unter 13 Jahre	Keine Beschäftigung (auch nicht Ferienarbeit)	[§ 5 JArbSchG]
unter 14 Jahre	Keine Strafmündigkeit, d.h. Fehlverhalten ist ausschließlich erzieherisch zu begegnen	[§ 19 StGB]
	kein alleiniger Besuch von Gaststätten ohne Begleitung einer personensorgeberechtigten oder erziehungsbeauftragten Person [§ 1 JuSchG] (Ausnahmeregeln für die Nahrungsaufnahme bestehen)	[§ 4 JuSchG]
	Keine sexuellen Kontakte erlaubt	[§ 176 StGB]
unter 15 Jahre	kein Mofafahren	[§ 10 FeV]
	Keine Beschäftigung außerhalb der Kinderarbeitsschutzverordnung	[§ 1 KindArbSchV]

In Ausbildung oder Oberstufe 15 bis unter 18 Jahre

unter 16 Jahre	kein Fahrerlaubniserwerb für motorisierte Fahrzeuge	[§ 10 FeV]
	kein Bier- und Weinkonsum in der Öffentlichkeit (Ausnahme ab 14 in Begleitung der Eltern)	[§ 9 JuSchG]
	Keine Computerspiele, keine Videos und kein Besuch von Filmen, die erst ab 16 Jahren freigegeben sind	[§§ 11 – 14 JuSchG]
	kein alleiniger Discobesuch ohne Begleitung einer personensorgeberechtigten oder erziehungsbeauftragten Person [§ 1 JuSchG]	[§ 5 JuSchG]
unter 18 Jahre	Keine volle Deliktsfähigkeit (Haftung im Einzelfall zu prüfen)	[§ 828 BGB]
	Keine volle Geschäftsfähigkeit (nur bestimmte Rechtsgeschäfte gültig)	[§ 106 BGB]
	kein Erwachsenenstrafrecht	[§ 1 JGG]
	kein Alkoholverkauf (auch nicht in Mixgetränken) und kein öffentlicher Konsum (Ausnahme Bier, Wein u.ä. ab 16 Jahren)	[§ 9 JuSchG]
	kein Zugang zu Tabakwaren und kein Rauchen in der Öffentlichkeit	[§ 10 JuSchG]
	kein Discobesuch, Gaststättenbesuch, Kinobesuch nach 24 Uhr ohne Begleitung einer personensorgeberechtigten oder erziehungsbeauftragten Person [§ 1 JuSchG]	[§§ 4, 5, 11 JuSchG]
	Keine Computerspiele, keine Videos und kein Besuch von Filmen, die für Jugendliche nicht freigegeben sind	[§§ 11 – 14 JuSchG]
	kein Besuch von Solarien	§ 4 NiSG
	kein Besuch von Spielhallen, Erwachsenenvideotheken, Nachtbars und jugendgefährdenden Orten	[§§ 4, 6, 8, 15 JuSchG]
	kein Waffenerwerb (Ausnahmen können zugelassen werden)	[§ 2 Abs. 1 WaffG]
	Keine Mitwirkung in pornografischen Medien	[§§ 184 c, 182]

Junge Erwachsene ab 18 Jahre

Unter 21 Jahre	kein Alkohol während und vor dem Führen eines Autos, Motorrads, Mopeds usw.	[§ 23 c StVG]

Die letztgenannte Einschränkung wird im Wesentlichen mit der fehlenden Erfahrung begründet (Alkoholverbot für Fahranfänger) und ist wegen ihrer Erstreckung in den Erwachsenenbereich nicht ausschließlich als Jugendschutzregelung anzusehen.

Eine Abstufung der Altersgrenzen, d.h. also der altersdifferenzierte Zugang existiert vor allem um eine Annäherung an vorhandene Gefährdungen zu ermöglichen, damit nicht mit Eintritt der Volljährigkeit bisher völlig Unerfahrene sich unvermittelt den Problemlagen ausgesetzt sehen. Insofern lohnt sich auch die Diskussion über bestehende Altersgrenzen und deren stetige Anpassung. Ein Rückzug darauf, möglichst viel für Minderjährige untersagen zu wollen, würde beim Eintritt der Volljährigkeit eine Fülle von Schwierigkeiten auslösen können, denen dann meist nur viel aufwändiger und dennoch lückenhafter durch Beratungsangebote entgegengesteuert werden könnte. Deshalb ist beispielsweise die Diskussion, den Alkoholkonsum insgesamt und nicht nur den der harten Alkoholika an die Volljährigkeit zu koppeln, unbedingt unter Abwägung aller bedeutsamen Aspekte vorzunehmen und nicht vorschnell ein Ergebnis zu vertreten, das den besten Jugendschutz in möglichst weitreichenden Restriktionen sieht.

7.1.2 Praxishinweis: Internetzugang

Jugendschutzrechtlicher Bezug

■ § 6 JuSchG (Spielhallen, Glücksspiele) ■ § 7 JuSchG (Jugendgefährdende Veranstaltungen und Betriebe) ■ § 13 JuSchG (Bildschirmspielgeräte) ■ § 14 JuSchG (Kennzeichnung von Filmen und Spielprogrammen) ■ § 4 JMStV (Unzulässige Angebote) ■ § 5 JMStV (Entwicklungsbeeinträchtigende Angebote) ■ § 11 JMStV (Jugendschutzprogramme).

Pädagogische Fragestellungen

> Wie kann ein verantwortlicher Zugang ins Internet gewährt werden?
> Welche Maßnahmen können am privaten Internetzugang zu Hause getroffen werden, um den Jugendschutz bestmöglich zu gewährleisten?
> Wie wird dabei den immer stärker zusammenwachsenden Mediengattungen Rechnung getragen?
> Wie sollte in Schule und Jugendarbeit der Zugang zum Internet erfolgen?
> Welche pädagogischen Gesichtspunkte sprechen trotz der Risiken für einen verantwortlichen Umgang mit dem Internetzugang?
> Was können Internetnutzer tun, wenn sie im Internet Angeboten begegnen, die gegen geltende Gesetze verstoßen oder zumindest unangenehm sind?
> An wen kann man sich mit Beschwerden wenden?

Das Internet bietet den Zugang zu Informationen, zu Unterhaltungs- und Kommunikationsangeboten, zu Radio- und Fernsehsendungen und ist für viele aufgrund eines nicht unerheblichen „Suchtpotentials" zu einem „Lebensmedium" geworden, ohne das scheinbar nichts mehr geht. In den meisten Haushalten ist es inzwischen verfügbar und vor allem die mobile Nutzung macht es zum ständigen Alltagsbegleiter. Dennoch gibt es auch bei uns eine nicht unerhebliche Zahl von Menschen, für die der Zugang ins Netz noch nicht selbstverständlich ist. Vor allem Kinder, aber auch viele Jugendliche haben nur eingeschränkten Netzzugang. Manche weichen deshalb auf öffentlich zugängliche Orte wie Jugendzentren oder Internetcafes aus, um im Netz zu surfen. Neben den Betreibern solcher Zugangsmöglichkeiten stellen sich vor allem Eltern aber auch Lehrkräfte und Mitarbeitende in der Kinder- und Jugendarbeit die Frage, wie sie Internetzugänge ermöglichen können, ohne mit Jugendschutzregelungen in Konflikt zu geraten.

Fallschilderung

> Ahmet (14) ist bei Wolfgang (12) eingeladen. Sie wollen eine kleine Party vorbereiten, denn Wolfgangs Eltern sind übers Wochenende verreist. Sie bereiten einen Filmabend vor, für den Sie den Laptop von Wolfgang mit dem Großbildfernseher verbinden. Sie wollen Filme aus dem Netz zeigen, die auf „youtube" angeboten werden. Weil der PC nun schon einmal läuft, will Ahmet noch schnell überprüfen, ob die Behauptung seines Lehrers stimmt, dass auf einer bestimmten Website islamistische Hetzschriften verbreitet werden. Als der Zugriff verweigert wird, wechselt Wolfgang von seinem Nutzerkonto auf das seines 18-jährigen Bruders Leon, mit dem er sich den Laptop teilen muss. Wolfgang erklärt dem überraschten Ahmet, dass seine Mutter auf dem Laptop eine Jugendschutzsoftware installiert hat und deshalb manche Seiten nicht gehen würden. Da er sich aber von Leon dessen Passwort besorgt hat, könnten sie auch abends bei der Party „an alles ran"!

Rechtliche Regelungen

Im privaten Bereich gestaltet sich eine Kontrolle des Internets recht kompliziert. Eltern sind gesetzlich nicht verpflichtet, den Netzzugang für Kinder und Jugendliche über den heimischen PC generell zu sperren, obwohl über das Internet der Zugang zu entwicklungsbeeinträchtigenden und entwicklungsgefährdenden Inhalten jederzeit möglich ist. Demgegenüber sind die Anbieter solcher Inhalte durch den Jugendmedienschutzstaatsvertrag jedoch verpflichtet, dafür Sorge zu tragen, dass Kinder und Jugendliche nur mit für sie geeigneten Angeboten konfrontiert werden.

Unterschieden wird zwischen genereller Jugendgefährdung und Entwicklungsbeeinträchtigungen für bestimmte Altersstufen. Bei genereller Jugendgefährdung ist eine qualifizierte Altersprüfung Zugangsvoraussetzung, allerdings halten sich nicht alle – besonders ausländische – Anbieter an diese Vorgaben. Seit kurzer Zeit gibt es für die altersdifferenzierte Filterung die erforderlichen Instrumente in Form von Jugendschutzprogrammen, die einer Zertifizierung durch die Kommission für Jugendmedienschutz bedürfen. Damit solche Zugangsbegrenzungen funktionieren, sind auf der Anbieterseite Vorkehrungen zu treffen, die die einzelnen Angebote mit einer entsprechenden Alterskennzeichnung versehen. Dies funktioniert wie eine elektronische Markierung, die es der Jugendschutzsoftware ermöglicht, die einzelnen Angebote zu erkennen und nach Alterskriterien den Zugriff zu erlauben. Zusätzlich müssen die Nutzer auf ihren Zugangsgeräten (wie z.B. PC, Laptop oder Smartphones) geeignete Programme installiert und aktiviert haben, die in der Lage sind, gemäß den Kennzeichnungen der Angebote diese zu sortieren und zwar in solche, die „durchgelassen" werden und solche, die zunächst „blockiert" bleiben, solange die Eltern sie nicht ausdrücklich zulassen. Je nach Konfiguration des Nutzerendgerätes kann also ein Nutzerprofil angelegt werden, das mit der jeweiligen Altersstufe des Nutzers versehen den Zugriff dann nur auf solche Inhalte zulässt, die auch zum Alter des Nutzers passend sind.

Bei gewerblich angebotenen Internetzugängen gilt (ähnlich wie in pädagogischen Einrichtungen), dass derjenige, der den Zugang zum Internet gewährt, auch dafür sorgen muss, dass keine Inhalte aufgerufen werden können, die für Kinder und Jugendliche der jeweiligen Altersstufe nicht geeignet sind. Da über nicht mit Jugendschutzprogrammen ausgestattete Zugangsgeräte solche Inhalte aber relativ leicht abgerufen werden können, müssen Einrichtungen und Gewerbebetriebe, die einen Internetzugang anbieten, die einschlägigen gesetzlichen Regelungen (JuSchG, JMStV, GewO) beachten.

Der Zugang kann durch technische Vorkehrungen (z.B. anerkannte oder sonst geeignete Jugendschutz-Filtersoftware, die auf dem Rechner installiert sein muss) reguliert werden. Diese ermöglichen dem jeweiligen Nutzer den Zugriff auf die für seine Altersstufe und Zugangsoptionen freigegebenen Inhalte. Dabei gilt bei den Filterprogrammen in der Regel, dass für Kinder unter 12 Jahren alles blockiert bleibt, was nicht ausdrücklich für diese Altersgruppe zugelassen ist und für Kinder über 12 und Jugendliche alles freigegeben ist, was nicht ausdrücklich blockiert ist. Voraussetzung für ein gutes Funktionieren ist zum einen, dass möglichst viele Anbieter ihre Angebote entsprechend kennzeichnen. Zum anderen hängt die Wirksamkeit der Filtersoftware von den softwareseitig hinterlegten Listen ab, auf denen blockierte Adressen (blacklist) und zugelassene Inhalte (whitelist) verzeichnet sind. Technisch funktionieren diese Programme also ähnlich wie Virenschutzsoftware, über die heute praktisch jeder Nutzer verfügen sollte. Diesen Anspruch versucht man derzeit bei uns analog für Jugendschutzsoftware zum Standard zu erheben.

Derartige Jugendschutzprogramme sind trotzdem nur begrenzt wirksam, weshalb im gewerblichen Bereich oder in öffentlichen Einrichtungen auf eine zusätzliche persönliche Aufsichtführung durch den Betreiber nicht verzichtet werden kann. Zu den notwendigen Rahmenbedingungen gehört deshalb, dass die Rechner so aufgestellt sind, dass ein Aufsichtführen möglich ist und Kinder und Jugendliche nicht dazu verleitet werden, die geltenden Regeln zu missachten oder eingerichtete Zugangssperren zu umgehen. In der Regel dürfte es ausreichen, wenn in wechselnden Abständen eine Mitarbeiterin oder ein Mitarbeiter nach dem Rechten sieht.

Die Abgrenzung zwischen den sich immer mehr annähernden Mediengattungen (Medienkonvergenz) fällt schwer, weil sich die Medienarten nicht oder kaum mehr unterscheiden, die Verbreitungswege und damit auch die Nutzungs- bzw. Zugangsmöglichkeiten aber sehr wohl. Galten im hergebrachten Fernsehen gemäß Jugendmedienschutz-Staatsvertrag noch klare Zeitgrenzen für die Ausstrahlung z.B. von Filmen und Sendungen mit einer Altersfreigabe (Freigabe ab 12 Jahre, Ausstrahlung nach 20 Uhr; Freigabe ab 16 Jahre, Ausstrahlung nach 22 Uhr; Freigabe ab 18 Jahre, Ausstrahlung nach 23 Uhr), an die sich die Sender halten mussten, so ist heute ein Zugang zu diesen z.b. durch elektronische Aufzeichnungsmedien oder über die Mediatheken der Sender via Internetzugang ohne zeitliche Begrenzung möglich. War früher die Aufsicht zuhause leichter zu führen, weil es meist nur ein Gerät im Haushalt gab, so ist dies seit einiger Zeit aufgebrochen durch die Ausstattung vieler Kinderzimmer mit eigenen TV-geräten, die ihnen den Zugang unbeaufsichtigt und zeitlich unbegrenzt ermöglichen. Dadurch und durch die Praxis der Sender, über ihre Internetportale Programmangebote zu verbreiten, verlieren die Zeitgrenzen weitgehend an Bedeutung und damit auch die Unterscheidungskriterien zwischen den einzelnen Medienarten und ihren je spezifischen Regelungsmechanismen. Hinzu kommt aber die Problematik, dass über Internet Medien wie Filme, Musik und Texte zugänglich gemacht werden können, die überhaupt keinen Freigabeverfahren unterliegen. Über Portale wie youtube z.B. können Medien abgerufen werden, die irgendjemand irgendwo ins Netz gestellt hat. Die in Deutschland geltenden Jugendschutzregelungen werden von solchen „Produzenten" und „Anbietern" meist nicht beachtet. Aber auch bei denjenigen, die über ihre Plattform den Zugang zum Netz anbieten, kommt eine Verantwortung zur Einhaltung gesetzlicher Bestimmungen zu. Dazu gehört es, strafrechtlich Relevantes möglichst zu löschen und jugendschützerisch Bedeutsames einer entsprechenden Filterung zugänglich zu machen.

Rechtliche Bewertung des Fallbeispiels

Die Eltern von Wolfgang verhalten sich eigentlich vorbildlich. Sie haben den Rechner, der von ihren Kindern benutzt wird, durch eine Jugendschutzsoftware offenbar wirksam geschützt, wie der Versuch von Ahmet verdeutlicht. Jeder Nutzer hat ein eigenes Nutzerprofil mit entsprechendem Passwort und so kann jeder eigentlich nur auf solche Inhalte zugreifen, die durch das Programm und die dahinter stehenden Regelungen für die jeweilige Altersstufe zugänglich sein sollen. Allerdings hätten sie damit rechnen können, dass unter Geschwistern auch die Passwörter kein Geheimnis bleiben dürften. Ob hier also die entsprechende Sorgfalt bei der Aufsichtsführung eingehalten wurde, kann zumindest hinterfragt werden. Eltern sind nämlich durchaus dazu verpflichtet, sich bei ihren minderjährigen Kindern einen Überblick darüber zu verschaffen, was sie im Netz tun. Hier gelten grundsätzlich die gleichen Spielregeln wie „im richtigen Leben", denn auch dort wird ja erwartet, dass eine alters- und entwicklungsangemessene Aufsichtsführung praktiziert wird. Immerhin könnten auch im Netz Schädigungen anderer und durch andere sowie Selbstschädigungen auftreten. Zu überwachen ist ferner insbesondere, dass unrechtmäßiges Verhalten, wie das Anbieten urheberrechtlich geschützter Werke unterbleibt.

Völlig unabhängig von den für das Fernsehen geltenden Zeitgrenzen (s.o.) ist daher nun genau das möglich, was die beiden Jungs planen: ein Videoabend, bei dem alles auf den Bildschirm geholt werden kann, was im Netz verfügbar ist. Ohne Netzzugang wäre dies bei Angeboten der Fernsehsender durch die Nutzung von Aufzeichnungsmedien zwar auch möglich; solche Angebote unterliegen jedoch generell den geltenden Jugendschutzregelungen bei uns, was immer noch einen gewissen anbieterseitigen Schutz vor z.B. indizierten oder gar strafrechtlich relevanten Inhalten darstellen dürfte. Bei anderen, völlig unregulierten Angeboten wie Filmen oder Musik auf Internetportalen, sind diese Regulierungen jedoch meist nicht wirksam. Dadurch wird es praktisch möglich, die bei nicht virtuellen Trägermedien üblichen Kontrollen z.B. in Videotheken zu umgehen und an solche Inhalte zu gelangen.

Pädagogisches Handeln

Auch das skizzierte Beispiel macht deutlich, dass gesetzliche Regelungen und technische Vorkehrungen allein einen wirksamen Jugendschutz nicht gewährleisten können. Ein umsichtiger Umgang mit Medien sollte bereits in der Familie eingeübt werden. Dazu gehört auch, dass die Regeln für den Medienumgang besprochen und die dahinter stehenden Befürchtungen seitens der Eltern ausgedrückt werden. Zusätzliche Vorkehrungen, wie z.B. die Trennung der PC-Nutzung je nach Altersstufe und eine angemessene Aufsicht erscheinen sinnvoll, um die Umgehung bestehender Regelungen zumindest zu erschweren. Andererseits darf auch eine noch so strenge Kontrolle des heimischen PC nicht darüber hinweg täuschen, dass es für Kinder und Jugendliche zahlreiche andere Möglichkeiten gibt, sich außerhalb der eigenen vier Wände Zugang zum Netz zu verschaffen, wie das am Beispiel von Ahmet gezeigt wird.

Ob es von dem im Beispiel erwähnten Lehrer sonderlich geschickt ist, Kinder und Jugendliche auf problematische Seiten zuerst ausdrücklich hinzuweisen – selbst wenn dies mit dem vermeintlichen Ziel geschehen sein mag, die jungen Menschen vor für sie problematischen Inhalten zu schützen– bleibt dahin gestellt. Sie dann aber mit diesen Inhalten auch noch allein zu lassen und keine Möglichkeit zu haben, evtl. problematische Aussagen oder Darstellungen zu besprechen und aufzuarbeiten, kann als fahrlässig bezeichnet werden. Besser wäre es sicher gewesen, sich mit der Beobachtung an „jugendschutz.net" zu wenden.

Diese bundesweit tätige Einrichtung der Länder unter dem Namen „jugendschutz.net" ist Ansprechpartner in allen Fällen und zu allen Fragen, die den Jugendschutz im Internet angehen (vgl. § 18 JMStV). Sie ist auch im Internet direkt erreichbar (www.jugendschutz.net) und der „Kommission für Jugendmedienschutz" (KJM; vgl. § 14 JMStV) angegliedert. Jugendschutz.net geht zum einen den bei ihr eingehenden Beschwerden nach, recherchiert zum anderen auch selbst jugendbeeinträchtigende und jugendgefährdende Angebote im Internet mit dem Ziel gesetzeskonformes Verhalten zu erreichen, etwa den Zugang zu diesen für Kinder und Jugendliche entsprechend den geltenden Regelungen zu filtern, z.b. über die bereits erwähnten „blacklists" und „whitelists", die das Rückgrat der Jugendschutzfiltersoftware darstellen. Außerdem bietet Jugendschutz.net auch viele Auskünfte und Tipps zu allen Fragen rund um den Jugendschutz im Internet (z.b. zu Jugendschutz-Filtersoftware).

Generell steht auch die Polizei als Ansprechpartner in Fragen des Jugendschutzes im Internet zur Verfügung; hierzu geben die Landeskriminalämter Auskunft (oder zentral unter www.polizei-beratung.de).

Auch die Freiwillige Selbstkontrolle Multimedia-Diensteanbieter (www.fsm.de), eine private Einrichtung von Internetanbietern und nach dem JMStV anerkannte Selbstkontrolle, nimmt Anfragen und Beschwerden entgegen; man bekommt dort auch Auskunft über den Jugendschutz im Internet.

Zudem haben alle größeren Internetanbieter Jugendschutzbeauftragte zu benennen, die für die Einhaltung der gesetzlichen Bestimmungen zuständig sind und über die angebotenen Inhalte wachen.

7.2 Regulierungen im öffentlichen Raum

7.2.1 Rechtliche Grundlagen

Die „Öffentlichkeit" als Regulierungsraum spielt im Jugendschutz eine wichtige Rolle, denn der private Raum ist von vielen Jugendschutzbestimmungen ausgenommen, geht man doch hier von der Wahrnehmung elterlicher Verantwortung aus. Für regulierende staatliche Vorgaben ergeben sich in der Öffentlichkeit neben der Verantwortung des Staates für das Kindeswohl auch Handlungsanlässe aus dem Ordnungsrecht. Die Gemeinschaft sieht es als öffentliche Aufgabe eine Grundordnung für das Zusammenleben zu garantieren. Daher sind viele Handlungsfelder des kontrollierend-ordnenden Jugendschutzes auf Verhalten in der Öffentlichkeit ausgerichtet. Nicht umsonst gab es früher ein eigenständiges „Gesetz zum Schutz der Jugend in der Öffentlichkeit". Der Gesetzgeber konzentrierte sich mit den Regelungswerken des ordnungsrechtlichen und kontrollierenden Jugendschutzes seit jeher darauf, Schutzdefizite in solchen Situationen und Lebensfeldern zu mindern, die kaum unmittelbare personale und familiale Einflüsse aufweisen. Die Gefährdungssituationen im familiären Rahmen werden dagegen stärker einzelfallbezogen über den staatlichen Auftrag zur Garantie des Kindeswohls abgewickelt (vgl. auch 7.3.1). Sie haben ihre Anknüpfung im Sorgerecht des BGB und in den korrespondierenden Jugendhilfevorschriften (u.a. § 8a SGB VIII – Schutzauftrag, § 42 SGB VIII – Inobhutnahme; §§ 27 ff SGB VIII – Hilfen zur Erziehung und § 16 SGB VIII – Präventive Maßnahmen).

Die Einzelregelungen der §§ 4 bis 7 JuSchG knüpfen ausschließlich an – öffentlich zugänglichen – Veranstaltungen und Gewerbebetrieben an. Die Regelungen § 8 bis 10 JuSchG betreffen auch Vorgänge „sonst in der Öffentlichkeit". Da sich also auch aktuell eine Vielzahl von Vorschriften auf den Begriff „Öffentlichkeit" direkt oder indirekt bezieht, ist es wichtig zu differenzieren, wann Öffentlichkeit vorliegt und wann nicht. Eine gesetzliche Definition existiert leider nicht. Jugendschutz in der Öffentlichkeit betrifft Minderjährige, die sich auf öffentlichem Gelände (Wege, Plätze, Parks) oder auf öffentlich zugänglichem Privatgelände (Gewerbeflächen, Veranstaltungen) befinden. Zu beachten ist folgendes: Nicht jede öffentliche Einrichtung ist automatisch öffentlich. Auch Schulen fallen meist nicht unter Öffentlichkeit, weil man nicht einfach so Zugang hat; öffentlich zugängliche Schulveranstaltungen – Schulparties – sind dagegen unabhängig von der Trägerschaft als Öffentlichkeit anzusehen (Gutknecht/Roll 2011). Selbst eine – nicht kommerzielle – „Privatveranstaltung", zu der jeder kommen darf oder mitgebracht werden darf, ist öffentlich. Die Zahlung eines Eintrittsgeldes hindert nicht das Vorliegen von Öffentlichkeit (zur Abgrenzung im Einzelnen Nikles/Roll/Spürck/Erdemir/Gutknecht vor § 4 JuSchG Rn. 1 –10; vgl. Abb. 9, S. 87).

Dabei gibt es im deutschen Jugendschutzrecht keine allgemeine Zeitgrenze, ab der ein Aufenthalt in der Öffentlichkeit für Minderjährige oder bestimmte Altersgruppen generell untersagt wäre. Es wird vielmehr auch hier ein gefährdungsbezogenes Konzept vertreten. Dies kommt deutlich im Auffangtatbestand des § 8 JuSchG zum Tragen, der den Aufenthalt eines Minderjährigen an einem jugendgefährdenden Ort so regelt, dass Maßnahmen zur Gefahrenabwehr getroffen werden können und ggf. auch der Minderjährige zum Verlassen des Ortes angehalten werden kann.

Zur Aufrechterhaltung der öffentlichen Ordnung finden sich auch einige Regeln über Beschränkungen für problematische Vergnügungsangebote (z.B. Bordelle in § 184 f StGB oder Geldspielgeräte in § 1 Abs. 2 SpielV). Ferner gibt es Vorgaben z.B. für Gaststätten (GastG), Solarien (NiSG) und Gewerbebetriebe insgesamt (GewO). Bedeutsam sind ferner Wettbewerbsregulierungen etwa gegen unlauteren Wettbewerb (UWG) oder unzulässige Werbung (z.B. VTabakG). Die Sicherheits- und Ordnungsbehörden – unterstützt durch die Polizei – sind für die Einhaltung der gesetzlichen Regelungen aufsichtlich tätig: Sie führen Kontrollen durch (zu Jugendschutzkontrollen s. z.B. Nikles/Roll/Spürck/Erdemir/Gutknecht § 9 JuSchG Rn. 13) und veranlassen Testkäufe (s. Nikles/Roll/Spürck/Erdemir/Gutknecht § 28 JuSchG Rn. 15). Festgestellte Verstöße werden ordnungsrechtlich mit Bußgeldern gegen die Verantwortlichen geahndet (§ 28 JuSchG).

Bei der öffentlichen Verbreitung von Medieninhalten über Rundfunk oder in den sog. Telemedien (vgl. § 1 Abs. 3 JuSchG) wird dagegen ein anderes Regulierungskonzept zum Einsatz gebracht, das als „regulierte Selbstregulierung" bezeichnet wird. Dies ist dadurch gekennzeichnet, dass in erster

Linie ein Tätigwerden von Selbstkontrolleinrichtungen zur Umsetzung und Durchsetzung des Kinder- und Jugendschutzes vorgesehen ist. Die Qualität der Selbstkontrollen wird durch eine vorgeschriebene Zertifizierung sichergestellt. Die Anerkennung von Selbstkontrolleinrichtungen für diese Bereiche regelt der Jugendmedienschutz-Staatsvertrag.

§ 19 JMStV sieht vor, dass die Anerkennung an die Erfüllung verschiedener Qualitätsmerkmale gekoppelt ist und von der zuständigen Landesmedienanstalt auf Entscheidung der hierfür bundesweit einheitlich tätigen Kommission für Jugendmedienschutz (KJM) vorgenommen wird. Derzeit gibt es vier solche Selbstkontrolleinrichtungen mit je besonderen Schwerpunkten: Freiwillige Selbstkontrolle Fernsehen (FSF), Freiwillige Selbstkontrolle Multimedia (FSM), FSK.online und USK.online. Darüber hinaus ist die KJM als plural besetztes Gremium aufsichtlich in all den Fällen tätig, in denen eine Selbstkontrolle nicht oder grob falsch entschieden hat. Der öffentlich-rechtliche Rundfunk unterliegt dagegen nur der Selbstkontrolle durch seine eigenen Gremien.

7.2.2 Praxishinweis: Jugenddisko und Tanzveranstaltungen

Jugendschutzrechtlicher Bezug

■ § 5 JuSchG (Tanzveranstaltungen) ■ § 9 JuSchG (Alkoholische Getränke)
■ § 10 JuSchG (Rauchen in der Öffentlichkeit, Tabakwaren).

Pädagogische Fragestellungen

> Welche Maßnahmen müssen Veranstalter ergreifen, wenn sie als anerkannte Träger der Jugendhilfe zur Jugenddisko einladen?
>
> Welche pädagogischen Gesichtspunkte sollten vor und während der Veranstaltung beachtet werden?

Wer eine Disko veranstaltet und dazu öffentlich einlädt übernimmt die Verantwortung für diese öffentliche Tanzveranstaltung. Da es dabei – und auch im Umfeld eines solchen Ereignisses etwa durch die ausgelassene Stimmung oder durch Alkoholkonsum – zu erheblichen Gefährdungen für junge Menschen kommen kann, sehen die gesetzlichen Regelungen klare Beschränkungen durch Alters- und Zeitgrenzen vor, deren Einhaltung vom Veranstalter gewährleistet werden muss. Eltern und andere personensorgeberechtigte Personen müssen sich darauf verlassen können, dass Kinder und Jugendliche bei diesen öffentlichen Ereignissen entsprechend geschützt werden.

Fallschilderung

> Zu einer Diskoveranstaltung im örtlichen Sportheim lädt die Jugendabteilung des Sportvereins anlässlich ihres Jubiläums alle Kinder und Jugendlichen der Umgebung ein. Ein DJ legt Musik auf, eine große Tanzfläche ist vorbereitet und an Tischen kann gegessen und getrunken werden. Außerdem wird in einem abgetrennten Raum eine Bar eingerichtet, zu der nur volljährige Personen Zugang haben sollen. Der Eintritt wird bewusst kostengünstig gestaltet, um auch jüngeres Publikum anzusprechen. Die Haupteinnahmequelle ist jedoch die Bar, an der neben Bier auch „härtere Sachen", vor allem die beliebten Mixgetränke, angeboten werden. Ärger für die Verantwortlichen gibt es allerdings gegen 22.30 Uhr, als einige Eltern, die nach ihren Kindern suchen, feststellen, dass im Sportheim geraucht wird und einzelne Kinder berichten, wie gut ihnen die Mixgetränke schmecken.

Rechtliche Regelungen

In § 5 Abs.1 JuSchG ist geregelt, dass Jugendlichen unter 16 Jahren die Anwesenheit bei Tanzveranstaltungen und Diskos ohne Begleitung einer personensorgeberechtigten oder erziehungsbeauftragten Person nicht und ab 16 Jahren bis längstens 24 Uhr gestattet werden darf. § 5 Abs.2 JuSchG regelt, was bei einer Jugenddisko eines Trägers der Jugendhilfe beachtet werden muss und welche Ausnahmen von Abs. 1 gelten. Zudem müssen die Regelungen zur Alkoholabgabe nach § 9 JuSchG und zum Rauchen in § 10 JuSchG beachtet werden.

Im Rahmen der Sorgfalts- und Aufsichtspflicht, die der Veranstalter einer Jugenddisko zu tragen hat, müssen neben den jeweiligen Vorschriften u.a. in den Nichtraucherschutz- oder den Gaststättengesetzen vor allem auch pädagogische Gesichtspunkte berücksichtigt werden.

Rechtliche Bewertung des Fallbeispiels

Gleichviel wer Veranstalter einer solchen öffentlichen Disko ist: Für alle gelten die gesetzlichen Vorschriften bezüglich Alkoholabgabe (§ 9 JuSchG) und Rauchen (§ 10 JuSchG). Spiel- oder Freiräume gibt es hier nicht und deshalb muss der Veranstalter z.B. durch Aufsicht und durch Anweisungen an das Verkaufspersonal dafür sorgen, dass die gesetzlichen Bestimmungen eingehalten werden.

Im Beispiel wird unterstellt, dass die Jugendabteilung eines örtlichen Sportvereins ein nach § 75 SGB VIII anerkannter Träger der freien Jugendhilfe ist. Dies muss nicht, kann aber der Fall sein. Die Jugendbehörde oder der Jugendring kennen die anerkannten Träger, z.B. Kirchengemeinden oder Jugendverbände wie Pfadfinder, Naturfreunde- oder Kolping-Jugend.

Führen anerkannte Träger der Jugendhilfe eine Disko durch, dann kann Kindern bis 22.00 Uhr und Jugendlichen unter 16 Jahren bis 24.00 Uhr die

Anwesenheit gestattet werden. Um 24 Uhr müssen also alle nicht volljährigen Besucher die Disko verlassen, d.h. nach 24.00 Uhr gilt die Regelvorschrift, dass nur Volljährige oder von einer erziehungsbeauftragten Person begleitete Minderjährige noch anwesend sein dürfen. Zu überlegen wäre, ob eine ausgewiesene Jugenddisko dann nicht ohnehin enden sollte. Nach dem JuSchG kann die zuständige Behörde Ausnahmen zulassen, die sie aber mit besonderen Auflagen an den Veranstalter z.b. zum Getränkeverkauf, zur Lautstärkebegrenzung oder zur jugendgerechten Ausgestaltung der Disko verbinden kann.

Pädagogisches Handeln

Im obigen Beispiel stecken noch ein paar Besonderheiten, die der Aufmerksamkeit bedürfen.

Für die älteren und volljährigen Besucher kann durchaus in einem Nebenraum eine Bar eingerichtet werden. Wenn die jüngeren Jahrgänge dazu keinen Zugang erhalten und streng kontrolliert wird, dann wäre eine solche Regelung rechtlich zwar nicht zu beanstanden. Aber: Passt es zum Charakter einer Jugenddisko, die Gelegenheit zu eröffnen, dass ältere Jugendliche und junge Erwachsene ein „feucht-fröhliches" Absacken vor dem jüngeren Publikum vorführen können? Die Konflikte während und nach der Veranstaltung sind vorprogrammiert, weil dadurch auch der Gesamtcharakter der Veranstaltung beeinflusst werden kann. Es dürfte sinnvoll sein, eine spezielle Jugendveranstaltung von einer anderen Veranstaltung zu trennen, die sich z.B. an älteres und zahlungskräftigeres Publikum mit möglicherweise anderen Freizeitinteressen wendet.

Veranstalter von Jugenddiskos sollten das Rauchen generell untersagen. Wenn überhaupt ein Alkoholverkauf stattfindet, sollte sich dieser auf leichte alkoholische Getränke beschränken. Besser wäre es, einen Alkoholverkauf gänzlich zu unterlassen und durch die Abgabe von preiswerten alkoholfreien Getränken und von alkoholfreien Mixgetränken attraktive Alternativen anzubieten. Solche Maßnahmen tragen dazu bei, Kindern und Jugendlichen das Mitbringen und den Verzehr von alkoholischen Getränken während der Jugenddisko z.B. durch Kontrollen und Inaugenscheinnahme zu erschweren. Das „Vorglühen" und der Alkoholkonsum im Umfeld würden unattraktiver, weil sonst womöglich der Rauswurf droht.

Bei speziellen Jugenddiskos sollte der gesamte äußere Rahmen der Veranstaltung jugendgerecht gestaltet werden. Dies betrifft die Einladung, das Motto, eine attraktive zielgruppengerechte Programmgestaltung und -durchführung gleichermaßen wie die Handhabung der Aufsicht und der Kontrolle.

Abbildung 8: Altersregelungen für Gaststätten, Tanzveranstaltungen, Spielhallen

	Kinder und Jugendliche unter 16 Jahren	Jugendliche ab 16 Jahren
Gaststättenbesuch*	in Begleitung durch personensorgeberechtigte oder erziehungsbeauftragte Person gestattet oder bei Einnahme einer Mahlzeit oder eines Getränkes in der Zeit von 5 bis 23 Uhr gestattet.	ohne Begleitung durch personensorgeberechtigte oder erziehungsbeauftragte Person in der Zeit von 24 bis 5 Uhr nicht gestattet.
Nachtbars und Nachtclubs	nicht gestattet.	
Tanzveranstaltungen**	ohne Begleitung einer personensorgeberechtigten oder erziehungsbeauftragten Person nicht gestattet.	ohne Begleitung durch personensorgeberechtigte oder erziehungsbeauftragte Person bis 24 Uhr gestattet.
	Kindern (unter 14 Jahre) bis 22 Uhr und Jugendlichen (unter 16 Jahre) bis 24 Uhr gestattet, wenn es Veranstaltung eines anerkannten Trägers der Jugendhilfe oder eine solche ist, die der künstlerischen Betätigung oder der Brauchtumspflege dient.	
Spielhallen	Anwesenheit in Spielhallen oder ähnlichen vorwiegend dem Spielbetrieb dienenden Räumen nicht gestattet.	
Glücksspiele	Teilnahme an Spielen mit Gewinnmöglichkeit nur auf Volksfesten und ähnlichen Veranstaltungen gestattet, wenn Gewinn in Waren von geringem Wert besteht.	
Jugendgefährdende Veranstaltungen, Betriebe	Die zuständige Behörde (in der Regel die örtliche Ordnungsbehörde/Kreispolizeibehörde) kann bei Veranstaltungen, von denen eine Gefährdung für Kinder und Jugendliche ausgeht, Auflagen (Altersbegrenzungen, Zeitbegrenzungen o.a.) erteilen. Es handelt sich hier um einen sogenannten „Auffangtatbestand", mit dem ungewöhnliche und eher seltene Veranstaltungen erfasst werden können.	
Jugendgefährdende Orte	Die zuständige Behörde oder Stelle (Ordnungsbehörde, Polizei, Jugendamt) kann Maßnahmen treffen, wenn sich Kinder oder Jugendliche an jugendgefährdenden Orten (z.B. vor Bordellen) aufhalten: Anhalten zum Verlassen des Ortes, Zuführung zu den Erziehungsberechtigten, Inobhutnahme durch das Jugendamt.	

* Regelungen gelten nicht, wenn Kinder und Jugendliche an einer Veranstaltung eines anerkannten Trägers der Jugendhilfe teilnehmen oder sich auf Reisen befinden.
** Die zuständige Behörde (in der Regel die örtliche Ordnungsbehörde / Kreispolizeibehörde) kann Ausnahmen von den Vorschriften genehmigen. Nach Landesrecht kann die Mitwirkung des Jugendamtes vorgesehen sein.
*** Gegenüber dem Gesetzestext werden vereinfachte und gekürzte Formulierungen verwendet.

7.2.3 Praxishinweis: Großveranstaltungen

Jugendschutzrechtlicher Bezug

■ § 7 JuSchG (Jugendgefährdende Veranstaltungen und Betriebe) ■ § 9 JuSchG (Alkoholische Getränke) ■ § 10 JuSchG (Rauchen in der Öffentlichkeit, Tabakwaren).

Pädagogische Fragestellungen

> Welche Maßnahmen können zum Schutz von Kindern und Jugendlichen bei Großveranstaltungen nötig sein?
> Welche Rahmenbedingungen und welche pädagogischen Aspekte sollten Veranstaltern, Genehmigungsbehörden und Eltern aus Sicht des Kinder- und Jugendschutzes bewusst sein?

Bei Großveranstaltungen muss davon ausgegangen werden, dass eine vollständige Kontrolle der Sicherungsmaßnahmen und eine flächige Aufsicht nicht gewährleistet werden können. Daher sind auch die Umfeldgefährdungen zu beachten und nach Möglichkeit zu minimieren. Hierzu zählen z.B. der Umgang mit legalen und illegalen Drogen oder Gefährdungen, die auf dem Weg zur und von der Veranstaltung drohen.

Fallschilderung

> Rosi (15 Jahre alt) will zu einer in allen Medien angekündigten Musikveranstaltung, die auch vom lokalen Radiosender mit veranstaltet wird. Als sie ihre Eltern um Erlaubnis fragt, wollen diese zunächst mehr über die Veranstaltung, den Beginn, das Ende und das Programm wissen.
> Rosis Vater ruft beim Radiosender an, um herauszubekommen, ob es irgendeine Alters- oder Zeitbegrenzung gibt. Seine Frage wird jedoch nur flapsig damit beantwortet, dass bei der Veranstaltung schon keine Gefahr drohe, es würden halt mehrere Bands im Stadion auftreten und gegen 24.00 Uhr sei ohnehin Schluss. Die Eltern sind sich nach dem Telefonat unsicher, ob sie Rosi gehen lassen sollen.

Rechtliche Regelungen

Auch auf solche Großveranstaltungen können die Bestimmungen des § 7 JuSchG angewandt werden, da es sich um öffentliche Veranstaltungen handelt. Ebenso gelten andere Jugendschutzregelungen wie die zum Alkoholverzehr (§ 9 JuSchG) und zum Rauchen in der Öffentlichkeit (§ 10 JuSchG) uneingeschränkt. Ob es sich um eine Tanzveranstaltung nach § 5 JuSchG handelt, kommt auf ihren Gesamtcharakter an (vgl. Kap. 7.2.2).

Das Jugendschutzgesetz kennt keine weiteren ausdrücklichen Regelungen. Der Veranstalter kann jedoch verpflichtet werden, Gefährdungen für das körperliche, geistige und seelische Wohl von Kindern und Jugendlichen auszuschließen; dies ergibt sich aus § 7 JuSchG. Damit ein Veranstalter von öffentlichen Großveranstaltungen nicht kurzfristig von behördlichen Auflagen überrascht wird, sollte – soweit nicht ohnehin landesrechtlich vorgeschrieben – grundsätzlich vorab eine Genehmigung eingeholt werden.

Im Zusammenhang mit einer solchen Genehmigung können geeignete Maßnahmen zur Gefahrenvorbeugung vereinbart werden:

– Einlasskontrollen, mit denen das Mitbringen von alkoholischen Getränken oder von gefährlichen Gegenständen verhindert werden soll, dienen der Verringerung des Gewaltpotenzials.
– Eine Organisation der An- und Abreisemöglichkeiten minimiert die Risiken im Straßenverkehr ebenso wie die Gefahren, die aus dem Trampen entstehen könnten.
– Ein Ausweisen von Ruhezonen und Treffpunkten hilft, sich bei größeren Menschenansammlungen zu orientieren.
– Die Einhaltung von Schallpegelbegrenzungen dient der Gesundheitsvorsorge.
– Dem Risiko, sich im Gedränge aus den Augen zu verlieren, kann durch die Ausweisung zentraler Anlaufstellen und entsprechend markierter Räume vorgebeugt werden.
– Auch ausreichend vorhandenes und sichtbares Aufsichtspersonal signalisiert, dass vorbeugende Maßnahmen ergriffen wurden und dass beispielsweise Drogengebrauch oder Gewalttätigkeiten nicht geduldet werden.

Rechtliche Bewertung des Fallbeispiels

Im Beispiel wird deutlich, dass der Veranstaltung nicht zwingend eine jugendschutzrechtliche Genehmigung vorangegangen sein muss. Daher sind die Eltern im Rahmen ihrer Aufsichtspflicht zur besonderen Umsicht aufgerufen. Die unter a.) genannten Maßnahmen können als Indizien für eine Eignung herangezogen werden, wenn kein bestimmtes Zugangsalter festgelegt worden ist.

Im Hinblick auf das Bedürfnis junger Leute, solche Großveranstaltungen in Cliquen zu besuchen, sollten die Altersgrenzen transparent sein und sich an denen für Veranstaltungen mit ähnlichem Charakter orientieren. In unserem Beispiel würde es sich anbieten, die Altersgrenzen für Tanzveranstaltungen einschließlich der Regeln zur Elternbegleitung anzuwenden und auch die Kontrollmechanismen anzugleichen.

Pädagogisches Handeln

Der Wunsch vieler Jugendlicher, an solchen „Events" teilzunehmen, die besonders in den Medien propagiert werden, ist verständlich. Dennoch sollte das Risikopotenzial nicht unterschätzt werden. Es würde vor allem den Personensorgeberechtigten bei der Beurteilung solcher Ereignisse helfen, wenn durch die Genehmigungsbehörde klare Grenzen gezogen würden, die auch die Aspekte des Kinder- und Jugendschutzes berücksichtigen. Häufig publizieren Veranstalter solche Regeln nicht oder unzureichend. Um Ärger zu vermeiden, sollten aus der Ankündigung der Charakter der Veranstaltung klar hervorgehen und die Beschränkungen und Zeitgrenzen ersichtlich sein.

Vor der Teilnahme sollte Kindern und Jugendlichen bewusst sein, was sie erwartet und wie sie sich in möglichen kritischen Situationen zu verhalten haben: An wen kann ich mich wenden, wenn was passiert? Was tun, wenn ich in Bezug auf Drogen angesprochen oder sonst angemacht werde? Wie kann man sich verhalten bei Schlägereien oder anderen gefährlichen Situationen? Was tun, wenn der letzte Diskobus weggefahren oder überfüllt ist und der einzige Autofahrer in der Clique besser nicht mehr selbst fahren sollte?

Es gehört zur Verantwortung der Eltern, solche und ähnliche Fragen im Gespräch mit den Kindern und Jugendlichen zu erörtern. Dies hat nichts mit „Panikmache" zu tun, sondern zeigt den jungen Leuten, dass sich die Eltern um ihre Sicherheit sorgen und ihnen zugleich Anhaltspunkte aufzeigen, wie sie sich selbst aktiv schützen können. In der Regel zeigen junge Leute für ein solches Mitdenken durchaus Verständnis.

7.2.4 Praxishinweis: Rauchen in der Ferienfreizeit

Jugendschutzrechtlicher Bezug

■ § 10 JuSchG (Rauchen in der Öffentlichkeit, Tabakwaren).

Pädagogische Fragestellungen

> Wie sollte während einer Ferienfreizeit mit Kindern und Jugendlichen mit dem Problem des Rauchens umgegangen werden?
> Wo greifen die gesetzlichen Regelungen?
> Was können die begleitenden pädagogischen Mitarbeiter tun, um Verstöße zu unterbinden?

Rauchen ist gesundheitsschädlich. Je jünger selbst geraucht oder passiv mitgeraucht wird, desto höher ist das Risiko, sich selbst zu schädigen oder geschädigt zu werden. Tabakwaren und insbesondere Zigaretten gelten unter Minderjährigen immer noch als ein markantes Attribut auf dem Weg vom Kinderstatus hin zum Erwachsenwerden. Daran hat auch die öffentlich geführte Debatte über die Gesundheitsgefahren des Rauchens wenig geändert. Auch geschlechtsspezifische Unterschiede sind im Hinblick auf die Raucher-/Nichtraucherquote kaum von Bedeutung.

Verkaufsbeschränkungen und das Konsumverbot im öffentlichen Raum sollen die Erreichbarkeit von Tabakprodukten erschweren und die Toleranz gegenüber minderjährigen Rauchenden deutlich herabmindern.

Wegen der noch immer relativ leichten Erreichbarkeit von Tabakprodukten für Jugendliche konnte deren Tabakkonsum in der Öffentlichkeit, vor allem aber im halböffentlichen und privaten Bereich bisher nicht wesentlich entschärft werden.

Fallschilderung

> In einem Jugendzeltlager verbietet die Lagerordnung allen den Alkoholkonsum und das Rauchen während der Freizeit. Einige volljährige Leitungspersonen rauchen trotzdem hinter dem Küchenzelt, weil sie glauben, dort nicht gesehen werden zu können.
>
> Daniel, 16 Jahre alt, darf während des Lagers mit zwei volljährigen Mitarbeitern zusammen die Aufsicht an der öffentlichen Badestelle übernehmen. Dabei erzählt Daniel, dass auch er Zigaretten raucht und seine Eltern dies wissen. Als er eine Zigarettenpackung hervor holt und sich eine anzünden will, schreiten die Betreuer ein.

Rechtliche Regelungen

Jegliche Abgabe von Tabakwaren an Minderjährige, also Kinder und Jugendliche unter 18 Jahren, sowie auch das Rauchen in der Öffentlichkeit sind nicht gestattet (§ 10 Abs.1 JuSchG).

Die Abgabe von Tabakwaren aus Automaten ist untersagt (§ 10 Abs. 2 JuSchG). Ausnahmen gelten nur für Automaten, die an einem für Minderjährige unzugänglichen Ort aufgestellt sind, für beaufsichtigt aufgestellte Automaten und für solche, die mit einer Vorrichtung zur Überprüfung des Alters ausgerüstet sind.

Rechtliche Bewertung des Fallbeispiels

Eindeutig ist, dass Rauchen außerhalb des Lagers in der Öffentlichkeit geschieht und es Personen unter 18 Jahren damit verboten ist. Auch das Freizeitlager kann nicht von vornherein als „privater" Raum definiert werden, wo die Regeln des Jugendschutzes außer Kraft sind. Ist das Lagergelände für

Unbeteiligte zugänglich, so liegt trotz einer geschlossenen Gruppe wohl Öffentlichkeit vor. Im Rahmen der Jugendfreizeit bewegen sich die beteiligten jungen Menschen dann also in einem öffentlichen Raum und damit findet auch das Rauchen in der Öffentlichkeit statt. Anders wäre es, wenn die Gruppe abgegrenzt ist und sie sich an einem nicht jedermann zugänglichen Ort befindet, was in einem geschlossenen Zeltlager durchaus der Fall sein kann.

Abbildung 9: Umfang des Öffentlichkeitsbegriffs

	Öffentliches Gelände	Privatgelände
Geschlossener Personenkreis	Öffentlichkeit	Keine Öffentlichkeit
Frei zugängliche Veranstaltung	Öffentlichkeit	Öffentlichkeit

Darüber hinaus können Eltern aber erwarten, dass im Rahmen der Jugendarbeit die geltenden Gesetze im Rahmen der Lagerordnung und zudem die hinter den gesetzlichen Regelungen stehenden gesellschaftlichen Wertungen als pädagogische Richtschnur beachtet werden.

Daniel darf daher das Rauchen nicht gestattet werden. Unter Umständen kann es erforderlich sein, während des Lagers die Zigaretten einzuziehen, um das Rauchen unmöglich zu machen und diese später den Eltern auszuhändigen, z.B. bei wiederholten Verstößen. Konsequent wäre dies, zumal wenn vorab klare Verhaltensregeln vereinbart und Konsequenzen angekündigt wurden, die dann auch von den erziehungsbeauftragten Jugendleitern gezogen werden sollten.

Auch das Fehlverhalten der beiden volljährigen Jugendleiter, die durch ihr „heimliches" Rauchen gegen die Lagerordnung verstoßen haben, sollte rechtlich und pädagogisch inkonsequentem Verhalten keinen Vorschub leisten und durchaus zu Konsequenzen im Leitungsteam führen.

Die Jugendleiter müssen Daniel gegenüber konsequent handeln. Die Jugendleiter halten sich an die gesetzlichen Vorgaben und die von ihnen zu vertretende Lagerordnung.

Sie verbieten ihm das Rauchen und fordern ihn auf, die Zigaretten abzugeben. Sie haben dafür gute Argumente: Daniel ist noch keine 18, die Lagerordnung gibt klare Regeln vor und die gesetzlichen Regelungen greifen. Auch der Hinweis, die Eltern wüssten Bescheid, hilft Daniel nicht. Ausdrücken will er damit wohl, dass die Eltern ihm das Rauchen gestattet haben. Dies kann zwar im privaten Bereich des Elternhauses gelten, hat aber im geschilderten Kontext eines öffentlichen Lagers keine Bedeutung. Zudem sind die Regeln für das Lager bekannt und bei den anwesenden Jugendleitern handelt es sich um erziehungsbeauftragte Personen, die im Rahmen der von ihnen für die Veranstaltung übernommenen Aufsichtspflicht an die Regelungen des Jugendschutzgesetzes gebunden sind. Daniels Eltern dürfen das Rauchen in der Öffentlichkeit nicht erlauben, ergo hätte eine Erlaubnis auch im Rahmen der Übertragung der Aufsichtspflicht keine Bedeutung.

Pädagogisches Handeln

Jugendleiter sollten sich, ob selbst volljährig oder noch nicht, vorbildlich und untereinander abgestimmt verhalten. Es empfiehlt sich mithin, vor Antritt der Reise nicht nur mit den mitreisenden jungen Leuten und deren Eltern, sondern auch im Team der Jugendleitung klare Regeln und Konsequenzen zu vereinbaren. Hierbei sollten vom Veranstalter bzw. vom Leitungsteam auch die Begründungen offen gelegt werden.

Rauchen und Alkoholtrinken sind bekannte und übliche Konfliktfelder, auf die man sich rechtzeitig einstellen muss und die vorab mit allen Beteiligten thematisiert werden sollten. Dies erfordert eine erhöhte Sensibilität auf Seiten der Leitungskräfte gegenüber den eigenen Verhaltensweisen und deren Vorbildwirkung.

Auch Eltern von Minderjährigen müssen sich vorab mit bestimmten Fragen und Risiken auseinandersetzen und geben häufig vor einer Freizeit ihr schriftliches Einverständnis z.B. zum Besuch von Schwimmbädern oder zu einer bestimmten sportlichen Betätigung während der Freizeit. In diesem Zusammenhang kann konkret vereinbart werden, dass bei wiederholtem Verstoß gegen ein Rauch- oder ein Alkoholverbot der Ausschluss aus der Freizeit und die Rückreise erfolgt und wie dies zu organisieren und zu finanzieren ist.

7. 3 Elternverantwortung und Erziehungsbeauftragung

7.3.1 Rechtliche Grundlagen

Die Rechtsbeziehungen zwischen Eltern und „ihren" Kindern sind zwar dem sogenannten Privatrecht zugeordnet (Bürgerliches Gesetzbuch – BGB). Die staatliche Gemeinschaft hat aber eine Vielzahl dieser gesetzlichen Regelungen so ausgestaltet, dass sie für diese Beziehungen und die Rechte der Kinder eine besondere Verantwortung übernimmt. Die staatliche Sorge für das Wohl der Kinder lässt sich auch aus den Grundrechten und den sogenannten Kinderrechten (UN-Kinderrechte-Konvention) sowie aus einschlägigen Strafvorschriften und aus dem Sozialrecht ersehen.

Eltern haben gegenüber ihren Kindern die grundsätzliche Verpflichtung zur Erziehung, wobei der Erziehungsstil – ob streng oder zurückgenommen – aber weitgehend ihnen überlassen bleibt; ausgeschlossen sind nur die extremsten Pole der gewaltlastigen Erziehung einerseits und der Kindesvernachlässigung andererseits. Art. 6 Abs. 2 GG formuliert den Grundsatz folgendermaßen: „Pflege und Erziehung der Kinder sind das natürliche Recht der Eltern und die zuvörderst ihnen obliegende Pflicht. Über ihre Betätigung wacht die staatliche Gemeinschaft."

Die sogenannte Personensorge der Eltern für ihre Kinder umfasst nach § 1631 BGB insbesondere „die Pflicht und das Recht, das Kind zu pflegen, zu erziehen, zu beaufsichtigen und seinen Aufenthalt zu bestimmen." Ein gewaltlastiger Erziehungsstil wird in § 1631 Abs. 2 BGB den Eltern untersagt: „Kinder haben ein Recht auf gewaltfreie Erziehung. Körperliche Bestrafungen, seelische Verletzungen und andere entwürdigende Maßnahmen sind unzulässig." Zumindest bei körperlichen Bestrafungen ist dies auch strafrechtlich als verbotene Körperverletzung sanktioniert (§ 223 StGB; vgl. Kjug 2010, 133 ff). Extreme Fälle der Kindesvernachlässigung sind von der Strafvorschrift des § 225 Abs. 1 StGB erfasst: Bestraft wird danach, „ ... wer durch böswillige Vernachlässigung seiner Pflicht, für sie [d.h. eine Person unter achtzehn Jahren, die seiner Fürsorge oder Obhut untersteht] zu sorgen, sie an der Gesundheit schädigt".

Die Aufgabe der Personensorge konkretisiert sich, wie aus § 1631 BGB zu entnehmen ist, u.a. in der sogenannten elterlichen Aufsichtspflicht. Diese Aufsichtspflicht hat eine doppelte Zielrichtung: Zum einen sollen die Mitmenschen vor unbedachtem Handeln der Kinder geschützt werden und zum anderen sollen die Kinder selbst vor Auswirkungen ihres eigenen Handelns oder Gefahren von außen geschützt werden.

Ebenfalls eine doppelte Zielrichtung weisen auch die Jugendschutzvorschriften auf, die einerseits dazu dienen sollen, dass Eltern bei ihrer Erziehung und Aufsichtsausübung unterstützt werden, andererseits aber auch verhindern sollen, dass Eltern ihre Kinder zu Aktivitäten mitnehmen, die für diese nicht geeignet sind.

Wegen des zweitgenannten Grundes finden sich im Jugendschutzgesetz einige (wenige) absolute Verbote: So dürfen Kinder (d.h. hier alle Minderjährigen) auch von ihren Eltern beispielsweise nicht in Sexbars oder Spielhallen mitgenommen werden. Hier hält die dargestellte staatliche Sorge für das Kindeswohl es für erforderlich, die freie Gestaltung des elterlichen Verhaltens einzugrenzen.

Die Mehrzahl der Vorschriften des Jugendschutzgesetzes, die Einschränkungen für den Besuch von Veranstaltungen oder Räumen vorsehen, überlässt jedoch den Eltern (d.h. rechtlich korrekt: den Personensorgeberechtigten) die Entscheidung darüber, ob sie ihre Kinder dorthin mitnehmen wollen. Gefordert wird aber in diesen Fällen die konkrete Erfüllung der Aufsichtspflicht. Es genügt also nicht ein einfaches Einverständnis der Eltern, sondern sie müssen in der problematischen Situation ihrer elterlichen Verantwortung unmittelbar nachkommen, indem sie die Aufsicht direkt ausüben. Dabei wird die Aufsicht je nach Alter des Kindes nicht stets in einem „An-die-Hand-

Nehmen" bestehen müssen und können; eine altersadäquate Ausübung der Aufsicht erfordert aber – wegen der gesetzlich ausgewiesenen Gefährdungslage – regelmäßig eher engmaschige Aufsichtskontakte und Eingriffsmöglichkeiten.

Eltern müssen (und können) ihre gesetzliche Aufsichtspflicht aber nicht stets selbst erfüllen; deshalb dürfen sie sich auch anderer Personen dazu bedienen. Für die Übertragung der Aufsichtsaufgaben auf Dritte (längerfristig oder nur für kurze Zeit, einmalig oder wiederholt) lassen sich verschiedene rechtliche Gestaltungsmöglichkeiten aus dem BGB herleiten. Das Jugendschutzgesetz hat für seinen Bereich die Delegierung der elterlichen Aufsicht an Dritte jedoch eigenständig geregelt und zwar in § 1 Abs. 1 Nr. 4 JuSchG. In den meisten Fällen, in denen eine elterliche Begleitung vorgesehen ist, ist auch die Begleitung durch eine „erziehungsbeauftragte Person" nach § 1 Abs. 1 Nr. 4 JuSchG als ausreichend zugelassen.

Bei Einführung dieser Vorschrift im Jahre 2003 war es umstritten, wen die Eltern als erziehungsbeauftragte Person auswählen können und wie sie ihn beauftragen können. Das Gesetz nennt für die Erziehungsbeauftragung unmittelbar keine andere Voraussetzung, als dass die beauftragte Person volljährig ist. Zusätzlich ausgeschlossen sind geschäftsunfähige Erwachsene, weil sie kein Auftragsverhältnis eingehen können, und die Veranstalter oder Gewerbetreibenden und ihre Mitarbeiter selbst, weil von ihnen die Gefährdungslage ausgeht und damit ein unaufhebbarer Konflikt vorliegt. Die Beauftragung kann in jeder rechtlich verbindlichen Form erfolgen; zu Nachweiszwecken ist ein schriftliches Festhalten der Vereinbarung jedoch sinnvoll.

Auch wenn die Rechtsprechung diese Rechtsauffassung mittlerweile absolut eindeutig bestätigt und klargestellt hat (vgl. die Kommentierung bei Nikles/Roll/Spürck/Gutknecht/Erdemir), ist in der täglichen Praxis nach wie vor eine gewisse Unsicherheit und teilweise Desinformation zu beobachten. Drei zusätzliche Anforderungen werden diskutiert: Anhebung des Mindestalters, größerer Altersabstand zwischen erziehungsbeauftragter Person und Minderjährigem und Ausschluss von Freund/Freundin des Minderjährigen. Dies entspricht jedoch nicht dem Gesetz, sondern hierfür wäre erst eine Gesetzesänderung nötig. Allerdings erscheint es sinnvoller bei einer eventuellen Gesetzesänderung nicht den Begriff der „erziehungsbeauftragten Person" anzutasten, sondern dort die Regelungen anzupassen, wo ein Problempotential berichtet wird, also konkret bei den Diskothekenbesuchen nach Mitternacht.

Neben den bis hierher beschriebenen, individuell erziehungsbeauftragten Personen sind auch die Personen erziehungsbeauftragt, die Minderjährige im Rahmen schulischer oder beruflicher Ausbildung oder der Jugendhilfe betreuen (§ 1 Abs. 1 Nr. 4 2. Hs. JuSchG). Hier ist auf Grund der vorliegenden, allgemein geregelten Betreuungsbeziehung von einer eigenständigen Aufsichtsverpflichtung der tätig werdenden Personen kraft ihres Amtes auszugehen und eine einzelfallbezogene Übertragung der elterlichen Aufsichtspflicht entbehrlich (aus Gründen des Selbstschutzes der Aufsichtspersonen ist jedoch die Einholung der einzelfallbezogenen elterlichen Einwilligung in die vorgesehenen – kraft gesetzlicher Wertung für die Minderjährigen nicht gefährdungsfreien – Aktivitäten zu empfehlen).

7.3.2 Praxishinweis: Kinobesuch

Jugendschutzrechtlicher Bezug

■ § 11 JuSchG (Filmveranstaltungen) ■ § 14 JuSchG (Kennzeichnung von Filmen und Spielprogrammen).

Pädagogische Fragestellungen

> Warum gelten im Jugendschutz Regelungen zu Altersfreigaben meist auch, wenn Kinder oder Jugendliche von Aufsichtspersonen begleitet werden?
>
> Welche Ausnahmen gibt es, wenn Eltern ihre Kinder ins Kino begleiten und welche pädagogischen Handlungsspielräume bestehen hierbei?
>
> Was müssen Jugendleiter oder Fachkräfte der Kinder- und Jugendhilfe bei Kinobesuchen mit jungen Leuten beachten?

Allgemein wird davon ausgegangen, dass Eltern ihre Betreuungs-, Erziehungs- und Bildungsaufgaben im Großen und Ganzen verantwortlich wahrnehmen. In diesem Rahmen werden sie sicherstellen, dass sie ihre Kinder auch bei der Mediennutzung begleiten, beraten und diese in zumutbarem Rahmen auch kontrollieren. Da in der heutigen Zeit die Mediennutzung der Kinder quantitativ aber auch qualitativ einen bedeutsamen Sozialisationsfaktor darstellt, dürfte sie bei vielen Eltern besondere Aufmerksamkeit auslösen – auch vor dem Hintergrund der aktuellen Bildungsdiskussionen. Gegenstand vieler häuslicher Debatten sind daher die gewählten Medien, die Rezeptionssituation, Dauer und Intensität der mit Medien verbrachten Zeit, deren Inhalte sowie die Machart von medialen Produkten.

Dabei dürften Eltern in besonderer Weise einschätzen können, was ihren Kindern gefällt, welche Gefühlseindrücke entstehen, welche Fragen und Probleme sich aus Medienerlebnissen ergeben und wie auf diese angemessen geantwortet und reagiert werden kann. Eltern sind also Begleiter ihrer Kinder mit einem gewissen Expertenstatus für ihre Gefühls- und Lebenswelt. Ihnen werden daher im Rahmen des Jugendschutzes auch besondere Aufgaben zuteil, die mit besonderen Rechten verbunden sind, die anderen betreuenden Personen nicht zugebilligt werden.

Fallschilderung

> Jonas (17 Jahre), Florian (13 Jahre) und Lukas (10 Jahre) wollen unbedingt den neuen „Avatar"-3-D-Film im Kino anschauen. Vater Michael möchte seinen Söhnen ihren Wunsch erfüllen. An der Kinokasse sieht er, dass der Film mit „freigegeben ab 12 Jahre" gekennzeichnet ist und wegen Überlänge auch erst um kurz vor 22:00 Uhr endet. Er fragt nach, weil einer seiner Söhne noch nicht 12 Jahre alt ist, wird aber beruhigt, dass er mit allen Kindern hineingehen könne, da er als Vater ja dabei sei. Zufällig hört er, wie zwei Elfjährige zurückgewiesen werden.
>
> Als der Kinosaal geöffnet wird, fällt Michael ein, dass er noch mal telefonieren muss. Dazu geht er vors Kino, während Jonas, Florian und Lukas mit ihren Karten bereits an der Türe stehen. Sie sollen für den Vater einen Platz freihalten und schon mal hineingehen. Bei der Einlasskontrolle wird Lukas zurückgehalten und nach seinem Alter gefragt, was er wahrheitsgemäß beantwortet. Weil er erst 10 Jahre alt ist, wird er nicht eingelassen. Jonas mischt sich als großer Bruder ein und verweist darauf, dass er als 17-Jähriger dabei sei. Trotzdem muss Lukas draußen bleiben. Endlich kommt der Vater zurück und mit ihm gemeinsam darf Lukas hinein.

Rechtliche Regelungen

Nach § 11 JuSchG darf Kindern und Jugendlichen die Anwesenheit bei öffentlichen Filmveranstaltungen, die meist in Kinos stattfinden, nur gestattet werden, wenn die Filme eine Altersfreigabe nach § 14 Abs. 6 JuSchG aufweisen. Neben den Altersfreigaben legt § 11 Abs. 3 JuSchG auch Zeitgrenzen fest, ab denen eine Begleitung von Kindern und Jugendlichen durch personensorgeberechtigte oder erziehungsbeauftragte Personen notwendig wird. Die Altersgrenzen gelten anders als die Zeitgrenzen auch bei Begleitung durch die Eltern oder eine andere Aufsichtsperson, weil sie eine Untergrenze vorgeben, unterhalb der aus Expertensicht der Medienkonsum Beeinträchtigungen bewirken könnte.

Eine Ausnahme von den Zugangsbeschränkungen durch eine Altersfreigabe ermöglicht § 11 Abs. 2 JuSchG für den Fall, dass der Film mit „freigegeben ab 12 Jahre" gekennzeichnet ist und Kinder, die älter als 6 Jahre sind und von ihren Personensorgeberechtigten begleitet sind, ins Kino gehen. Diese „Parental-Guidance"-Regelung gilt jedoch nur für den beschriebenen Fall und stellt keine generelle Ausnahmemöglichkeit für Elternbegleitung dar.

Weiter ist nach § 11 Abs. 3 JuSchG bei Kindern unter 6 Jahren generell eine Begleitung durch eine Aufsichtsperson erforderlich, wobei der Film zusätzlich die notwendige Altersfreigabe aufweisen muss.

Rechtliche Bewertung des Fallbeispiels

Kinobetreiber führen in der Regel nur Filme vor, die über eine Altersfreigabe verfügen. Durch Einlasskontrollen wird geprüft, dass nur Kinder und Jugendliche den Film sehen können, für deren Altersstufe er freigegeben ist. Außerdem ist darauf zu achten, dass Kinder unter 6 Jahren nur in Begleitung einer personensorgeberechtigten oder erziehungsbeauftragten Person ins Kino dürfen. Darüber hinaus gelten die gesetzlichen Zeitgrenzen (20 Uhr, 22 Uhr, 24 Uhr je nach Alter). Vorführzeiten werden meist so eingerichtet, dass die Filme rechtzeitig enden. Denn die Zeitgrenzen gelten nur dann nicht, wenn Kinder und Jugendliche von einer personensorgeberechtigten oder erziehungsbeauftragten Person begleitet werden, was dann selbstverständlich auch kontrolliert werden muss.

Im Beispiel haben sowohl die Bediensteten an der Kasse als auch bei der Einlasskontrolle korrekt gehandelt. Der Bruder konnte die Begleitung aus jugendschutzrechtlicher Sicht nicht übernehmen, da er keine personensorgeberechtigte Person darstellt. Dass dies dem Vater von Lukas zufällt und eben nur ihm ist gesetzeskonform. Der ältere Bruder hätte allenfalls als erziehungsbeauftragte Person fungieren können, aber auch nur dann, wenn er die Bedingung, das 18. Lebensjahr vollendet zu haben, bereits erfüllen würde. Dies ist jedoch in der vorliegenden Situation nicht der Fall.

Volljährige Jugendleiter oder Fachkräfte der Jugendhilfe können in der Regel als erziehungsbeauftragte Personen gelten, wenn sie mit den ihnen anvertrauten jungen Leuten ins Kino gehen. Für den Besuch der Filmveranstaltung gelten dann die verschiedenen Zeitgrenzen nicht. Die Altersgrenzen der FSK sind jedoch in vollem Umfang zu beachten.

Pädagogisches Handeln

Bei einem gemeinsamen Kinobesuch sollte unbedingt beachtet werden, dass es sich bei der Altersfreigabe nicht um eine Empfehlung im Sinne eines Prädikats, sondern um eine Prüfung auf Beeinträchtigungspotential handelt.

Gelegentlich kann ein Film trotzdem unverträglich sein, weil die Beurteilungsmaßstäbe nicht ausschließlich die am wenigsten weit Entwickelten einer Altersgruppe als Orientierung heranziehen. So können etwa Kinder mit Behinderungen oder solche mit geringerer Medienerfahrung stärker oder anders reagieren.

Jeder, der einen Kinobesuch plant, kann sich in dieser Hinsicht zunächst in den einschlägigen Medien (Tageszeitung, Fachzeitschriften oder auch im Internet unter „www.FSK.de") über den Film, seinen Inhalt, seine Machart und die verwendeten Stilmittel genauer informieren; die Altersfreigabe ist für die elterliche Entscheidung nur ein Anhaltspunkt unter vielen, der allerdings den Zugang zum Kino im Hinblick auf das Alter limitiert.

Wenn bei der Begleitung durch eine erziehungsbeauftragte Person die vorgesehenen Zeitgrenzen nicht gelten, dann gilt dies bei der Begleitung durch personensorgeberechtigte Personen (also in der Regel die Eltern) erst recht.

Das Jugendschutzgesetz kennt jedoch eine weitere Ausnahme. Danach kann auch mit Kindern ab 6 Jahren ein erst „ab 12 Jahren" freigegebener Film besucht werden, wenn die Kinder durch eine personensorgeberechtigte Person begleitet werden. Hier und nur hier dürfen also die Eltern darüber entscheiden, ob ein Film mit der höheren Altersfreigabe bereits für ihr Kind verträglich erscheint, auch wenn dessen Alter noch darunter liegt. Diese Ausnahme unterstellt, dass die Personensorgeberechtigten die Wirkung des Films auf ihre Kinder selbst beurteilen und gegebenenfalls auch direkt einwirken können. An dieser Stelle sei deshalb auf die Verantwortung der Eltern hingewiesen, sich besonders genau zu erkundigen, wenn sie von dieser Regelung Gebrauch machen wollen. Je jünger das Kind ist, desto bedeutsamer ist die Abweichung von der Experteneinschätzung und umso eher kann es im Einzelfall erforderlich werden, durch Trost, Zuspruch, Körperkontakt und Gespräch, z.B. bei spannenden Szenen in einem ansonsten kindgerechten Film, negative Auswirkungen zu vermeiden.

Kritisch muss daher die in Einzelfällen erfolgende Werbung für Kinofilme unter Hinweis auf die „Parental-Guidance-Regelung" gesehen werden. Hierdurch könnte suggeriert werden, es sei quasi üblich, die Altersfreigaben der FSK durch Begleitung außer Kraft zu setzen.

Abbildung 10: Altersregelungen Filmveranstaltungen*

Alterskennzeichnung für Filme, Film- und Spielprogramme gemäß § 14 JuSchG	Kinder unter 6 Jahren	Kinder ab 6 Jahren	Kinder ab 12 Jahren	Jugendliche ab 14 Jahren	Jugendliche ab 16 Jahren
ohne Begleitung durch personensorgeberechtigte oder erziehungsbeauftragte Person					
Freigegeben ohne Altersbeschränkung	nur in Begleitung einer personensorgeberechtigten oder erziehungsbeauftragten Person gestattet	gestattet, bis 20 Uhr	gestattet bis 20 Uhr	gestattet bis 22 Uhr	gestattet bis 24 Uhr
Freigegeben ab sechs Jahren	nicht - gestattet	gestattet bis 20 Uhr	gestattet bis 20 Uhr	gestattet bis 22 Uhr	gestattet bis 24 Uhr
Freigegeben ab zwölf Jahren	nicht - gestattet	nicht gestattet, auch **gestattet in Begleitung** einer **personensorgebrechtigten** Person	gestattet bis 20 Uhr	gestattet bis 22 Uhr	gestattet bis 24 Uhr
Freigegeben ab sechzehn - Jahren	nicht gestattet	nicht gestattet	nicht gestattet	nicht gestattet	gestattet bis 24 Uhr
Keine - Jugendfreigabe	nicht gestattet	nicht gestattet	nicht gestattet	nicht gestattet	nicht gestattet

Zu beachten ist, dass in der Regel sowohl eine Begleitung durch eine personensorgeberechtigte Person (z.B. Eltern) als auch durch eine erziehungsbeauftragte Person möglich ist, und dass damit keine Zeitgrenzen gelten. Einzige Ausnahme (»Elternprivileg«) von der Altersbegrenzung stellt der Besuch eines ab 12 Jahren freigegebenen Films durch Kinder ab 6 Jahren dar.

* Gegenüber dem Gesetzestext werden vereinfachte und gekürzte Formulierungen verwendet.

7.3.3 Praxishinweis: Begleitung durch eine erziehungsbeauftragte Person

Jugendschutzrechtlicher Bezug

■ § 1 Abs. 1 JuSchG (Begriffsbestimmungen) ■ § 2 JuSchG (Prüfungs- und Nachweispflicht) ■ § 5 JuSchG (Tanzveranstaltungen).

Pädagogische Fragestellungen

> Was bedeutet der Begriff „erziehungsbeauftragte Person"?
> Wie werden diese eingesetzt und wie können Eltern eine verantwortliche Entscheidung treffen?
> Wie kann die Beauftragung sinnvoll dokumentiert werden, damit dies einer Nachprüfung standhält?

Fallschilderung

> Eine Mädchenclique will noch spät in die Disko gehen und über Mitternacht bleiben. Außer Annika, die erst 17 Jahre alt ist, sind alle schon 18 Jahre oder älter. Annika fragt zu Hause nach, ob sie mit den anderen in die Disko darf. Die Eltern sind einverstanden, nachdem sie von ihr erfahren haben, wer mit dabei ist und wie Annika auch noch spät nachts nach Hause kommt. Sie unterschreiben die vom Diskoveranstalter vorgesehene Erklärung, ohne jedoch eine konkrete Person aus der Clique als Begleitperson einzutragen.
>
> Im Vertrauen auf die Erlaubnis der Eltern ignoriert Annika den Aufruf des Diskjockeys um kurz vor 24.00 Uhr, mit dem alle noch nicht 18-Jährigen aufgefordert werden, die Disko zu verlassen. Als gegen 1.00 Uhr eine Jugendschutzkontrolle durchgeführt wird, bei der die Ausweispapiere von Annika und den anderen Mädchen kontrolliert werden, kommt es zu Rückfragen wegen der unklaren Beauftragung. Annika sagt, sie habe gehört, dass sie bleiben dürfe, wenn sie von einer volljährigen Person begleitet wird, was ja auch tatsächlich der Fall ist.

Rechtliche Regelungen

Im Jugendschutzgesetz wird der Begriff der Erziehungsbeauftragten Person in § 1 Abs. 1 erläutert. Es wird bestimmt, dass diese Personen mindestens 18 Jahre alt sein müssen, um aufgrund einer Vereinbarung mit Personensorgeberechtigten Erziehungsaufgaben wahrnehmen zu dürfen. Ebenso sind solche Personen, die Kinder oder Jugendliche im Rahmen der Ausbildung oder der Jugendhilfe betreuen, erziehungsbeauftragte Personen.

Laut § 2 Abs. 1 JuSchG haben erziehungsbeauftragte Personen ihre Beauftragung darzulegen. Veranstalter und Gewerbetreibende haben diese Berechtigung in Zweifelsfällen zu überprüfen. Diese Nachweis- und Überprüfungspflichten gelten nach § 2 Abs. 2 JuSchG auch bei Kindern und Jugendlichen in allen anderen Fällen, bei denen das Jugendschutzgesetz Altersbeschränkungen vorschreibt.

§ 5 Abs. 1 JuSchG sieht für Tanzveranstaltungen Alters- und Zeitbeschränkungen vor, die bei einer Begleitung durch personensorgeberechtigte oder erziehungsbeauftragte Personen größere Freiräume erlauben.

Rechtliche Bewertung des Fallbeispiels

Alle Freundinnen von Annika könnten die Aufgabe einer erziehungsbeauftragten Person übernehmen, da sie 18 Jahre oder sogar schon älter sind. Außerdem begleiten sie Annika persönlich in die Disko und wären daher tatsächlich in der Lage, eine Aufsicht darüber auszuüben, dass Annika sich keinen Gefahren aussetzt. Im vorliegenden Fall ist allerdings keine der Freundinnen konkret beauftragt worden.

Das Gesetz verlangt aber, dass eine bestimmte Person als erziehungsbeauftragte Person benannt ist und es damit auch zu einer persönlichen Vereinbarung zwischen personensorgeberechtigter und erziehungsbeauftragter Person kommt. Eine bloße Begleitung durch irgendeine einzelne Person oder durch eine Gruppe von Personen und ein allgemeines Einverständnis dazu reicht nicht aus.

Im Grunde würde bereits eine formlose Erklärung nach folgendem Muster ausreichen:

„Unsere Tochter Annika wird bei ihrem Diskobesuch am 1.4.2012 mit unserem/meinem Einverständnis von Sandra Müller begleitet.

Datum und Unterschrift."

Eine schriftliche Erklärung hilft Ärger zu vermeiden und gibt dem umsichtigen Diskobesitzer seinerseits auch eine zusätzliche Sicherheit, da er ja zur Überprüfung in Zweifelsfällen verpflichtet ist.

Wenn sich die Eltern jedoch begrüßenswerterweise und in Verantwortung für ihre Erziehungsaufgaben über den Diskobesuch ihrer Tochter informieren, dann sollten sie ihr auch die von Diskobetreibern häufig zu ihrem eigenen Schutz geforderte und vielfach auch von deren Webseiten herunterladbare Erklärung vollständig ausgefüllt und unterschrieben mitgeben. Am besten wird die vollständige Adresse mit Telefonnummer für Rückfragen vermerkt.

Der Diskobetreiber handelt zunächst korrekt, als er gegen 24.00 Uhr den Aufruf vornehmen lässt. Beim Eintritt in die Disko hat er wahrscheinlich die Ausweise und die Erziehungsbeauftragung bei den noch nicht volljährigen Besuchern überprüft. Spätestens um Mitternacht hätte er aber einschreiten müssen und sich von Annika deren Legitimation zum Aufenthalt in der Disko über die Zeitgrenze von 24.00 Uhr hinaus darlegen lassen müssen. Der Gewerbetreibende ist über eine Lautsprecheransage hinaus verpflichtet, sich aktiv zu vergewissern, dass sich Minderjährige nicht unberechtigt in der Disko aufhalten.

Während es ohne Schwierigkeiten möglich ist, anhand der Personalausweise das Alter der Besucher und Besucherinnen zu überprüfen, gibt es für den Nachweis der Berechtigung, als erziehungsbeauftragte Person aufzutreten, keine verbindlichen förmlichen Vorgaben. Das korrekt ausgefüllte Formular in Verbindung mit den entsprechenden Ausweispapieren hätte hier für mehr Klarheit sorgen können.

Pädagogisches Handeln

Die Personensorgeberechtigten, also in der Regel die Eltern, sollten zu einer verantwortlichen Auswahlentscheidung fähig sein und diese auch bewusst treffen. Fahrlässig wäre es jedoch, wenn die Eltern den volljährigen Freundinnen der Tochter einen Erziehungsauftrag erteilen, obwohl sie befürchten, dass sich diese in der Disko wahrscheinlich betrinken und dann nicht mehr in der Lage sein werden, die Tochter angemessen zu begleiten. Ebenso fahrlässig wäre es, ein Formular, wie es viele Diskobetreiber fordern, nur unvollständig auszufüllen oder gar blanko zu unterschreiben. Damit findet keine wirksame Erziehungsbeauftragung statt, weil es zu keiner Vereinbarung kommt, die beide Seiten binden würde.

Die Entscheidung, ob Freund oder Freundin des minderjährigen Kindes als erziehungsbeauftragte Person eingesetzt werden kann, bleibt ausdrücklich den Eltern überlassen. Vieles spricht dafür, dass auch Partnerin oder Partner Aufgaben als erziehungsbeauftragte Person gewissenhaft wahrnehmen können, weil sie ein besonderes Interesse daran haben, auf die Unversehrtheit der begleiteten Person zu achten, diese zu schützen und für sie zu sorgen.

Bei Aktivitäten der Jugendarbeit handelt es sich in der Regel um eine vertragliche Übernahme von Teilen der Personensorge, die die erziehungsbeauftragten Personen, in der Regel wohl ehren- oder hauptamtliche Jugendleiterinnen und Jugendleiter, von den Personensorgeberechtigten übernehmen. Dies erfolgt am Besten durch eine schriftliche Vereinbarung, in der auch die Maßnahme skizziert bzw. die Aktivitäten beschrieben werden. Dabei muss nicht jeder Programmpunkt aufgelistet werden. Es muss aber insoweit Klarheit zwischen den Vertragspartnern herrschen, als dass allen Beteiligten der Charakter der Maßnahme deutlich ist und nach bestem Wissen und Gewissen eingeschätzt werden kann, was in dessen Rahmen veranstaltet wird. Besonders hingewiesen werden muss auf solche Aktivitäten, die evtl. mit besonderen Gefahren verbunden sein können (wie z.B. Besuch einer Kletterhalle, Bungee Jumping, Aktivitäten im Zusammenhang mit Wasser, Auslandsaufenthalte mit besonderen Regelungen usw.).

7. 4 Verantwortung in Gewerbe und Handel

7.4.1 Rechtlicher Rahmen

Die Gewerbefreiheit wird aus Art. 12 GG hergeleitet. Sie findet wie jedes andere Grundrecht ihre Schranken aber in den Grundrechten anderer, die durch die ungezügelte Ausübung der Gewerbefreiheit verletzt würden – also auch im Jugendschutz. In der Gewerbeordnung oder spezielleren Gesetzen wie dem Gaststättengesetz finden sich bereits etliche einschränkende Regelungen, die für eine Ordnung bei der Gewerbeausübung sorgen sollen. Ein weiterer Ansatz für Verpflichtungen von Gewerbetreibenden ergibt sich aus den Vorschriften des Bürgerlichen Rechts, so ist dort geregelt, dass eine sogenannte Verkehrssicherungspflicht u.a. für den Betrieb von Geschäftsräumen besteht (s. Sprau in Palandt, BGB, 71. Aufl. 2012, § 823 Rn 45 ff) und dass diejenigen, die Rechte anderer gefährden und damit die (öffentliche) Ordnung stören als Handlungs- oder Zustandsstörer für Maßnahmen der Gefahrenminimierung in Anspruch genommen werden können. Zwar betrifft § 1004 BGB dem Wortlaut nach nur Störungen des Eigentums, wird aber analog auf alle absoluten Rechte und Schutzgüter angewandt (Bassenge in Palandt, BGB, 71. Aufl. 2012, § 1004 Rn 4).

Nach diesen Grundüberlegungen wird verständlich, warum in sehr vielen Vorschriften des JuSchG Handlungsvorgaben an Gewerbetreibende erfolgen, was bei der Ausübung ihres Gewerbes im Hinblick auf Minderjährige zu beachten ist; insbesondere sind hier die altersentsprechenden Zugangsbeschränkungen zu nennen.

Die Umsetzung der Jugendschutzregelungen lässt sich relativ einfach bei der Abgabe von Produkten z.B. Alkoholika im Einzelhandel umsetzen und kontrollieren. Hier erschiene ein Aktivwerden der Gewerbebehörden bzw. Gewerbeaufsicht am sinnvollsten, in der Praxis sind jedoch meist die Ordnungsbehörden und teilweise sogar die Jugendbehörden damit befasst.

Die Umgehung von Jugendschutzvorschriften verspricht den Gewerbetreibenden in doppelter Hinsicht Wettbewerbsvorteile und damit größere Gewinne, zum einen durch die zusätzlichen minderjährigen Kunden, zum anderen durch volljährige Kunden, die die Jugendschutzkontrollen als lästig empfinden und diese vermeiden wollen. Die Missachtung von Jugendschutzvorschriften ist aber als unlauterer Wettbewerb einzuordnen; bei der Festsetzung von Bußgeldern wegen Verstoß gegen Jugendschutzvorschriften sollten deshalb Gewinne aus diesen Wettbewerbsverletzungen abgeschöpft werden.

Besondere Bedeutung kommt diesen Fragen der möglichen Wettbewerbsverzerrung dann zu, wenn verschiedene Vertriebswege konkurrieren, z.B. der Ladenhandel mit dem Versandhandel. So wird etwa von Videotheken eine Gleichbehandlung mit Anbietern virtueller Medieninhalte eingefordert (vgl. z.B. LG Frankfurt, Urt. v. 02.01.08, MMR 2008, 346). Überall dort, wo Vertriebswege ohne persönlichen Kontakt vorherrschen, ist zu prüfen, welche Einschränkungen der Schutz von Kindern und Jugendlichen erfordert und wie die konkrete Umsetzung in der jeweiligen Fallkonstellation erfolgen kann. Eine allgemein gültige Lösung ist nicht in Sicht: So kann etwa der elektronische Personalausweis manche Überprüfung erleichtern; gleichwohl haben auch anonyme Kontaktmöglichkeiten in einer freien Gesellschaft einen durchaus berechtigten eigenen Wert: etwa die unverfängliche Information über umstrittene politische Meinungen, aber auch die ungeschönte Kontrolle von vertriebenen Produkten durch die zuständigen Aufsichtsbehörden. Grundsätzlich kann hier das zweistufige Modell der KJM hilfreich sein, das zunächst eine eindeutige Prüfung auf ein Altersmerkmal durch sog. Identifikation vorsieht. Dabei wird ein Schlüssel zugänglich gemacht, der in einem zweiten Schritt – der sog. Authentifikation – bei jedem einzelnen Bestell- oder Nutzungsvorgang genutzt werden muss und dessen Weitergabe an Dritte nicht möglich oder nur äußerst erschwert zu erwarten ist (vgl. Erdemir in Nikles/Roll/Spürck/Erdemir/Gutknecht, Jugendschutzrecht 2011, § 4 JMStV Rn. 32).

Ein weiteres Problem für Jugendschutzmaßnahmen besteht im Zusammenwirken verschiedener Gewerbetreibender, die durch die Aufsplitterung geschäftlicher Vorgänge und insbesondere die weitgehende Verlagerung ins Ausland eine wirksame Kontrolle durch nationale Behörden erschweren. Solange gezielt Kundenkontakt im Inland gesucht wird, wird es aber Geschäftsleute oder zumindest Personal im Inland geben müssen, die diesen Kundenkontakt abwickeln, so dass hier die Aufsichtsbehörden ansetzen könnten. Zwar ist den Dienstleistern, Transporteuren oder Inkassostellen eine unmittelbare Beteiligung an Gesetzesverletzungen Dritter regelmäßig wohl nicht nachweisbar oder von diesen auch gar nicht beabsichtigt. Gleichwohl ziehen sie ihren Profit aus der Jugendgefährdung Dritter, weshalb der Gedanke einer gewissen Analogie zur strafbaren Hehlerei nicht fern zu liegen scheint. Zwar gibt es im Telemediengesetz die Verpflichtung der sogenannten Diensteanbieter (z.B. für Speicherplatz) bei konkreten Hinweisen auf Gesetzesverletzungen der Inhalteanbieter diese Angebote aus dem Internet herauszunehmen (vgl. Gutknecht in Nikles/Roll/Spürck/Erdemir/Gutknecht § 18 JMStV Rn. 7). Um die Effektivität des Kinder- und Jugendschutzes zu erhöhen, sollte aber zukünftig – durch entsprechende Gesetzesergänzung – eingefordert werden, dass alle indirekt an Jugendschutzverstößen Beteiligten nach dem Auftreten derartiger Verstöße zukünftig selbst aktiv zur Verhinderung weiterer Verstöße (z.B. durch Stichprobenkontrollen oder Einführung von Kautionen) beitragen müssen.

7.4.2 Praxishinweis: Computerspiele im Kaufhaus

Jugendschutzrechtlicher Bezug

■ § 2 JuSchG (Prüfungs- und Nachweispflicht) ■ § 3 JuSchG (Bekanntmachung der Vorschriften) ■ § 12 JuSchG (Bildträger mit Filmen oder Spielen) ■ § 14 JuSchG (Kennzeichnung von Filmen und Spielprogrammen).

Pädagogische Fragestellungen

> Wie kann der Handel in Abwägung zwischen Gewerbefreiheit und Jugendschutzinteressen seine Aufgaben erfüllen?
>
> Wie sollten die Abgabebeschränkungen an Kinder und Jugendliche sinnvoll umgesetzt werden?

Die Gestaltung von Ladengeschäften und Verkaufssituationen und das Verhalten des Personals in Gewerbebetrieben entscheiden mit darüber, ob Kinder und Jugendliche im öffentlichen Raum mit für die jeweilige Altersgruppe ungeeigneten Produkten und Angeboten konfrontiert werden. Besonders Computerabteilungen von Kaufhäusern dienen Kindern und Jugendlichen oftmals als Spiel- und Aufenthaltsorte. Aufgrund der unterschiedlichen Altersbeschränkungen fällt eine Kontrolle der jeweiligen „Zuschauer" nicht leicht.

Fallschilderung

> Der 17-jährige Tobias hält sich mit seinen Klassenkameraden im Alter zwischen 15 und 17 Jahren meist in der Computerabteilung des Kaufhauses auf, um dort an den Spielkonsolen die neuesten Spiele zu testen. Da sie die meisten Angebote bereits kennen, fragt Alex den Verkäufer nach einem neuen Ego-Shooter, der auch in Zeitschriften beworben wird.
>
> Der Verkäufer will mit Verweis auf die im Geschäft ausgehängten Jugendschutzvorschriften und mit Hinweis auf die Alterskennzeichnung „Keine Jugendfreigabe" den Datenträger zunächst gar nicht einlegen. Alex zieht jedoch einen Autoschlüssel aus der Tasche und beteuert, er sei schließlich schon 18 Jahre alt. Der Verkäufer gibt nach, aber Alex muss ihm versprechen, dass nur er allein den Controller bedient.

Rechtliche Regelungen

Alle Bildträger mit Filmen oder Spielen bedürfen nach § 12 JuSchG einer Altersfreigabe, wenn Sie Kindern oder Jugendlichen in der Öffentlichkeit zugänglich gemacht werden. Auf diese Altersfreigabe ist auf der Hülle des Datenträgers durch deutlich sichtbare Zeichen hinzuweisen. Im Übrigen gilt für öffentlich aufgestellte Bildschirmspielgeräte § 13 JuSchG. Das Verfahren dieser Kennzeichnung ist in § 14 JuSchG geregelt und dadurch verbindlich (anders etwa als die europäische PEGI-Empfehlung); es wird durch Einrichtungen der freiwilligen Selbstkontrolle (ASK, USK, FSK – vgl. § 14 Abs. 6 JuSchG) ausgeführt.

Veranstalter und Gewerbetreibende müssen sich nach § 2 Abs. 2 JuSchG in Zweifelsfällen durch eine Überprüfung davon überzeugen, dass die Altersfreigaben eingehalten werden. Zu diesem Zweck darf das Alter der Personen überprüft werden. Zudem müssen nach § 3 JuSchG die für das jeweilige Gewerbe oder die spezielle Veranstaltung geltenden Vorschriften deutlich bekannt gemacht werden, allerdings nur mit den dafür in § 14 vorgeschriebenen Kennzeichnungen und ohne auf die möglicherweise jugendgefährdenden Wirkungen hinzuweisen oder damit gar zu werben.

Rechtliche Bewertung des Fallbeispiels

Für die Verkaufsabteilung eines Kaufhauses (oder anderer Anbieter und Gewerbetreibender wie z.b. Verkaufsveranstaltungen oder Messen) gelten uneingeschränkt die Regeln des JuSchG, da die Verkaufsräume für jedermann zugänglich und damit „öffentlich" sind. Daher müssen auch die einschlägigen Vorschriften nach § 3 JuSchG deutlich sichtbar und gut lesbar (z.b. durch Aushang am Regal, an der Theke, an der Kasse) bekannt gemacht werden.

Die Alterskennzeichnungsregelung nach § 14 Abs. 2 JuSchG gilt für alle angebotenen Computerspiele (Demo-Versionen z.b. auch als Zeitschriftenbeilage, Trailer, Vor-Versionen oder Vollversionen). Die Kennzeichnung auf dem Spiel und der Hülle muss in der vorgeschriebenen Form und Größe nach § 12 Abs. 2 JuSchG erfolgen.

Der Gewerbetreibende muss sicherstellen, dass die Angebots- und Abgabebeschränkungen, die auf den Altersfreigaben der Computerspiele basieren, gegenüber Kindern und Jugendlichen eingehalten werden, die die Verkaufsräume betreten. Dies wird in der Regel dadurch sichergestellt sein, dass die einschlägigen Jugendschutzvorschriften ausgehängt werden und nur solche Spiele „laufen", die maximal eine Altersfreigabe ab 6 Jahren haben.

Das Personal muss im vorliegenden Fall (Spiel ist mit „Keine Jugendfreigabe" gekennzeichnet, d.h. nicht freigegeben unter 18 Jahren) prüfen, ob Tobias tatsächlich volljährig ist. Andernfalls darf ihm das Spiel weder verkauft, noch zum Spielen oder Zuschauen zugänglich gemacht werden. Im Zweifelsfall muss der Verkäufer Tobias bitten, seine Volljährigkeit nachzuweisen. Dies kann durch den Personalausweis oder einen anderen vergleichbaren Ausweis erfolgen. Mit dem Vorzeigen eines Autoschlüssels ist ein eindeutiger Altersnachweis nicht zu führen.

Wenn der Verkäufer das Computerspiel vorführen oder gar das Spielen und damit wohl auch das Zuschauen ermöglichen möchte, muss er sich nicht nur bei Tobias, sondern auch bei den anderen nach ihrem Alter erkundigen.

Das gewünschte Spiel darf nämlich in deren Anwesenheit nicht gespielt werden, weil sie unter 18 Jahre alt sind. Daher reicht es nicht aus, sich von einem (vermeintlich) Volljährigen versichern zu lassen, dass nur er den Steuerknüppel bedient und seine minderjährigen Freunde ihm dabei „nur" zusehen.

Abbildung 11: Alterskennzeichnungen ASK, FSK und USK von Filmen und Film- und Spielprogrammen

Kennzeichnungen der Automaten-Selbst-Kontrolle

Kennzeichnungen der Freiwilligen Selbstkontrolle der Filmwirtschaft

Kennzeichnungen der Unterhaltungssoftware Selbstkontrolle

Farbgebungen:

| weiß | gelb | grün | blau | rot |

Für Filme, Filmprogramme und Spielprogramme, die Informations-, Instruktions- oder Lehrzwecken dienen, ist eine selbstständige Kennzeichnung durch die Anbieter zulässig. Beispiel:

LEHR-
Programm
gemäß
§ 14
JuSchG

Pädagogisches Handeln

Computerspiele dürfen nur an Personen abgegeben bzw. ihnen zum Spielen oder Zuschauen zugänglich gemacht werden, die die Altersstufe erreicht haben, für die das jeweilige Spiel freigegeben ist. Daher ist das Personal so zu schulen, dass es keine Nutzung (aktives Spielen und – kommentierendes – Zusehen) durch Personen unterhalb der jeweiligen Altersgrenze zulässt. Im geschilderten Fall dürften Spiele mit den Kennzeichen „Freigegeben ab 16 Jahren" oder „Keine Jugendfreigabe" aber auch solche ohne Kennzeichen (entweder weil ein Kennzeichen nicht beantragt oder weil es bei der USK-Prüfung verweigert wurde) nicht im Spielbetrieb vorgeführt werden.

Hilfsmittel könnten speziell gesicherte Verkaufseinrichtungen sein, die eine Zugangsbeschränkung für bestimmte Personengruppen ermöglichen (z.B. von außen nicht einsehbare geschlossene Vorführ-Räume bzw. Kabinen mit Eingangskontrolle). An der Beschränkung würde auch die Begleitung durch Eltern nichts ändern, da das Gesetz keine Regelung vorsieht, die bei einer Begleitung durch Personensorgeberechtigte im Rahmen des Elternprivilegs Ausnahmen ermöglicht. Im privaten Bereich ist dies etwas anders (vgl. auch § 28 Abs. 4 Satz 2 JuSchG), weshalb im Rahmen des erzieherischen Jugendmedienschutzes auch medienpädagogische Überlegungen für Eltern vermittelt werden sollten.

7.4.3 Praxishinweis: Alkoholabgabe und -konsum

Jugendschutzrechtlicher Bezug

■ § 9 JuSchG (Alkoholische Getränke)

Pädagogische Fragestellung

> Wie sollte in der pädagogischen Arbeit mit Jugendlichen mit dem Problem des Alkoholkonsums umgegangen werden?

Alkohol gehört in unserer Gesellschaft zu den legalen Drogen. Trotz seines gesundheitlichen Risikopotentials ist er für viele Erwachsene Teil des alltäglichen Genuss- und Konsumverhaltens. Der Konsum alkoholischer Getränke übt besonders auf Jugendliche einen starken Reiz aus. Ebenso wie das Rauchen gilt das Alkoholtrinken nicht nur als „erwachsen", es bietet auch die Möglichkeit sich mit anderen zu messen, Stärke zu beweisen, Proben zu bestehen und sich in gleichsam ritueller Weise einen Status anzueignen.

Die allgemeine und leichte Verfügbarkeit von Alkoholika und der Nimbus im Alltag dürfen nicht darüber hinwegtäuschen, dass Alkohol ein Nervengift von hoher Wirksamkeit ist, das körperliche, geistige und emotionale Schädigungen verursacht und in unserer Gesellschaft weitreichende Spuren in Form von Alkoholkranken und –abhängigen hinterlässt sowie die Gesundheit vieler Menschen auch unterhalb der Suchtschwelle deutlich beeinträchtigt. Insbesondere bei jungen Menschen muss man von einem hohen Suchtpotential ausgehen; die Auswirkungen dürften sich verstärken, je jünger, je alkoholhaltiger und je mehr konsumiert wird. Beachtenswert sind zudem die enthemmende Wirkung von Alkohol (z.B. bei Straßenverkehr, Gewalt oder sexuellen Übergriffen) und das damit verbundene Risikopotential.

Fallschilderung

> Heute ist Party im JuZe angesagt! Lena (15) und Sharon (16) wollen sich einstimmen, sie treffen sich mit Bruno (18) und fahren mit ihm vorher zur „Tanke". Dort versorgen sie sich mit ein paar Getränken, die es im JuZe nicht gibt. Lena nimmt ein Biermixgetränk, Sharon eine Flasche Wein und Bruno eine Flasche Wodka aus dem Regal. Beim Bezahlen sollen sie ihre Ausweise vorzeigen, was dann Bruno übernimmt. Im Auto machen sie ihre Flaschen auf und fahren bei lauter Musik zum „Vorglühen". Als sie ungefähr eine Stunde später im JuZe auftauchen, wollen Sharon und Bruno ihre geöffneten Flaschen mit rein nehmen, was eigentlich nicht erlaubt ist, da es im JuZe an diesem Abend einen Wein- und Bierverkauf gibt, um den Alkoholkonsum besser unter Kontrolle behalten zu können. Es gelingt ihnen aber, diese an der Eingangskontrolle vorbei mit reinzunehmen und wenig später fällt einem Betreuer auf, wie die drei in einer dunklen Ecke aus der Wodkaflasche trinken wollen.

Rechtliche Regelungen

Das JuSchG unterscheidet Branntwein und branntweinhaltige Getränke, zu denen auch die sog. Alkopops zählen und für die ein generelles Jugendverbot bei Abgabe und Konsum in der Öffentlichkeit gilt (§ 9 Abs. 1 Satz 1 und Abs. 4 JuSchG), von anderen alkoholischen Getränken. Für letztere gilt bei Jugendlichen bis zum vollendeten 16. Lebensjahr ein Abgabe- und Verzehrverbot in der Öffentlichkeit (§ 9 Abs 1 Satz 2 JuSchG). Ausnahmen sind bei anderen alkoholischen Getränken (z.B. Bier, Wein) für Jugendliche im Alter von 14 und 15 Jahren vorgesehen, wenn sie in Begleitung ihrer Eltern (Personensorgeberechtigten) sind (§ 9 Abs. 2 JuSchG). Für Kinder sind alle alkoholischen Getränke ohne Ausnahme verboten. Auch die Abgabe an Automaten ist reglementiert, sie darf Kindern und Jugendlichen nicht ermöglicht werden (§ 9 Abs. 3 JuSchG).

Abbildung 12: Umgang mit Alkohol und Tabak*

	an Kinder und Jugendliche unter 16 Jahren	an Jugendliche ab 16 Jahren
Abgabeverbote von alkoholischen Getränken	In Gaststätten, Verkaufsstellen oder sonst in der Öffentlichkeit dürfen Branntwein oder branntweinhaltige Getränke (auch Mixgetränke mit Branntweinanteil = Alkopops) **und andere alkoholische Getränke (z.b. Bier, Biermixgetränke) nicht abgegeben werden. Auch der Verzehr darf nicht gestattet werden.** Ausnahme: Die Regelung bezüglich der anderen alkoholischen Getränke gilt bei Begleitung durch eine personensorgeberechtigte Person für Jugendliche (ab 14 Jahre) nicht.	In Gaststätten, Verkaufsstellen oder sonst in der Öffentlichkeit dürfen Branntwein oder branntweinhaltige Getränke (auch Mixgetränke mit Branntweinanteil) nicht abgegeben werden. Auch der Verzehr darf nicht - gestattet werden.
Automatenverkauf	Alkoholische Getränke dürfen in der Öffentlichkeit nicht in Automaten angeboten werden, sondern nur an Orten, die Kindern oder Jugendlichen unzugänglich sind oder in gewerblich genutzten Räumen bei zusätzlicher technischer und durch Aufsicht geregelter Sicherung so, dass eine Entnahme durch Kinder und Jugendliche nicht erfolgen kann.	
Hinweis auf Angebotspflicht eines nicht-alkoholischen Getränks	Nach dem Gaststättengesetz muss in jeder Gaststätte mindestens ein nicht-alkoholisches Getränk angeboten werden, das nicht teurer ist als das preiswerteste alkoholische Getränk.	
	an Jugendliche unter 18 Jahren	
Rauchen in der Öffentlichkeit	In Gaststätten, Verkaufsstellen oder sonst in der Öffentlichkeit dürfen Tabakwaren **nicht abgegeben** werden. Kindern und Jugendlichen unter 18 Jahren darf dort das Rauchen nicht gestattet werden.	
Automatenverkauf	In der Öffentlichkeit dürfen Tabakwaren nicht in Automaten angeboten werden. Ausnahmen: Die Automaten sind an für Kinder und Jugendliche unzugänglichen Orten aufgestellt oder durch technische Vorrichtungen oder durch Aufsicht gesichert.	

* Gegenüber dem Gesetzestext werden vereinfachte und gekürzte Formulierungen verwendet.

Rechtliche Bewertung des Fallbeispiels

Nach den Regeln des JuSchG darf das Biermixgetränk an Lena nicht verkauft werden, der Wein an Sharon ebenso wie der Wodka an Bruno durchaus. Bruno regelt die Sache, indem er die 3 Flaschen kauft. Sharon hätte allerdings die Weinflasche auch selbst kaufen dürfen, den Wodka jedoch nicht. Da Lena ihr Alkopop offenbar im Auto, also nicht in der Öffentlichkeit, bekommt und dort auch trinkt, wird Bruno für diese Weitergabe nach dem JuSchG nicht belangt werden können, obwohl dieses Handeln in vielerlei Hinsicht problematisch ist. Wenn Bruno nach dem „Vorglühen" mit dem Wodka noch Auto fährt, verstößt er aber gegen das absolute Alkoholverbot für Fahranfänger unter 21 Jahren (§ 23 c StVG).

Die Situation im JuZe stellt sich so dar: Mitarbeitende in Jugendeinrichtungen sind, wenn es sich wie hier um eine öffentliche Veranstaltung an einem frei zugänglichen Ort handelt, an die Bestimmungen des Jugendschutzgesetzes gebunden und müssen zudem ihrer Aufsichtspflicht nachkommen. Das Hineinschmuggeln der Flaschen entgegen dem Veranstalterverbot kann bereits Konsequenzen im Rahmen des Hausrechts nach sich ziehen. Dass sie dort jedoch daraus trinken, ist ein offensichtlicher Verstoß gegen das Jugendschutzgesetz; Bruno darf den Wodka nicht weitergeben und Lena und Sharon dürfen ihn nicht trinken. Der Mitarbeiter des JuZe muss nun einschreiten und den unzulässigen Alkoholkonsum unterbinden. Dazu kann er zunächst von seinem Hausrecht Gebrauch machen und die drei der Räumlichkeiten verweisen, weil sie gegen das Verbot verstoßen haben, Getränke mit zu bringen. Da Bruno auch ein gesetzliches Verbot überschreitet, wenn er an Minderjährige Branntwein ab- bzw. weitergibt, sind hier neben einem Platzverweis also durchaus auch weitergehende Maßnahmen wie z.B. eine Anzeige und ein Ordnungswidrigkeitsverfahren nach § 28 Abs. 4 JuSchG denkbar.

Pädagogisches Handeln

Wer mit Kindern und Jugendlichen arbeitet, muss sich über Fragen des Umgangs mit Alkohol Gedanken machen (ebenso auch über das Rauchen). Besonders bei Festen und Partys, aber auch im Alltag einer Jugendeinrichtung steht die Frage des sinnvollen, d.h. altersgemäßen Umgangs mit leicht verfügbaren Alltagsdrogen im Raum, zu denen es eine klare Haltung und transparent kommunizierte Konsequenzen braucht. Voraussetzung ist, dass das Thema angesprochen und offen behandelt wird. In diesem Rahmen sollte auf die Risiken des Drogen- insbesondere auch des Alkoholkonsums deutlich und nicht verharmlosend eingegangen werden, ebenso wie auf mögliche Folgen bei Verstößen gegen vereinbarte Regeln. Es sollten auch Alternativen bedacht und praktiziert werden: Feste können attraktiv sein und Spaß machen, auch ohne Alkohol. Entscheidend ist das Vorbildverhalten der Leitung. Sie sollte vorgeben und -leben, dass Alkohol nicht einfach dazugehört, damit ein bewusster Umgang mit dieser Alltagsdroge auch eingeübt werden kann, wozu auf vielfältiges pädagogisches Material von Sport- und Jugendverbänden, Landesstellen Jugendschutz und der BzgA zurückgegriffen werden kann.

Für die Party im JuZe gelten also klare Regeln und ebenso klar muss das Handeln der Mitarbeitenden dann auch sein, wenn es zu Verstößen kommt. Dass überhaupt bei einer solchen Veranstaltung alkoholische Getränke zugelassen sind, mag zum einen dem Umstand geschuldet sein, dass es angesichts der Zielgruppe und der Situation praxisfremd wäre, Alkohol ganz verbieten zu wollen. Eine noch weitergehende Nutzung des „Vorglühens", meint das Vorabtrinken außerhalb des JuZe, um sich in Stimmung zu bringen, die Regeln oder höhere Preise während der Party zu umgehen, wäre wohl die Konsequenz und damit würde eine noch weniger kontrollierbare Situation innerhalb des JuZe-Betriebs entstehen können. Zudem gehört es offenbar zum Erwerb lebenspraktischer Kompetenzen dazu, dass es in einer nicht eben drogen- und suchtmittelfreien Gesellschaft Übungsfelder und –orte geben muss, in denen ein verantwortbarer – wenn nicht gar ein vernünftiger – Umgang mit Alltagsdrogen wie Alkohol eingeübt werden kann.

Dieser Ansatz lässt sich wohl direkt aus dem JuSchG ersehen, weil der Gesetzgeber dort eine Ausnahme vom Alkoholverbot für Jugendliche unter 16 Jahre vorgesehen hat, wenn sie in Begleitung ihres Personensorgeberechtigten sind (§ 9 Abs. 2 JuSchG).

Teil C
8. Information und Weiterführendes

8.1 Allgemeine Recherche

Literaturdatenbank zum Kinder- und Jugendschutz

Die Bundesarbeitsgemeinschaft Kinder- und Jugendschutz in Berlin führt eine spezielle Literaturdatenbank, in der nicht nur im Handel befindliche Literatur sowie Zeitschriftenartikel, sondern auch sogenannte „graue" Literatur (Broschüren, Handreichungen etc.) erfasst werden. Der Nutzer hat die Möglichkeit, kostenfrei nach verschiedenen Stichworten Literaturzusammenstellungen zu generieren. www.bag-jugendschutz.de/literaturdatenbank_jugendschutz

Literatur in wissenschaftlichen Bibliotheken

Die Entwicklung elektronisch geführter Kataloge hat in den letzten Jahren die Möglichkeiten zentraler Recherche eröffnet. Zugleich findet der Nutzer auch nicht im Buchhandel erschienene („graue") Literatur sowie einzelne Zeitschriften-Artikel. Die „Nachweisdichte" hat also extrem zugenommen.

Empfohlen sei an dieser Stelle die Literaturrecherche über den **Karlsruher Virtuellen Katalog**, eine bibliothekarische Suchmaschine mit Zugriff auf die wissenschaftlichen Bibliotheken im Inland und auf viele Nationalbibliotheken weltweit. Vorteilhaft ist besonders, dass die Bestände in Deutschland (beispielsweise der Universitätsbibliotheken) genau, d.h. auch mit Standorten und Signaturen nachgewiesen werden, ohne dass man die Webseite verlassen muss. www.ubka.uni-karlsruhe.de/kvk.html

Während Studierenden in der Regel der Zugang zu Literatur über die Nachweissysteme der Literatur- und Bibliotheksdatenbanken empfohlen wird – allein schon aus Gründen des Einübens mit selbst zurechtgelegten Suchstrategien –, kann eine ergänzende Suche z.B. über eine allgemeine Suchmaschine wie etwa Google sinnvoll sein. Die Suche eröffnet den Zugang zu Informationen, die außerhalb von Literaturdatenbanken im Internet (zusätzlich) abgelegt sind.

8.2 Juristisches Material

Gesetzestexte

Das Bundesministerium der Justiz bietet unter einer eigenen Internetadresse

www.gesetze-im-internet.de

alle Gesetze der Bundesrepublik Deutschland zur Ansicht und zum Download an. Mit der Suchfunktion (z.b. mit dem Stichwort Jugendschutz) werden auch Einzelnormen aus verschiedenen Gesetzen nachgewiesen.
Über die Seite

www.justizministerium.de

ist auch ein Zugang zu den Justizministerien der Bundesländer möglich, die ebenfalls Recherchemöglichkeiten für ihr Bundesland anbieten und in einigen Fällen sogar von dort aus eine länderübergreifende Suche ermöglichen.

Schwieriger zu handhaben und meist mit längeren Suchprozessen verbunden ist das Auffinden von Erlassen und Richtlinien, die die Länder für ihre nachgeordneten Behörden verfügt haben. Hier lassen die Suchmöglichkeiten, z.B. über Stichworte noch zu wünschen übrig.

Kommentare zum Jugendschutzrecht

Liesching, Marc; Schuster, Susanne (2011): Jugendschutzrecht. Jugendschutzgesetz, Jugendmedienschutz-Staatsvertrag, Vorschriften des Strafgesetzbuches und des Rundfunkstaatsvertrags. 5. überarb. Aufl. München

Nikles, Bruno W.; Roll, Sigmar; Spürck, Dieter; Erdemir, Murad; Gutknecht, Sebastian (2011): Jugendschutzrecht. Kommentar zum Jugendschutzgesetz (JuSchG) und zum Jugendmedienschutz-Staatsvertrag mit auszugsweiser Kommentierung des Strafgesetzbuches (StGB) sowie weiterer Bestimmungen zum Jugendschutz. 3. neu gestalt. u.überarb. Aufl. München

Die beiden genannten Werke sind die führenden Kommentare zum Jugendschutzrecht in Deutschland, wobei sich die Autoren dieser einführenden Publikation auf den letztgenannten Kommentar stützen.

Neben den jeweils im Titel genannten Rechtsmaterien enthalten die Kommentare unterschiedliche Anhänge. Liesching/Schuster führen u.a. die Grundsätze von FSK und USK auf. Der Kommentar von Nikles/Roll/Spürck/Erdemir/Gutknecht enthält neben diesen Grundsätzen einen umfangreichen und mit Erläuterungen versehenen Anhang mit weiteren relevanten Bestimmungen u.a. aus dem Jugendarbeitsschutzrecht, dem Gaststättenrecht, Spielrecht, Suchtmittel- und Gesundheitsrecht.

In diesen Kommentaren sind weitere – auch ausschnitthafte – Kommentierungen in Loseblattwerken, Gesetzessammlungen und anderen Rechtszusammenhängen (z.B. Medienrecht) nachgewiesen.

Jugendschutzgesetz und Jugendmedienschutz-Staatsvertrag der Länder (2011), Hrsg. vom Bundesministerium für Familie, Senioren, Frauen und Jugend. Berlin 2011

Diese Gesetzesausgabe enthält kurze Erläuterungen und steht als Download auf der Webseite des Bundesministeriums zur Verfügung, wo sie auch als Printversion angefordert werden kann. www.bmfsfj.de/BMFSFJ/kinder-und-jugend,did=12862.html

8.3 Periodika

Die nachfolgende Liste enthält einige Zeitschriften, die sich ausschließlich mit Jugendschutz befassen. Hinzuweisen ist, dass die Institutionen und die Selbstkontrolleinrichtungen über Internet-Auftritte verfügen, dort Informationen bereithalten und zum Teil auch Zeitschriften herausgeben sowie Mitteilungsblätter und Newsletter anbieten.

Kinder- und Jugendschutz in Wissenschaft und Praxis (KJuG). Zeitschrift der Bundesarbeitsgemeinschaft Kinder- und Jugendschutz (BAJ). [früherer Titel: Kind, Jugend, Gesellschaft] ISSN 1865-9330.

Die vierteljährlich erscheinende Zeitschrift ist die einzige wissenschaftliche Fachzeitschrift für den gesamten Kinder- und Jugendschutz in Deutschland. Die Fachbeiträge werden ergänzt durch einen Rechtsprechungsteil und eine Literatur- und Medienbibliografie.

Jugendmedienschutz-Report, Zweimonatszeitschrift, Nomos-Verlag, Baden-Baden. ISSN 0170-5067

Die Zeitschrift enthält die Indizierungslisten der Bundesprüfstelle für jugendgefährdende Medien und im redaktionellen Teil Entscheidungen von Gerichten, der Bundesprüfstelle und des Deutschen Presserates, sowie Aufsätze zu Themen des Jugendmedienschutzrechts.

AJS-Forum: vierteljährlicher Info-Dienst der Arbeitsgemeinschaft Kinder- und Jugendschutz (AJS) Landesstelle Nordrhein-Westfalen e.V., Köln. Essen: Drei-W-Verlag. ISSN 174-4968

Das vierteljährlich erscheinende Mitteilungsblatt der überkonfessionellen Arbeitsgemeinschaft enthält aktuelle Informationen zum Jugendschutz und unterstützt auch die nordrhein-westfälische Oberste Landesjugendbehörde in ihrer fachpolitischen Publikationsarbeit.

AJS-Informationen: Analysen, Materialien, Arbeitshilfen; Mitteilungsblatt der Aktion Jugendschutz, Landesarbeitsstelle Baden-Württemberg. Stuttgart. ISSN 0720-3551

Die auf die Praxis des Kinder- und Jugendschutzes ausgerichtete Zeitschrift erscheint zweimal im Jahr, enthält Fachbeiträge zu einem Schwerpunktthema sowie Materialien und Hinweise auf Arbeitshilfen. Sie unterstützt die Jugendschutzarbeit in Baden-Württemberg.

Pro Jugend: Fachzeitschrift der Aktion Jugendschutz, Landesarbeitsstelle Bayern e.V. München. ISSN 0941-5653.

Die vor allem auf die Praxis ausgerichtete, vierteljährlich erscheinende Zeitschrift befasst sich mit dem gesamten Spektrum der Jugendschutzaufgaben, insbesondere unter erzieherischen und präventiven Aspekten. Dabei wird jeweils ein Thema schwerpunktmäßig und mit Praxisbeispielen sowie Materialhinweisen bearbeitet.

Thema Jugend: Zeitschrift für Jugendschutz und Erziehung der Katholische Landesarbeitsgemeinschaft Kinder- Jugendschutz Nordrhein-Westfalen e.V. , Münster. ISSN: 0935-8935

Die vierteljährlich erscheinende Zeitschrift ist mit ihren Themenheften vor allem auf den Erzieherischen Kinder- und Jugendschutz ausgerichtet. Sie ist die einzige konfessionell begründete Jugendschutz-Zeitschrift im deutschen Sprachraum.

8.4 Einzelne Themenfelder

Als zentrale Anlaufstellen zu allen Kinder- und Jugendschutzthemen seien neben der Bundesarbeitsgemeinschaft (BAJ) vor allem die Landesstellen/ Landesarbeitsgemeinschaften für Kinder- und Jugendschutz genannt. Die stets aktuellen Adressen sind auf der Homepage der BAJ abrufbar, daneben auch die Adressen von einschlägigen Ministerien, anderen Behörden und Institutionen, die sich mit Fragen des Kinder- und Jugendschutzes auf Bundes- und Landesebene befassen:

www.bag-jugendschutz.de/adressen_jugendschutz.html

8.4.1 Frühe Hilfen und Intervention

Informationen über den spezifischen Kinderschutz im Sinne des Schutzes vor Vernachlässigung und Gewalt lassen sich über folgende Webseiten erschließen:

www.beauftragter-missbrauch.de

Die Stelle einer/es **Unabhängigen Beauftragten für Fragen des sexuellen Kindesmissbrauchs** wurde im Kontext der Debatten um die aktuellen Probleme von Kindesmisshandlung geschaffen. Die Webseite informiert über Beratungsangebote und präventive Aktivitäten in der Nachfolge der Beratungen eines Runden Tisches, der 2010 von der Bundesregierung einberufen worden ist. Hier finden sich auch Literaturempfehlungen und zum Herunterladen angebotene Expertisen.

Das **Nationale Zentrum für Frühe Hilfen**, getragen vom Deutschen Jugendinstitut und der Bundeszentrale für Gesundheitliche Aufklärung bietet Literaturhinweise und ermöglicht über eine Literaturdatenbank Zugang zu wissenschaftlichen und praxisorientierten Informationen zu Fragen der Kindesmisshandlung/Kindesvernachlässigung und entsprechenden präventiven und therapeutischen Handlungsoptionen.

www.fruehehilfen.de

8.4.2 Drogen- und Suchtpolitik

Die Zuständigkeit für Drogen- und Suchtpolitik ist zwischen Bund und Ländern aufgeteilt und findet auf drei Ebenen statt. Der Bund bestimmt dabei die gesetzlichen Rahmenbedingungen, die die Länder wiederum spezifizieren können. Das Bundesministerium für Gesundheit ist zuständiges Ministerium und hat sich mit anderen betroffenen Fachministerien (z.B. Justiz, Jugend) abzustimmen. Die meisten Bundesländer kennen weiterführende rechtliche Regelungen und verfügen in der Regel über spezifische Handlungsprogramme. Die Kommunen, Städte und Kreise sind für die Planung und Koordination vor Ort verantwortlich. Schwerpunkte liegen in der Prävention, der Behandlung, der Überlebenshilfe sowie der Angebotsreduzierung von Drogen und der Repression. Rechtsgrundlage der Drogen- und Suchtpolitik ist das Betäubungsmittelgesetz (BtmG). Weitere wichtige Gesetze stellen das Strafgesetzbuch (StGB) und das Strafvollzugsgesetz (StVollzG) dar. Für den Präventions- und Hilfebereich existieren weitere sozialrechtliche Regelungen. Neben stoffgebundenen Süchten sind auch nichtstoffgebundene Süchte, wie die Computerspielsucht oder das Glücksspiel von Bedeutung.

Der/die **Drogenbeauftragte der Bundesregierung** veröffentlicht (in der Regel) jährlich einen **Drogen- und Suchtbericht**, der empirische Daten zur Entwicklung des Drogenkonsums und der Suchtabhängigkeit enthält und über politische Aktivitäten der Bundesregierung berichtet.

www.drogenbeauftragte.de

Die **Deutsche Hauptstelle für Suchtfragen (DHS)** ist ein Zusammenschluss von regionalen oder bundesweit tätigen Verbänden und Institutionen der Suchthilfe und -prävention. Sie dient den Mitgliedern als Informations- und Kooperationsplattform. Die DHS stellt Informationsmaterialien bereit, unterhält ein Archiv, eine Bibliothek und bietet Hilfen bei der Literaturrecherche. Besonders praktisch sind die jeweils aktualisierten Literaturlisten zu ausgewählten Themen.

www.dhs.de

Analog zur DHS gibt es auch in den meisten Bundesländern zentrale Anlauf- und Koordinierungsstellen zu Fragen der Suchthilfe- und prävention sowie zudem Fach-, Forschungs- und Dokumentationsstellen. Zu erreichen am besten unter:

www.dhs.de/links.html

Die **Bundeszentrale für Gesundheitliche Aufklärung (BZgA)** ist eine Fachbehörde im Geschäftsbereich des Bundesministeriums für Gesundheit. Die Bezeichnung verweist bereits auf die Kernaufgabe der Gesundheitsaufklärung, -vorsorge und Gesunderhaltung. Die Präventionsprojekte und -kampagnen beziehen sich nicht zuletzt auf die Kindheits- und Jugendphase. Die BZgA bietet vielfältige Medien (u.a. Faltblätter, Broschüren, Audiovisuelle Medien) an, führt Kampagnen durch und beteiligt sich an wissenschaftlichen Forschungen.

www.bzga.de

8.4.3 Medienpädagogik

Die Medienpädagogik ist ein Teilgebiet der pädagogischen Fachwissenschaft, das sich besonders mit dem Einsatz und der Rezeption von Medien in pädagogischen Prozessen befasst. Im Zentrum der Medienpädagogik stehen das Verstehen, Beurteilen und Einordnen medialer Produkte.

Sowohl forschend als auch in der Entwicklung pädagogischer Modelle ist das **JFF- Institut für Medienpädagogik in Forschung und Praxis**, München, tätig. Es bietet Materialien, z.B. zu den Grundbegriffen der Medienpädagogik an, gibt die medienpädagogische Fachzeitschrift medien+erziehung (merz) heraus und ist mit flimmo in der Fernseh-Programmberatung für Eltern aktiv.

www.iff.de

Die **Gesellschaft für Medienpädagogik und Kommunikationskultur in der Bundesrepublik Deutschland** e.V. (GMK), Bielefeld, ist ein Zusammenschluss von Fachleuten aus den Bereichen Bildung, Kultur und Medien. Dieser medienpädagogische Fachverband stellt eine Kommunikations- und Kooperationsplattform für Institutionen und Einzelpersonen in der Medienpädagogik dar.

www.gmk-net.de

Der **Medienpädagogische Forschungsverbund Südwest (mpfs)** erhebt, dokumentiert und verbreitet Daten und Informationen zur Nutzung, Funktion, Wirkung und den Inhalten von Medien – regional für den Südwesten und bundesweit. Die Basisuntersuchungen JIM (Jugend, Information (Multi-)Me-

dia) und KIM (Kinder und Medien) bieten seit 1998 kontinuierlich repräsentatives Datenmaterial zur Mediennutzung von Kindern und Jugendlichen.
www.mpfs.de

Es gibt spezielle **Kinderseiten und Informationen für Kinder**. Die Webseite www.blinde-kuh.de hält ein reichhaltiges Angebot für Kinder, unter anderem eine eigene Suchmaschine bereit. Zudem finden sich Verlinkungen zu ausgewählten „Kinderseiten", die die Gewähr bieten für kindgerecht aufbereitete und für Kinder geeignete Informationen. Das Angebot eines sicheren Surfraums für Kinder hat sich in den vergangen Jahren unter der Adresse www.fragfinn.de etabliert.

8.4.4 Erzieherischer Jugendmedienschutz

Informationen über Medien, ihre Chancen und Risiken sowie entsprechende medienpädagogische Informationen werden von vielen Stellen für Eltern, Erziehungspersonen und ebenso für die jungen Menschen selbst angeboten.

Es empfiehlt sich die Webseiten der in Kapitel 6 vorgestellten **Aufsichtsinstitutionen und Selbstkontrollen** aufzusuchen (z.B. www.die-medienanstalten.de, www.kjm-online.de, www.jugendschutz.net, www.bpjm.de, ww.fsf.de, www.fsk.de, www.fsm.de, www.usk.de, www.automaten-selbstkontrolle.de). Einzelne Landesmedienanstalten haben eigene Veröffentlichungen zur Medienpädagogik oder unterstützen medienpädagogische Angebote wie www.internet-abc.de, www.flimmo.tv oder www.klicksafe.de.

An interessanten **Zeitschriften** sind z.B. zu nennen:

„**BPjM Aktuell**", ISSN 1611-3608. Das amtliche Mitteilungsblatt der BPjM kann sowohl als Printversion als auch (kostenlos) online abonniert werden.

tv-diskurs, ISSN 1433-9439. Die vierteljährlich erscheinenden Themenhefte werden von der FSF herausgegeben und sind über deren Webseite in elektronischer Form verfügbar.

Das **Hans-Bredow-Institut für Medienforschung** an der Universität Hamburg hat seit Jahren einen Forschungsschwerpunkt im Bereich des Jugendmedienschutzes und hat auch Evaluationen zu den Änderungen der Jugendschutzgesetzgebung durchgeführt.

http://www.hans-bredow-institut.de

Neben den Kernthemen der politischen Bildung bietet die **Bundeszentrale für politische Bildung (bpb)** didaktisch aufbereitete Informationen zum Urheberrecht, zum Computerspiel und zur Medienpädagogik an.

www.bpb.de

Vom Bundesministerium für Familie, Senioren, Frauen und Jugend ist ein **Zentrum für Kinderschutz im Internet** neu eingerichtet worden, das auf

Anregungen des sogenannten Dialog Internet zurückgreift und eine Fülle an Thesenpapieren und Vorschlägen in seiner Materialdatenbank anbietet.

www.dialog-internet.de

Die **öffentlichen Rundfunkanstalten (ARD, ZDF)** regulieren ihr Programmangebot mit eigenen Jugendschutz-Richtlinien. Für die Arbeitsgemeinschaft der Rundfunkanstalten Deutschlands (ARD) findet man Hinweise unter der Adresse www.ard.de/intern/rechtsgrundlagen. Ein breites Spektrum an weiteren Verweisen, u.a. auf einzelne Sender wie etwa auch den Kinderkanal, eröffnet sich über die Suchfunktion auf der Hauptseite www.ard.de unter den Stichworten: „Jugendschutz" und „Medienpädagogik". Beim ZDF kommt man zu einschlägigen Informationen über die „Unternehmensseite" und das dortige Verzeichnis A-Z z.B. Jugendschutz oder Medienforschung. www.unternehmen.zdf.de .

8.4.5 Gewaltprävention

Gewalt ist eine aggressive Form der verletzenden oder zerstörenden Einwirkung auf Personen, Tiere oder Gegenstände. Im Hinblick auf den Schutz von Kindern und Jugendlichen sind zum einen Gewaltdarstellungen in den Medien relevant. Sie können zu psychischen Beeinträchtigungen führen. Zum anderen sind Eltern, Pädagogen sowie Behörden und gesellschaftliche Institutionen und Organisationen durch konkrete Gewalthandlungen an jungen Menschen (Vernachlässigung, sexualisierte Gewalt) oder von ihnen ausgehend (Mobbing, Randale) herausgefordert. Man begegnet der Gewalt nicht nur durch Interventionen, sondern auch durch vielfältige Maßnahmen und Kampagnen der Gewaltprävention.

Als größtes außeruniversitäres Forschungsinstitut im Themenbereich Kindheit, Jugend und Familie befasst sich das **Deutsche Jugendinstitut (dji)** mit verschiedenen Schnittflächen zwischen Forschung, Politik und Praxis. Zur Gewalt- und Kriminalitätsprävention wurden Forschungsvorhaben durchgeführt und praktische Präventionsmodelle entwickelt. Das DJI verfügt über eine Forschungs- und Literaturdatenbank und stellt Berichte und Arbeitsmaterialien zur Verfügung.

www.dji.de

Das über viele Jahre im Bereich der Konfliktforschung und Friedenspädagogik tätige **Institut für Friedenspädagogik Tübingen** e.V. ist seit 2012 Teil der **Berghof Foundation** mit Sitz in Berlin.

www.berghof-foundation.org

Unter der Rubrik „Peace Education Resources" sowie in den verfügbaren weiteren Datenbanken finden sich Materialien und Publikationen zur Gewaltprävention.

Die Deutsche Vereinigung für Jugendgerichte und Jugendgerichtshilfen e.V. (DVJJ) ist ein Fachverband für Jugendhilfe und Jugendkriminalrecht und gibt die vierteljährlich erscheinende **Zeitschrift für Jugendkriminalrecht und Jugendhilfe (ZJJ)**, ISSN 1612-1864, heraus. Auch wenn der Umgang mit straffällig gewordenen jungen Menschen im Vordergrund steht, wird der Prävention auf den verschiedenen Ebenen breiter Raum gegeben.

8.4.6 Europa

Über die Aktivitäten der **Europäischen Union zu den audiovisuellen Medien** informiert die Seite

ec.europa.eu/avpolicy.

Im Rahmen der Aktivitäten der Europäischen Kommission, die als Safer Internet Programm geführt werden, ist auf die Seite

www.eukidsonline.net

hinzuweisen, auf der Medienforschung zum Internet mit Europabezug vorgestellt wird. Die Seite wird von der London School of Economics & Political Science gestaltet und ist englischsprachig.

2003 startete die Bundesarbeitsgemeinschaft Kinder- und Jugendschutz (BAJ) den Versuch, Jugendschutzinformationen über „Ferienländer" zusammenzutragen. Daraus ist ein eigenständiges Projekt erwachsen, das über **jugendschutzrechtliche Regelungen in Europa** informiert.

www.protection-of-minors.eu

Abkürzungsverzeichnis

ajs-Forum	Zeitschrift der Arbeitsgemeinschaft Kinder- und Jugendschutz, Landesarbeitsstelle Nordrhein-Westfalen
AlkopopStG	Alkopop-Steuergesetz
ARD	Arbeitsgemeinschaften der Rundfunkanstalten Deutschlands
ASK	Automaten-Selbst-Kontrolle-ASK
Aufl.	Auflage
BAGLJÄ	Bundesarbeitgemeinschaft der Landesjugendämter
BAJ	Bundesarbeitsgemeinschaft Kinder- und Jugendschutz
BGB	Bürgerliches Gesetzbuch
BGBl. I	Bundesgesetzblatt, Teil I (auch Teil II und III)
BMFSFJ	Bundesministerium für Familie, Senioren, Frauen und Jugend
BPjM	Bundesprüfstelle für jugendgefährdende Medien
BPjM-Aktuell	Mitteilungsblatt der BPjM
BPjS-Report	BPjS-Report (Zeitschrift)
BR	Bundesrat
BT	Bundestag, Deutscher Bundestag
BT-Drs.	Bundestags-Drucksache
BT-Verh.	Bundestags-Verhandlung (Stenografischer Bericht)
BtMG	Betäubungsmittelgesetz
CR	Computer und Recht (Zeitschrift)
d.h.	das heißt
DHS	Deutsche Hauptstelle für Suchtfragen
DVO-JuSchG	Durchführungsverordnung zum JuSchG
FSF	Freiwillige Selbstkontrolle Fernsehen
FSK	Freiwillige Selbstkontrolle der Filmwirtschaft
FSK-Grs.	FSK-Grundsätze
FSKJ	Freiwillige Selbstkontrolle der Filmwirtschaft, Jugendprüfung
FSM	Freiwillige Selbstkontrolle Multimedia-Diensteanbieter

GastG	Gaststättengesetz
GeBO-BPjM	Gebührenordnung der BPJM
GewO	Gewerbeordnung
GG	Grundgesetz
GjS	Gesetz über die Verbreitung jugendgefährdender Schriften
GjS-DVO	Durchführungverordnung zum GjS
GjSM	Gesetz über die Verbreitung jugendgefährdender Schriften u. Medieninhalte
HeilWerbG	Heilmittelwerbegesetz
Hrsg.	Herausgeber/in, herausgegeben
Hs.	Hauptsatz
ICRA	Internet Content Rating Association
IuKDG	Informations-und Kommunikationsdienste-Gesetz
JArbSchG	Jugendarbeitsschutzgesetz
JK	Juristenkommission der SPIO
JMS-Report	Jugendmedienschutz-Report (Zeitschrift)
JMStV	Jugendmedienschutz-Staatsvertrag
JÖSchG	Gesetz zum Schutze der Jugend in der Öffentlichkeit
JuSchG	Jugendschutzgesetz
JuSchRiL	Jugendschutz-Richtlinien
JSS	Jugendschutzsatzung
KindArbSchV	Kinderarbeitsschutzverordnung
KJug	Kinder- und Jugendschutz in Wissenschaft und Praxis (Zeitschrift, vormals : Kind Jugend Gesellschaft)
KJHG	Gesetz zur Neuordnung des Kinder- und Jugendhilferechts
KJM	Kommission für Jugendmedienschutz
Merz	Medien und Erziehung (Zeitschrift)
NiSG	Gesetz zum Schutz v. nichtion. Strahlung b. d. Anwendung am Menschen
OLJB	Oberste Landesjugendbehörde
OWiG	Gesetz über Ordnungswidrigkeiten
PEGI	Pan-european Game Information
pro jugend	Zeitschrift der Aktion Jugendschutz Bayern
RGBl.	Reichsgesetzblatt
Rn	Randnummer

RdJB	Recht der Jugend und des Bildungswesens (Zeitschrift)
RelKErzG	Gesetz über die religiöse Kindererziehung
Rz	Randziffer
S	Satz, Seite
SGB I	Sozialgesetzbuch, Erstes Buch: Allgemeiner Teil
SGB VIII	Sozialgesetzbuch, Achtes Buch: Kinder- und Jugendhilfe (das Einführungsgesetz heißt KJHG)
s.o.	siehe oben
s.u.	siehe unten
sog.	sogenannte
SpielV	Spielverordnung
SPIO	Spitzenorganisation der Filmwirtschaft
StGB	Strafgesetzbuch
TDG	Teledienstegesetz
Thema Jugend	Zeitschrift für Jugendschutz und Erziehung (der Katholischen Landesarbeitsgemeinschaft Kinder- und Jugendschutz Nordrhein-Westfalen)
TKG	Telekommunikationsgesetz
u.a.	und andere
u.a.O.	und andere Orte
überarb.	überarbeitet(e)
UrhG	Urheberrechtsgesetz
USK	Unterhaltungssoftware Selbstkontrolle
UWG	Gesetz gegen den unlauteren Wettbewerb
V	Verordnung
vgl.	vergleiche
VTabakG	Vorläufiges Tabakgesetz
z.B.	zum Beispiel
ZDF	Zweites Deutsches Fernsehen
ZfR	Zentralblatt für Jugendrecht
ZJJ	Zeitschrift für Jugendkriminalrecht und Jugendhilfe
ZKJ	Zcitschrift für Kindschaftsrecht und Jugendhilfe
z.T.	zum Teil
zugl.	zugleich

Abbildungsverzeichnis
(Grafiken und Übersichten)

Abbildung 1:	Ordnungsbilder	19
Abbildung 2:	Handlungsarten	26
Abbildung 3:	Schutzsphären	28
Abbildung 4:	Begriffliche Entwicklungslinien	34
Abbildung 5:	Rechtliche Entwicklungen	38
Abbildung 6:	Medienkontrolle in Deutschland	55
Abbildung 7:	Altersgruppen	70
Abbildung 8:	Altersregelungen für Gaststätten, Tanzveranstaltungen, Spielhallen	82
Abbildung 9:	Umfang des Öffentlichkeitsbegriffs	87
Abbildung 10:	Altersregelungen Filmveranstaltungen	95
Abbildung 11:	Alterskennzeichnungen ASK, FSK und USK	103
Abbildung 12:	Umgang mit Alkohol und Tabak	106

Die Abbildungen 8, 10 und 12 fanden bereits in Nikles/Roll/Spürck/Erdemir/ Gutknecht, Jugendschutzrecht 2011 Verwendung.

Literaturverzeichnis

Baum, Detlef (2000): Struktureller Kinder- und Jugendschutz. In: Kind, Jugend, Gesellschaft. Zeitschrift für Jugendschutz, S. 3-8.
Bienemann, Georg; Hasebrink, Marianne; Nikles, Bruno W. (Hrsg.) (1995): Handbuch des Kinder- und Jugendschutzes. Münster.
Buchloh, Stephan (2002): „Pervers, jugendgefährdend, staatsfeindlich". Zensur in der Ära Adenauer als Spiegel des gesellschaftlichen Klimas. Frankfurt a. M.
Carlhoff, Hans-Werner (1993): Erzieherischer Kinder- und Jugendschutz. In: W. Gernert (Hrsg.), Das Kinder- und Jugendhilfegesetz 1993. Anspruch und praktische Umsetzung; eine Einführung in das Achte Buch Sozialgesetzbuch (SGB VIII) (S. 94-98). Stuttgart u.a. O.: Boorberg.
Gernert, Wolfgang; Stoffers, Manfred (1993): Das Gesetz zum Schutze der Jugend in der Öffentlichkeit. Kommentar. Düsseldorf.
Gutknecht, Sebastian/ Roll, Sigmar (2011): Umgang mit Jugendschutzbestimmungen im schulischen Alltag In: Kinder- und Jugendschutz in Wissenschaft und Praxis, S. 86-89.
Grundthesen zu einem neuen Jugendhilferecht. Deutscher Verein für öffentliche und private Fürsorge. In: Nachrichtendienst des Deutschen Vereins Nr. 6 1971, S.152-153.
Hellwig, Albert (1927): Jugendschutz gegen Schundliteratur: Gesetz zur Bewahrung der Jugend vor Schund- und Schmutzschriften vom 18.12.1926. Berlin.
Kirchhof, Gregor (2007): Kinderrechte in der Verfassung – zur Diskussion einer Grundgesetzänderung in: ZRP, S. 149-153.
Lampert, Claudia (2008): Nur eine Frage des Alters? Anmerkungen zur jugendschutzrechtlichen Altersfreigaberegelung. In: Kinder- und Jugendschutz in Wissenschaft und Praxis, S. 33-36.
Münder, Johannes u.a. (1988): Frankfurter Kommentar zum Gesetz für Jugendwohlfahrt. 4. überarb. Aufl. Weinheim.
Nikles, Bruno W. (2011): Die Kommentierung des Jugendschutzrechts – eine Chronologie. In: Kinder- und Jugendschutz in Wissenschaft und Praxis, S. 125-131.
Nikles, Bruno W. ; Baum, Detlef (2001): Vom ordnungsrechtlichen zum erzieherischen Jugendschutz. In: Lebenslanges Lernen. Festschrift für Franz Fippinger. Landau 2001, S. 105-124.
Nikles, Bruno W.; Roll, Sigmar; Spürck, Dieter; Umbach, Klaus (2005): Jugendschutzrecht. 2. überarb. u. erw. Aufl. München (1. Aufl. 2003).
Nikles, Bruno W.; Roll, Sigmar; Spürck, Dieter; Erdemir, Murad; Gutknecht, Sebastian (2011): Jugendschutzrecht. Kommentar zum Jugendschutzgesetz (JuSchG) und zum Jugendmedienschutz-Staatsvertrag (JMStV) mit auszugsweiser Kommentierung des Strafgesetzbuches (StGB) sowie weiterer Bestimmungen zum Jugendschutz. 3., neu gestalt. u. überarb. Aufl. München.

Oerter, Rolf (Hrsg.) (2008): Entwicklungspsychologie. 6. vollst. überarb. Aufl. Weinheim u. Basel.

Palandt, Otto (Hrsg) (2012): Bürgerliches Gesetzbuch. 71. neubearb. Aufl. München

Präventiver Kinder- und Jugendschutz. Gesamtkonzept. (2007) . Zentrum Bayern Familie und Soziales. Bayerisches Landesjugendamt (Hrsg.). München

Rohlfing, Theodor; Schraut, Rudolf (1944): Jugendschutzgesetz. Gesetz über Kinderarbeit und über die Arbeitszeit der Jugendlichen nebst Ausführungsverordnung. Textausgabe mit Amtlicher Begründung nebst systematischer Einleitung einschließlich des Jugendschutzes im Kriege. 3. erw. Aufl. Berlin.

Schelsky, Helmut (1952): Arbeitslosigkeit und Berufsnot der Jugend. Köln 1952.

Schmälzle, Udo (1995): Kindeswohl und ethische Orientierungen In: Handbuch des Kinder- und Jugendschutzes: Hrsg. von Georg Bienemann, Georg ; Marianne Hasebrink, Bruno W. Nikles. Münster, S. 19-23.

Stellungnahme der Bundesarbeitsgemeinschaft Aktion Jugendschutz zu einem Entwurf eines Sozialgesetzbuches – Jugendhilfe – soweit es den Jugendschutz betrifft. Mainz, 10.11.1988. Manuskript 11 Seiten.

Struck, Norbert (2012): Der Weg zum Bundeskinderschutzgesetz. In: Sozialgesetzbuch VIII auf dem Stand des Bundeskinderschutzgesetzes. Gesamttext und Begründungen. Herausgg. von der Arbeitsgemeinschaft für Kinder- und Jugendhilfe. 18. Aufl., Berlin, S. 7-22.

Thoma, Anselm Christian (2008): Regulierte Selbstregulierung im Ordnungsverwaltungsrecht. Berlin

Wiesner, Reinhard (2006): SGB VIII – Kinder- und Jugendhilfe. Kommentar. 3. überarb. Aufl. München [4. Aufl. 2011].

Textfassung des Jugendschutzgesetzes (JuSchG)

(Vom 23. Juli 2002 – BGBl. 2002, Teil I, S. 2730, zuletzt geändert durch Art. 3 Abs. 1 des Gesetzes zur Umsetzung des Rahmenbeschlusses des Rates der Europäischen Union zur Bekämpfung der sexuellen Ausbeutung von Kindern und der Kinderpornographie vom 31.10.2008 – BGBl. 2008, Teil I, S. 2149)

Der Bundestag hat mit Zustimmung des Bundesrats folgendes Gesetz beschlossen:

Abschnitt 1
Allgemeines

§ 1 Begriffsbestimmungen

(1) Im Sinne dieses Gesetzes
1. sind Kinder Personen, die noch nicht 14 Jahre alt sind,
2. sind Jugendliche Personen, die 14, aber noch nicht 18 Jahre alt sind,
3. ist personensorgeberechtigte Person, wem allein oder gemeinsam mit einer anderen Person nach den Vorschriften des Bürgerlichen Gesetzbuchs die Personensorge zusteht,
4. ist erziehungsbeauftragte Person, jede Person über 18 Jahren, soweit sie auf Dauer oder zeitweise aufgrund einer Vereinbarung mit der personensorgeberechtigten Person Erziehungsaufgaben wahrnimmt oder soweit sie ein Kind oder eine jugendliche Person im Rahmen der Ausbildung oder der Jugendhilfe betreut.

(2) Trägermedien im Sinne dieses Gesetzes sind Medien mit Texten, Bildern oder Tönen auf gegenständlichen Trägern, die zur Weitergabe geeignet, zur unmittelbaren Wahrnehmung bestimmt oder in einem Vorführ- oder Spielgerät eingebaut sind. Dem gegenständlichen Verbreiten, Überlassen, Anbieten oder Zugänglichmachen von Trägermedien steht das elektronische Verbreiten, Überlassen, Anbieten oder Zugänglichmachen gleich, soweit es sich nicht um Rundfunk im Sinne des § 2 des Rundfunkstaatsvertrages handelt.

(3) Telemedien im Sinne dieses Gesetzes sind Medien, die nach dem Telemediengesetz übermittelt oder zugänglich gemacht werden. Als Übermitteln oder Zugänglichmachen im Sinne von Satz 1 gilt das Bereithalten eigener oder fremder Inhalte.

(4) Versandhandel im Sinne dieses Gesetzes ist jedes entgeltliche Geschäft, das im Wege der Bestellung und Übersendung einer Ware durch Postversand oder elektronischen Versand ohne persönlichen Kontakt zwischen Lieferant und Besteller oder ohne dass durch technische oder sonstige Vorkehrungen sichergestellt ist, dass kein Versand an Kinder und Jugendliche erfolgt, vollzogen wird.

(5) Die Vorschriften der §§ 2 bis 14 dieses Gesetzes gelten nicht für verheiratete Jugendliche.

§ 2 Prüfungs- und Nachweispflicht

(1) Soweit es nach diesem Gesetz auf die Begleitung durch eine erziehungsbeauftragte Person ankommt, haben die in § 1 Abs. 1 Nr. 4 genannten Personen ihre Berechtigung auf Verlangen darzulegen. Veranstalter und Gewerbetreibende haben in Zweifelsfällen die Berechtigung zu überprüfen.

(2) Personen, bei denen nach diesem Gesetz Altersgrenzen zu beachten sind, haben ihr Lebensalter auf Verlangen in geeigneter Weise nachzuweisen. Veranstalter und Gewerbetreibende haben in Zweifelsfällen das Lebensalter zu überprüfen.

§ 3 Bekanntmachung der Vorschriften

(1) Veranstalter und Gewerbetreibende haben die nach den §§ 4 bis 13 für ihre Betriebseinrichtungen und Veranstaltungen geltenden Vorschriften sowie bei öffentlichen Filmveranstaltungen die Alterseinstufung von Filmen oder die Anbieterkennzeichnung nach § 14 Abs. 7 durch deutlich sichtbaren und gut lesbaren Aushang bekannt zu machen.

(2) Zur Bekanntmachung der Alterseinstufung von Filmen und von Film- und Spielprogrammen dürfen Veranstalter und Gewerbetreibende nur die in § 14 Abs. 2 genannten Kennzeichnungen verwenden. Wer einen Film für öffentliche Filmveranstaltungen weitergibt, ist verpflichtet, den Veranstalter bei der Weitergabe auf die Alterseinstufung oder die Anbieterkennzeichnung nach § 14 Abs. 7 hinzuweisen. Für Filme, Film- und Spielprogramme, die nach § 14 Abs. 2 von der obersten Landesbehörde oder einer Organisation der freiwilligen Selbstkontrolle im Rahmen des Verfahrens nach § 14 Abs. 6 gekennzeichnet sind, darf bei der Ankündigung oder Werbung weder auf jugendbeeinträchtigende Inhalte hingewiesen werden noch darf die Ankündigung oder Werbung in jugendbeeinträchtigender Weise erfolgen.

Abschnitt 2
Jugendschutz in der Öffentlichkeit

§ 4 Gaststätten

(1) Der Aufenthalt in Gaststätten darf Kindern und Jugendlichen unter 16 Jahren nur gestattet werden, wenn eine personensorgeberechtigte oder erziehungsbeauftragte Person sie begleitet oder wenn sie in der Zeit zwischen 5 Uhr und 23 Uhr eine Mahlzeit oder ein Getränk einnehmen. Jugendlichen ab 16 Jahren darf der Aufenthalt in Gaststätten ohne Begleitung einer personensorgeberechtigten oder erziehungsbeauftragten Person in der Zeit von 24 Uhr und 5 Uhr morgens nicht gestattet werden.

(2) Absatz 1 gilt nicht, wenn Kinder oder Jugendliche an einer Veranstaltung eines anerkannten Trägers der Jugendhilfe teilnehmen oder sich auf Reisen befinden.

(3) Der Aufenthalt in Gaststätten, die als Nachtbar oder Nachtclub geführt werden, und in vergleichbaren Vergnügungsbetrieben darf Kindern und Jugendlichen nicht gestattet werden.

(4) Die zuständige Behörde kann Ausnahmen von Absatz 1 genehmigen.

§ 5 Tanzveranstaltungen

(1) Die Anwesenheit bei öffentlichen Tanzveranstaltungen ohne Begleitung einer personensorgeberechtigten oder erziehungsbeauftragten Person darf Kindern und Jugendlichen unter 16 Jahren nicht und Jugendlichen ab 16 Jahren längstens bis 24 Uhr gestattet werden.

(2) Abweichend von Absatz 1 darf die Anwesenheit Kindern bis 22 Uhr und Jugendlichen unter 16 Jahren bis 24 Uhr gestattet werden, wenn die Tanzveranstaltung von einem anerkannten Träger der Jugendhilfe durchgeführt wird oder der künstlerischen Betätigung oder der Brauchtumspflege dient.

(3) Die zuständige Behörde kann Ausnahmen genehmigen.

§ 6 Spielhallen, Glücksspiele

(1) Die Anwesenheit in öffentlichen Spielhallen oder ähnlichen vorwiegend dem Spielbetrieb dienenden Räumen darf Kindern und Jugendlichen nicht gestattet werden.

(2) Die Teilnahme an Spielen mit Gewinnmöglichkeit in der Öffentlichkeit darf Kindern und Jugendlichen nur auf Volksfesten, Schützenfesten, Jahrmärkten, Spezialmärkten oder ähnlichen Veranstaltungen und nur unter der Voraussetzung gestattet werden, dass der Gewinn in Waren von geringem Wert besteht.

§ 7 Jugendgefährdende Veranstaltungen und Betriebe

Geht von einer öffentlichen Veranstaltung oder einem Gewerbebetrieb eine Gefährdung für das körperliche, geistige oder seelische Wohl von Kindern oder Jugendlichen aus, so kann die zuständige Behörde anordnen, dass der Veranstalter oder Gewerbetreibende Kindern und Jugendlichen die Anwesenheit nicht gestatten darf. Die Anordnung kann Altersbegrenzungen, Zeitbegrenzungen oder andere Auflagen enthalten, wenn dadurch die Gefährdung ausgeschlossen oder wesentlich gemindert wird.

§ 8 Jugendgefährdende Orte

Hält sich ein Kind oder eine jugendliche Person an einem Ort auf, an dem ihm oder ihr eine unmittelbare Gefahr für das körperliche, geistige oder seelische Wohl droht, so hat die zuständige Behörde oder Stelle die zur Abwendung der Gefahr erforderlichen Maßnahmen zu treffen. Wenn nötig, hat sie das Kind oder die jugendliche Person
1. zum Verlassen des Ortes anzuhalten,
2. der erziehungsberechtigten Person im Sinne des § 7 Abs. 1 Nr. 6 des Achten Buches Sozialgesetzbuch zuzuführen oder, wenn keine erziehungsberechtigte Person erreichbar ist, in die Obhut des Jugendamtes zu bringen.

In schwierigen Fällen hat die zuständige Behörde oder Stelle das Jugendamt über den jugendgefährdenden Ort zu unterrichten.

§ 9 Alkoholische Getränke

(1) In Gaststätten, Verkaufsstellen oder sonst in der Öffentlichkeit dürfen

1. Branntwein, branntweinhaltige Getränke oder Lebensmittel, die Branntwein in nicht nur geringfügiger Menge enthalten, an Kinder und Jugendliche,
2. andere alkoholische Getränke an Kinder und Jugendliche unter 16 Jahren weder abgegeben noch darf ihnen der Verzehr gestattet werden.

(2) Absatz 1 Nr. 2 gilt nicht, wenn Jugendliche von einer personensorgeberechtigten Person begleitet werden.

(3) In der Öffentlichkeit dürfen alkoholische Getränke nicht in Automaten angeboten werden. Dies gilt nicht, wenn ein Automat
1. an einem für Kinder und Jugendliche unzugänglichen Ort aufgestellt ist oder
2. in einem gewerblich genutzten Raum aufgestellt und durch technische Vorrichtungen oder durch ständige Aufsicht sichergestellt ist, dass Kinder und Jugendliche alkoholische Getränke nicht entnehmen können.
§ 20 Nr. 1 des Gaststättengesetzes bleibt unberührt.

(4) Alkoholhaltige Süßgetränke im Sinne des § 1 Abs. 2 und 3 des Alkopopsteuergesetzes dürfen gewerbsmäßig nur mit dem Hinweis „Abgabe an Personen unter 18 Jahren verboten, § 9 Jugendschutzgesetz" in den Verkehr gebracht werden. Dieser Hinweis ist auf der Fertigpackung in der gleichen Schriftart und in der gleichen Größe und Farbe wie die Marken- oder Phantasienamen oder, soweit nicht vorhanden, wie die Verkehrsbezeichnung zu halten und bei Flaschen auf dem Frontetikett anzubringen.

§ 10 Rauchen in der Öffentlichkeit, Tabakwaren

(1) In Gaststätten, Verkaufsstellen oder sonst in der Öffentlichkeit dürfen Tabakwaren an Kinder oder Jugendliche weder abgegeben noch darf ihnen das Rauchen gestattet werden.

(2) In der Öffentlichkeit dürfen Tabakwaren nicht in Automaten angeboten werden. Dies gilt nicht, wenn ein Automat
1. an einem Kindern und Jugendlichen unzugänglichen Ort aufgestellt ist oder
2. durch technische Vorrichtungen oder durch ständige Aufsicht sichergestellt ist, dass Kinder und Jugendliche Tabakwaren nicht entnehmen können.

Abschnitt 3
Jugendschutz im Bereich der Medien

Unterabschnitt 1
Trägermedien

§ 11 Filmveranstaltungen

(1) Die Anwesenheit bei öffentlichen Filmveranstaltungen darf Kindern und Jugendlichen nur gestattet werden, wenn die Filme von der obersten Landesbehörde oder einer Organisation der freiwilligen Selbstkontrolle im Rahmen des Verfahrens nach § 14 Abs. 6 zur Vorführung vor ihnen freigegeben worden sind oder wenn es sich um Informations-, Instruktions- und Lehrfilme handelt, die vom Anbieter mit „Infoprogramm" oder „Lehrprogramm" gekennzeichnet sind.

(2) Abweichend von Absatz 1 darf die Anwesenheit bei öffentlichen Filmveranstaltungen mit Filmen, die für Kinder und Jugendliche ab zwölf Jahren freigegeben und gekennzeichnet sind, auch Kindern ab sechs Jahren gestattet werden, wenn sie von einer personensorgeberechtigten Person begleitet sind.

(3) Unbeschadet der Voraussetzungen des Absatzes 1 darf die Anwesenheit bei öffentlichen Filmveranstaltungen nur mit Begleitung einer personensorgeberechtigten oder erziehungsbeauftragten Person gestattet werden
1. Kindern unter sechs Jahren,
2. Kindern ab sechs Jahren, wenn die Vorführung nach 20 Uhr beendet ist,
3. Jugendlichen unter 16 Jahren, wenn die Vorführung nach 22 Uhr beendet ist,
4. Jugendlichen ab 16 Jahren, wenn die Vorführung nach 24 Uhr beendet ist.

(4) Die Absätze 1 bis 3 gelten für die öffentliche Vorführung von Filmen unabhängig von der Art der Aufzeichnung und Wiedergabe. Sie gelten auch für Werbevorspanne und Beiprogramme. Sie gelten nicht für Filme, die zu nichtgewerblichen Zwecken hergestellt werden, solange die Filme nicht gewerblich genutzt werden.

(5) Werbefilme oder Werbeprogramme, die für Tabakwaren oder alkoholische Getränke werben, dürfen unbeschadet der Voraussetzungen der Absätze 1 bis 4 nur nach 18 Uhr vorgeführt werden.

§ 12 Bildträger mit Filmen oder Spielen

(1) Bespielte Videokassetten und andere zur Weitergabe geeignete, für die Wiedergabe auf oder das Spiel an Bildschirmgeräten mit Filmen oder Spielen programmierte Datenträger (Bildträger) dürfen einem Kind oder einer jugendlichen Person in der Öffentlichkeit nur zugänglich gemacht werden, wenn die Programme von der obersten Landesbehörde oder einer Organisation der freiwilligen Selbstkontrolle im Rahmen des Verfahrens nach § 14 Abs. 6 für ihre Altersstufe freigegeben und gekennzeichnet worden sind oder wenn es sich um Informations-, Instruktions- und Lehrprogramme handelt, die vom Anbieter mit „Infoprogramm" oder „Lehrprogramm" gekennzeichnet sind.

(2) Auf die Kennzeichnungen nach Absatz 1 ist auf dem Bildträger und der Hülle mit einem deutlich sichtbaren Zeichen hinzuweisen. Das Zeichen ist auf der Frontseite der Hülle links unten auf einer Fläche von mindestens 1.200 Quadratmillimetern und dem Bildträger auf einer Fläche von mindestens 250 Quadratmillimetern anzubringen. Die oberste Landesbehörde kann
1. Näheres über Inhalt, Größe, Form, Farbe und Anbringung der Zeichen anordnen und
2. Ausnahmen für die Anbringung auf dem Bildträger oder der Hülle genehmigen.
Anbieter von Telemedien, die Filme, Film- und Spielprogramme verbreiten, müssen auf eine vorhandene Kennzeichnung in ihrem Angebot deutlich hinweisen.

(3) Bildträger, die nicht oder mit „Keine Jugendfreigabe" nach § 14 Abs. 2 von der obersten Landesbehörde oder einer Organisation der freiwilligen Selbstkontrolle im Rahmen des Verfahrens nach § 14 Abs. 6 oder nach § 14 Abs. 7 vom Anbieter gekennzeichnet sind, dürfen

1. einem Kind oder einer jugendlichen Person nicht angeboten, überlassen oder sonst zugänglich gemacht werden,
2. nicht im Einzelhandel außerhalb von Geschäftsräumen, in Kiosken oder anderen Verkaufsstellen, die Kunden nicht zu betreten pflegen, oder im Versandhandel angeboten oder überlassen werden.

(4) Automaten zur Abgabe bespielter Bildträger dürfen
1. auf Kindern oder Jugendlichen zugänglichen öffentlichen Verkehrsflächen,
2 außerhalb von gewerblich oder in sonstiger Weise beruflich oder geschäftlich genutzten Räumen oder
3. in deren unbeaufsichtigten Zugängen, Vorräumen oder Fluren

nur aufgestellt werden, wenn ausschließlich nach § 14 Abs. 2 Nr. 1 bis 4 gekennzeichnete Bildträger angeboten werden und durch technische Vorkehrungen gesichert ist, dass sie von Kindern und Jugendlichen, für deren Altersgruppe ihre Programme nicht nach § 14 Abs. 2 Nr. 1 bis 4 freigegeben sind, nicht bedient werden können.

(5) Bildträger, die Auszüge von Film- und Spielprogrammen enthalten, dürfen abweichend von den Absätzen 1 und 3 im Verbund mit periodischen Druckschriften nur vertrieben werden, wenn sie mit einem Hinweis des Anbieters versehen sind, der deutlich macht, dass eine Organisation der freiwilligen Selbstkontrolle festgestellt hat, dass diese Auszüge keine Jugendbeeinträchtigungen enthalten. Der Hinweis ist sowohl auf der periodischen Druckschrift als auch auf dem Bildträger vor dem Vertrieb mit einem deutlich sichtbaren Zeichen anzubringen. § 12 Absatz 2 Satz 1 bis 3 gilt entsprechend. Die Berechtigung nach Satz 1 kann die oberste Landesbehörde für einzelne Anbieter ausschließen.

§ 13 Bildschirmspielgeräte

(1) Das Spielen an elektronischen Bildschirmspielgeräten ohne Gewinnmöglichkeit, die öffentlich aufgestellt sind, darf Kindern und Jugendlichen ohne Begleitung einer personensorgeberechtigten oder erziehungsbeauftragten Person nur gestattet werden, wenn die Programme von der obersten Landesbehörde oder einer Organisation der freiwilligen Selbstkontrolle im Rahmen des Verfahrens nach § 14 Abs. 6 für ihre Altersstufe freigegeben und gekennzeichnet worden sind oder wenn es sich um Informations-, Instruktions- oder Lehrprogramme handelt, die vom Anbieter mit „Infoprogramm" oder „Lehrprogramm" gekennzeichnet sind.

(2) Elektronische Bildschirmspielgeräte dürfen
1. auf Kindern oder Jugendlichen zugänglichen öffentlichen Verkehrsflächen,
2. außerhalb von gewerblich oder in sonstiger Weise beruflich oder geschäftlich genutzten Räumen oder
3. in deren unbeaufsichtigten Zugängen, Vorräumen oder Fluren

nur aufgestellt werden, wenn ihre Programme für Kinder ab sechs Jahren freigegeben und gekennzeichnet oder nach § 14 Abs. 7 mit „Infoprogramm" oder „Lehrprogramm" gekennzeichnet sind.

(3) Auf das Anbringen der Kennzeichnungen auf Bildschirmspielgeräten findet § 12 Abs. 2 Satz 1 bis 3 entsprechende Anwendung.

§ 14 Kennzeichnung von Filmen und Film- und Spielprogrammen

(1) Filme sowie Film- und Spielprogramme, die geeignet sind, die Entwicklung von Kindern und Jugendlichen oder ihre Erziehung zu einer eigenverantwortlichen und gemeinschaftsfähigen Persönlichkeit zu beeinträchtigen, dürfen nicht für ihre Altersstufe freigegeben werden.

(2) Die oberste Landesbehörde oder eine Organisation der freiwilligen Selbstkontrolle im Rahmen des Verfahrens nach Absatz 6 kennzeichnet die Filme und die Film- und Spielprogramme mit
1. „Freigegeben ohne Altersbeschränkung",
2. „Freigegeben ab sechs Jahren",
3. „Freigegeben ab zwölf Jahren",
4. „Freigegeben ab sechzehn Jahren",
5. „Keine Jugendfreigabe".

(3) Hat ein Trägermedium nach Einschätzung der obersten Landesbehörde oder einer Organisation der freiwilligen Selbstkontrolle im Rahmen des Verfahrens nach Absatz 6 einen der in § 15 Abs. 2 Nr. 1 bis 5 bezeichneten Inhalte oder ist es in die Liste nach § 18 aufgenommen, wird es nicht gekennzeichnet. Die oberste Landesbehörde hat Tatsachen, die auf einen Verstoß gegen § 15 Abs. 1 schließen lassen, der zuständigen Strafverfolgungsbehörde mitzuteilen.

(4) Ist ein Programm für Bildträger oder Bildschirmspielgeräte mit einem in die Liste nach § 18 aufgenommenen Trägermedium ganz oder im Wesentlichen inhaltsgleich, wird es nicht gekennzeichnet. Das Gleiche gilt, wenn die Voraussetzungen für eine Aufnahme in die Liste vorliegen. In Zweifelsfällen führt die oberste Landesbehörde oder eine Organisation der freiwilligen Selbstkontrolle im Rahmen des Verfahrens nach Absatz 6 eine Entscheidung der Bundesprüfstelle für jugendgefährdende Medien herbei.

(5) Die Kennzeichnungen von Filmprogrammen für Bildträger und Bildschirmspielgeräte gelten auch für die Vorführung in öffentlichen Filmveranstaltungen und für die dafür bestimmten, inhaltsgleichen Filme. Die Kennzeichnungen von Filmen für öffentliche Filmveranstaltungen können auf inhaltsgleiche Filmprogramme für Bildträger und Bildschirmspielgeräte übertragen werden; Absatz 4 gilt entsprechend.

(6) Die obersten Landesbehörden können ein gemeinsames Verfahren für die Freigabe und Kennzeichnung der Filme sowie Film- und Spielprogramme auf der Grundlage der Ergebnisse der Prüfung durch von Verbänden der Wirtschaft getragene oder unterstützte Organisationen freiwilliger Selbstkontrolle vereinbaren. Im Rahmen dieser Vereinbarung kann bestimmt werden, dass die Freigaben und Kennzeichnungen durch eine Organisation der freiwilligen Selbstkontrolle Freigaben und Kennzeichnungen der obersten Landesbehörden aller Länder sind, soweit nicht eine oberste Landesbehörde für ihren Bereich eine abweichende Entscheidung trifft.

(7) Filme, Film- und Spielprogramme zu Informations-, Instruktions- oder Lehrzwecken dürfen vom Anbieter mit „Infoprogramm" oder „Lehrprogramm" nur gekennzeichnet werden, wenn sie offensichtlich nicht die Entwicklung oder Erziehung von Kindern und Jugendlichen beeinträchtigen. Die Absätze 1 bis 5 finden keine Anwendung. Die oberste Landesbehörde kann das Recht zur Anbieterkennzeichnung für ein-

zelne Anbieter oder für besondere Film- und Spielprogramme ausschließen und durch den Anbieter vorgenommene Kennzeichnungen aufheben.

(8) Enthalten Filme, Bildträger oder Bildschirmspielgeräte neben den zu kennzeichnenden Film- oder Spielprogrammen Titel, Zusätze oder weitere Darstellungen in Texten, Bildern oder Tönen, bei denen in Betracht kommt, dass sie die Entwicklung oder Erziehung von Kindern oder Jugendlichen beeinträchtigen, so sind diese bei der Entscheidung über die Kennzeichnung mit zu berücksichtigen.

§ 15 Jugendgefährdende Trägermedien

(1) Trägermedien, deren Aufnahme in die Liste jugendgefährdender Medien nach § 24 Abs. 3 Satz 1 bekannt gemacht ist, dürfen nicht
1. einem Kind oder einer jugendlichen Person angeboten, überlassen oder sonst zugänglich gemacht werden,
2. an einem Ort, der Kindern oder Jugendlichen zugänglich ist oder von ihnen eingesehen werden kann, ausgestellt, angeschlagen, vorgeführt oder sonst zugänglich gemacht werden,
3. im Einzelhandel außerhalb von Geschäftsräumen, in Kiosken oder anderen Verkaufsstellen, die Kunden nicht zu betreten pflegen, im Versandhandel oder in gewerblichen Leihbüchereien oder Lesezirkeln einer anderen Person angeboten oder überlassen werden,
4. im Wege gewerblicher Vermietung oder vergleichbarer gewerblicher Gewährung des Gebrauchs, ausgenommen in Ladengeschäften, die Kindern und Jugendlichen nicht zugänglich sind und von ihnen nicht eingesehen werden können, einer anderen Person angeboten oder überlassen werden,
5. im Wege des Versandhandels eingeführt werden,
6. öffentlich an einem Ort, der Kindern oder Jugendlichen zugänglich ist oder von ihnen eingesehen werden kann, oder durch Verbreiten von Träger- oder Telemedien außerhalb des Geschäftsverkehrs mit dem einschlägigen Handel angeboten, angekündigt oder angepriesen werden,
7. hergestellt, bezogen, geliefert, vorrätig gehalten oder eingeführt werden, um sie oder aus ihnen gewonnene Stücke im Sinne der Nummern 1 bis 6 zu verwenden oder einer anderen Person eine solche Verwendung zu ermöglichen.

(2) Den Beschränkungen des Absatzes 1 unterliegen, ohne dass es einer Aufnahme in die Liste und einer Bekanntmachung bedarf, schwer jugendgefährdende Trägermedien, die
1. einen der in § 86, § 130, § 130a, § 131, § 184, § 184a, § 184b oder § 184c des Strafgesetzbuches bezeichneten Inhalte haben,
2. den Krieg verherrlichen,
3. Menschen, die sterben oder schweren körperlichen oder seelischen Leiden ausgesetzt sind oder waren, in einer die Menschenwürde verletzenden Weise darstellen und ein tatsächliches Geschehen wiedergeben, ohne dass ein überwiegendes berechtigtes Interesse gerade an dieser Form der Berichterstattung vorliegt,
3a. besonders realistische, grausame und reißerische Darstellungen selbstzweckhafter Gewalt beinhalten, die das Geschehen beherrschen,
4. Kinder oder Jugendliche in unnatürlicher, geschlechtsbetonter Körperhaltung darstellen oder

5. offensichtlich geeignet sind, die Entwicklung von Kindern oder Jugendlichen oder ihre Erziehung zu einer eigenverantwortlichen und gemeinschaftsfähigen Persönlichkeit schwer zu gefährden.

(3) Den Beschränkungen des Absatzes 1 unterliegen auch, ohne dass es einer Aufnahme in die Liste und einer Bekanntmachung bedarf, Trägermedien, die mit einem Trägermedium, dessen Aufnahme in die Liste bekannt gemacht ist, ganz oder im Wesentlichen inhaltsgleich sind.

(4) Die Liste der jugendgefährdenden Medien darf nicht zum Zweck der geschäftlichen Werbung abgedruckt oder veröffentlicht werden.

(5) Bei geschäftlicher Werbung darf nicht darauf hingewiesen werden, dass ein Verfahren zur Aufnahme des Trägermediums oder eines inhaltsgleichen Telemediums in die Liste anhängig ist oder gewesen ist.

(6) Soweit die Lieferung erfolgen darf, haben Gewerbetreibende vor Abgabe an den Handel die Händler auf die Vertriebsbeschränkungen des Absatzes 1 Nr. 1 bis 6 hinzuweisen.

Unterabschnitt 2
Telemedien

§ 16 Sonderregelung für Telemedien

Regelungen zu Telemedien, die in die Liste jugendgefährdender Medien nach § 18 aufgenommen sind, bleiben Landesrecht vorbehalten.

Abschnitt 4
Bundesprüfstelle für jugendgefährdende Medien

§ 17 Name und Zuständigkeit

(1) Die Bundesprüfstelle wird vom Bund errichtet. Sie führt den Namen „Bundesprüfstelle für jugendgefährdende Medien".

(2) Über eine Aufnahme in die Liste jugendgefährdender Medien und über Streichungen aus dieser Liste entscheidet die Bundesprüfstelle für jugendgefährdende Medien.

§ 18 Liste jugendgefährdender Medien

(1) Träger- und Telemedien, die geeignet sind, die Entwicklung von Kindern oder Jugendlichen oder ihre Erziehung zu einer eigenverantwortlichen und gemeinschaftsfähigen Persönlichkeit zu gefährden, sind von der Bundesprüfstelle für jugendgefährdende Medien in eine Liste jugendgefährdender Medien aufzunehmen. Dazu zählen vor allem unsittliche, verrohend wirkende, zu Gewalttätigkeit, Verbrechen oder Rassenhass anreizende Medien sowie Medien, in denen
1. Gewalthandlungen wie Mord- und Metzelszenen selbstzweckhaft und detailliert dargestellt werden oder
2. Selbstjustiz als einzig bewährtes Mittel zur Durchsetzung der vermeintlichen Gerechtigkeit nahe gelegt wird.

(2) Die Liste ist in vier Teilen zu führen.
1. In Teil A (Öffentliche Liste der Trägermedien) sind alle Trägermedien aufzunehmen, soweit sie nicht den Teilen B, C oder D zuzuordnen sind;
2. in Teil B (Öffentliche Liste der Trägermedien mit absolutem Verbreitungsverbot) sind, soweit sie nicht Teil D zuzuordnen sind, Trägermedien aufzunehmen, die nach Einschätzung der Bundesprüfstelle für jugendgefährdende Medien einen in § 86, § 130, § 130a, § 131, § 184a, § 184b oder § 184c des Strafgesetzbuches bezeichneten Inhalt haben;
3. in Teil C (Nichtöffentliche Liste der Medien) sind diejenigen Trägermedien aufzunehmen, die nur deshalb nicht in Teil A aufzunehmen sind, weil bei ihnen von einer Bekanntmachung der Aufnahme in die Liste gemäß § 24 Abs. 3 Satz 2 abzusehen ist, sowie alle Telemedien, soweit sie nicht Teil D zuzuordnen sind;
4. in Teil D (Nichtöffentliche Liste der Medien mit absolutem Verbreitungsverbot) sind diejenigen Trägermedien, die nur deshalb nicht in Teil B aufzunehmen sind, weil bei ihnen von einer Bekanntmachung der Aufnahme in die Liste gemäß § 24 Abs. 3 Satz 2 abzusehen ist, sowie diejenigen Telemedien aufzunehmen, die nach Einschätzung der Bundesprüfstelle für jugendgefährdende Medien einen in § 86, § 130, § 130a, § 131, § 184a, § 184b oder § 184c des Strafgesetzbuches bezeichneten Inhalt haben.

(3) Ein Medium darf nicht in die Liste aufgenommen werden
1. allein wegen seines politischen, sozialen, religiösen oder weltanschaulichen Inhalts,
2. wenn es der Kunst oder der Wissenschaft, der Forschung oder der Lehre dient,
3. wenn es im öffentlichen Interesse liegt, es sei denn, dass die Art der Darstellung zu beanstanden ist.

(4) In Fällen von geringer Bedeutung kann davon abgesehen werden, ein Medium in die Liste aufzunehmen.

(5) Medien sind in die Liste aufzunehmen, wenn ein Gericht in einer rechtskräftigen Entscheidung festgestellt hat, dass das Medium einen der in § 86, § 130, § 130a, § 131, § 184, § 184a, § 184b oder § 184c des Strafgesetzbuches bezeichneten Inhalte hat.

(6) Telemedien sind in die Liste aufzunehmen, wenn die zentrale Aufsichtsstelle der Länder für den Jugendmedienschutz die Aufnahme in die Liste beantragt hat; es sei denn, der Antrag ist offensichtlich unbegründet oder im Hinblick auf die Spruchpraxis der Bundesprüfstelle für jugendgefährdende Medien unvertretbar.

(7) Medien sind aus der Liste zu streichen, wenn die Voraussetzungen für eine Aufnahme nicht mehr vorliegen. Nach Ablauf von 25 Jahren verliert eine Aufnahme in die Liste ihre Wirkung.

(8) Auf Filme, Film- und Spielprogramme, die nach § 14 Abs. 2 Nr. 1 bis 5 gekennzeichnet sind, findet Absatz 1 keine Anwendung. Absatz 1 ist außerdem nicht anzuwenden, wenn die zentrale Aufsichtsstelle der Länder für den Jugendmedienschutz über das Telemedium zuvor eine Entscheidung dahin gehend getroffen hat, dass die Voraussetzungen für die Aufnahme in die Liste jugendgefährdender Medien nach Absatz 1 nicht vorliegen. Hat eine anerkannte Einrichtung der Selbstkontrolle das Tele-

medium zuvor bewertet, so findet Absatz 1 nur dann Anwendung, wenn die zentrale Aufsichtsstelle der Länder für den Jugendmedienschutz die Voraussetzungen für die Aufnahme in die Liste jugendgefährdender Medien nach Absatz 1 für gegeben hält.

§ 19 Personelle Besetzung

(1) Die Bundesprüfstelle für jugendgefährdende Medien besteht aus einer oder einem von dem Bundesministerium für Familie, Senioren, Frauen und Jugend ernannten Vorsitzenden, je einer oder einem von jeder Landesregierung zu ernennenden Beisitzerin oder Beisitzer und weiteren von dem Bundesministerium für Familie, Senioren, Frauen und Jugend zu ernennenden Beisitzerinnen oder Beisitzern. Für die Vorsitzende oder den Vorsitzenden und die Beisitzerinnen oder Beisitzer ist mindestens je eine Stellvertreterin oder ein Stellvertreter zu ernennen. Die jeweilige Landesregierung kann ihr Ernennungsrecht nach Absatz 1 auf eine oberste Landesbehörde übertragen.

(2) Die von dem Bundesministerium für Familie, Senioren, Frauen und Jugend zu ernennenden Beisitzerinnen und Beisitzer sind den Kreisen
1. der Kunst,
2. der Literatur,
3. des Buchhandels und der Verlegerschaft,
4. der Anbieter von Bildträgern und von Telemedien,
5. der Träger der freien Jugendhilfe,
6. der Träger der öffentlichen Jugendhilfe,
7. der Lehrerschaft und
8. der Kirchen, der jüdischen Kultusgemeinden und anderer Religionsgemeinschaften, die Körperschaften des öffentlichen Rechts sind,

auf Vorschlag der genannten Gruppen zu entnehmen. Dem Buchhandel und der Verlegerschaft sowie dem Anbieter von Bildträgern und von Telemedien stehen diejenigen Kreise gleich, die eine vergleichbare Tätigkeit bei der Auswertung und beim Vertrieb der Medien unabhängig von der Art der Aufzeichnung und der Wiedergabe ausüben.

(3) Die oder der Vorsitzende und die Beisitzerinnen oder Beisitzer werden auf die Dauer von drei Jahren bestimmt. Sie können von der Stelle, die sie bestimmt hat, vorzeitig abberufen werden, wenn sie der Verpflichtung zur Mitarbeit in der Bundesprüfstelle für jugendgefährdende Medien nicht nachkommen.

(4) Die Mitglieder der Bundesprüfstelle für jugendgefährdende Medien sind an Weisungen nicht gebunden.

(5) Die Bundesprüfstelle für jugendgefährdende Medien entscheidet in der Besetzung von zwölf Mitgliedern, die aus der oder dem Vorsitzenden, drei Beisitzerinnen oder Beisitzern der Länder und je einer Beisitzerin oder einem Beisitzer aus den in Absatz 2 genannten Gruppen bestehen. Erscheinen zur Sitzung einberufene Beisitzerinnen oder Beisitzer oder ihre Stellvertreterinnen oder Stellvertreter nicht, so ist die Bundesprüfstelle für jugendgefährdende Medien auch in einer Besetzung von mindestens neun Mitgliedern beschlussfähig, von denen mindestens zwei den in Absatz 2 Nr. 1 bis 4 genannten Gruppen angehören müssen.

(6) Zur Anordnung der Aufnahme in die Liste bedarf es einer Mehrheit von zwei Dritteln der an der Entscheidung mitwirkenden Mitglieder der Bundesprüfstelle für ju-

gendgefährdende Medien. In der Besetzung des Absatzes 5 Satz 2 ist für die Listenaufnahme eine Mindestzahl von sieben Stimmen erforderlich.

§ 20 Vorschlagsberechtigte Verbände

(1) Das Vorschlagsrecht nach § 19 Abs. 2 wird innerhalb der nachfolgenden Kreise durch folgende Organisationen für je eine Beisitzerin oder einen Beisitzer und eine Stellvertreterin oder einen Stellvertreter ausgeübt:
1. für die Kreise der Kunst durch
    Deutscher Kulturrat,
    Bund Deutscher Kunsterzieher e. V.,
    Künstlergilde e. V.,
    Bund Deutscher Grafik-Designer,
2. für die Kreise der Literatur durch
    Verband deutscher Schriftsteller,
    Freier Deutscher Autorenverband,
    Deutscher Autorenverband e. V.,
    PEN-Zentrum,
3. für die Kreise des Buchhandels und der Verlegerschaft durch
    Börsenverein des Deutschen Buchhandels e. V.,
    Verband Deutscher Bahnhofsbuchhändler,
    Bundesverband Deutscher Buch-, Zeitungs- und Zeitschriftengrossisten e. V.,
    Bundesverband Deutscher Zeitungsverleger e. V.,
    Verband Deutscher Zeitschriftenverleger e. V.,
    Börsenverein des Deutschen Buchhandels e. V. – Verlegerausschuss,
    Arbeitsgemeinschaft der Zeitschriftenverlage (AGZV) im Börsenverein des Deutschen Buchhandels,
4. für die Kreise der Anbieter von Bildträgern und von Telemedien durch
    Bundesverband Video,
    Verband der Unterhaltungssoftware Deutschland e. V.,
    Spitzenorganisation der Filmwirtschaft e. V.,
    Bundesverband Informationswirtschaft, Telekommunikation und neue Medien e. V.,
    Deutscher Multimedia Verband e. V.,
    Electronic Commerce Organisation e. V.,
    Verband der Deutschen Automatenindustrie e. V.,
    IVD Interessengemeinschaft der Videothekare Deutschlands e. V.,
5. für die Kreise der Träger der freien Jugendhilfe durch
    Bundesarbeitsgemeinschaft der Freien Wohlfahrtspflege,
    Deutscher Bundesjugendring,
    Deutsche Sportjugend,
    Bundesarbeitsgemeinschaft Kinder- und Jugendschutz (BAJ) e. V.,
6. für die Kreise der Träger der öffentlichen Jugendhilfe durch
    Deutscher Landkreistag,
    Deutscher Städtetag,
    Deutscher Städte- und Gemeindebund,
7. für die Kreise der Lehrerschaft durch
    Gewerkschaft Erziehung u. Wissenschaft im Deutschen Gewerkschaftsbund,

Deutscher Lehrerverband,
Verband Bildung und Erziehung,
Verein Katholischer deutscher Lehrerinnen und

8. für die Kreise der in § 19 Abs. 2 Nr. 8 genannten Körperschaften des öffentlichen Rechts durch Bevollmächtigter des Rates der EKD am Sitz der Bundesrepublik Deutschland, Kommissariat der deutschen Bischöfe – Katholisches Büro in Berlin, Zentralrat der Juden in Deutschland.

Für jede Organisation, die ihr Vorschlagsrecht ausübt, ist eine Beisitzerin oder ein Beisitzer und eine stellvertretende Beisitzerin oder ein stellvertretender Beisitzer zu ernennen. Reicht eine der in Satz 1 genannten Organisationen mehrere Vorschläge ein, wählt das Bundesministerium für Familie, Senioren, Frauen und Jugend eine Beisitzerin oder einen Beisitzer aus.

(2) Für die in § 19 Abs. 2 genannten Gruppen können Beisitzerinnen oder Beisitzer und stellvertretende Beisitzerinnen und Beisitzer auch durch namentlich nicht bestimmte Organisationen vorgeschlagen werden. Das Bundesministerium für Familie, Senioren, Frauen und Jugend fordert im Januar jedes Jahres im Bundesanzeiger dazu auf, innerhalb von sechs Wochen derartige Vorschläge einzureichen. Aus den fristgerecht eingegangenen Vorschlägen hat es je Gruppe je eine zusätzliche Beisitzerin oder einen zusätzlichen Beisitzer und eine stellvertretende Beisitzerin oder einen stellvertretenden Beisitzer zu ernennen. Vorschläge von Organisationen, die kein eigenes verbandliches Gewicht besitzen oder eine dauerhafte Tätigkeit nicht erwarten lassen, sind nicht zu berücksichtigen. Zwischen den Vorschlägen mehrerer Interessenten entscheidet das Los, sofern diese sich nicht auf einen Vorschlag einigen; Absatz 1 Satz 3 gilt entsprechend. Sofern es unter Berücksichtigung der Geschäftsbelastung der Bundesprüfstelle für jugendgefährdende Medien erforderlich erscheint und sofern die Vorschläge der innerhalb einer Gruppe namentlich bestimmten Organisationen zahlenmäßig nicht ausreichen, kann das Bundesministerium für Familie, Senioren, Frauen und Jugend auch mehrere Beisitzerinnen oder Beisitzer und stellvertretende Beisitzerinnen oder Beisitzer ernennen; Satz 5 gilt entsprechend.

§ 21 Verfahren

(1) Die Bundesprüfstelle für jugendgefährdende Medien wird in der Regel auf Antrag tätig.

(2) Antragsberechtigt sind das Bundesministerium für Familie, Senioren, Frauen und Jugend, die obersten Landesjugendbehörden, die zentrale Aufsichtsstelle der Länder für den Jugendmedienschutz, die Landesjugendämter, die Jugendämter sowie für den Antrag auf Streichung aus der Liste und für den Antrag auf Feststellung, dass ein Medium nicht mit einem bereits in die Liste aufgenommenen Medium ganz oder im Wesentlichen inhaltsgleich ist, auch die in Absatz 7 genannten Personen.

(3) Kommt eine Listenaufnahme oder eine Streichung aus der Liste offensichtlich nicht in Betracht, so kann die oder der Vorsitzende das Verfahren einstellen.

(4) Die Bundesprüfstelle für jugendgefährdende Medien wird von Amts wegen tätig, wenn eine in Absatz 2 nicht genannte Behörde oder ein anerkannter Träger der freien

Jugendhilfe dies anregt und die oder der Vorsitzende der Bundesprüfstelle für jugendgefährdende Medien die Durchführung des Verfahrens im Interesse des Jugendschutzes für geboten hält.

(5) Die Bundesprüfstelle für jugendgefährdende Medien wird auf Veranlassung der oder des Vorsitzenden von Amts wegen tätig,
1. wenn zweifelhaft ist, ob ein Medium mit einem bereits in die Liste aufgenommenen Medium ganz oder im Wesentlichen inhaltsgleich ist,
2. wenn bekannt wird, dass die Voraussetzungen für die Aufnahme eines Mediums in die Liste nach § 18 Abs. 7 Satz 1 nicht mehr vorliegen, oder
3. wenn die Aufnahme in die Liste nach § 18 Abs. 7 Satz 2 wirkungslos wird und weiterhin die Voraussetzungen für die Aufnahme in die Liste vorliegen.

(6) Vor der Entscheidung über die Aufnahme eines Telemediums in die Liste hat die Bundesprüfstelle für jugendgefährdende Medien der zentralen Aufsichtsstelle der Länder für den Jugendmedienschutz Gelegenheit zu geben, zu dem Telemedium unverzüglich Stellung zu nehmen. Die Stellungnahme hat die Bundesprüfstelle für jugendgefährdende Medien bei ihrer Entscheidung maßgeblich zu berücksichtigen. Soweit der Bundesprüfstelle für jugendgefährdende Medien eine Stellungnahme der zentralen Aufsichtsstelle der Länder für den Jugendmedienschutz innerhalb von fünf Werktagen nach Aufforderung nicht vorliegt, kann sie ohne diese Stellungnahme entscheiden.

(7) Der Urheberin oder dem Urheber, der Inhaberin oder dem Inhaber der Nutzungsrechte sowie bei Telemedien dem Anbieter ist Gelegenheit zur Stellungnahme zu geben.

(8) Die Entscheidungen sind
1. bei Trägermedien der Urheberin oder dem Urheber sowie der Inhaberin oder dem Inhaber der Nutzungsrechte,
2. bei Telemedien der Urheberin oder dem Urheber sowie dem Anbieter,
3. der antragstellenden Behörde,
4. dem Bundesministerium für Familie, Senioren, Frauen und Jugend, den obersten Landesjugendbehörden und der zentralen Aufsichtsstelle der Länder für den Jugendmedienschutz
zuzustellen. Sie hat die sich aus der Entscheidung ergebenden Verbreitungs- und Werbebeschränkungen im Einzelnen aufzuführen. Die Begründung ist beizufügen oder innerhalb einer Woche durch Zustellung nachzureichen.

(9) Die Bundesprüfstelle für jugendgefährdende Medien soll mit der zentralen Aufsichtsstelle der Länder für den Jugendmedienschutz zusammenarbeiten und einen regelmäßigen Informationsaustausch pflegen.

(10) Die Bundesprüfstelle für jugendgefährdende Medien kann ab dem 1. Januar 2004 für Verfahren, die auf Antrag der in Absatz 7 genannten Personen eingeleitet werden und die auf die Entscheidung gerichtet sind, dass ein Medium
1. nicht mit einem bereits in die Liste für jugendgefährdende Medien aufgenommenen Medium ganz oder im Wesentlichen inhaltsgleich ist oder
2. aus der Liste für jugendgefährdende Medien zu streichen ist,
Kosten (Gebühren und Auslagen) erheben. Das Bundesministerium für Familie, Senioren, Frauen und Jugend wird ermächtigt, durch Rechtsverordnung mit Zustimmung

des Bundesrates die gebührenpflichtigen Tatbestände und die Gebührensätze näher zu bestimmen. Das Verwaltungskostengesetz findet Anwendung.

§ 22 Aufnahme von periodischen Trägermedien und Telemedien

(1) Periodisch erscheinende Trägermedien können auf die Dauer von drei bis zwölf Monaten in die Liste jugendgefährdender Medien aufgenommen werden, wenn innerhalb von zwölf Monaten mehr als zwei ihrer Folgen in die Liste aufgenommen worden sind. Dies gilt nicht für Tageszeitungen und politische Zeitschriften.

(2) Telemedien können auf die Dauer von drei bis zwölf Monaten in die Liste jugendgefährdender Medien aufgenommen werden, wenn innerhalb von zwölf Monaten mehr als zwei ihrer Angebote in die Liste aufgenommen worden sind. Absatz 1 Satz 2 gilt entsprechend.

§ 23 Vereinfachtes Verfahren

(1) Die Bundesprüfstelle für jugendgefährdende Medien kann im vereinfachten Verfahren in der Besetzung durch die oder den Vorsitzenden und zwei weiteren Mitgliedern, von denen eines den in § 19 Abs. 2 Nr. 1 bis 4 genannten Gruppen angehören muss, einstimmig entscheiden, wenn das Medium offensichtlich geeignet ist, die Entwicklung von Kindern oder Jugendlichen oder ihre Erziehung zu einer eigenverantwortlichen und gemeinschaftsfähigen Persönlichkeit zu gefährden. Kommt eine einstimmige Entscheidung nicht zustande, entscheidet die Bundesprüfstelle für jugendgefährdende Medien in voller Besetzung (§ 19 Abs. 5).

(2) Eine Aufnahme in die Liste nach § 22 ist im vereinfachten Verfahren nicht möglich.

(3) Gegen die Entscheidung können die Betroffenen (§ 21 Abs. 7) innerhalb eines Monats nach Zustellung Antrag auf Entscheidung durch die Bundesprüfstelle für jugendgefährdende Medien in voller Besetzung stellen.

(4) Nach Ablauf von zehn Jahren seit Aufnahme eines Mediums in die Liste kann die Bundesprüfstelle für jugendgefährdende Medien die Streichung aus der Liste unter der Voraussetzung des § 21 Abs. 5 Nr. 2 im vereinfachten Verfahren beschließen.

(5) Wenn die Gefahr besteht, dass ein Träger- oder Telemedium kurzfristig in großem Umfange vertrieben, verbreitet oder zugänglich gemacht wird und die endgültige Listenaufnahme offensichtlich zu erwarten ist, kann die Aufnahme in die Liste im vereinfachten Verfahren vorläufig angeordnet werden. Absatz 2 gilt entsprechend.

(6) Die vorläufige Anordnung ist mit der abschließenden Entscheidung der Bundesprüfstelle für jugendgefährdende Medien, jedoch spätestens nach Ablauf eines Monats, aus der Liste zu streichen. Die Frist des Satzes 1 kann vor ihrem Ablauf um höchstens einen Monat verlängert werden. Absatz 1 gilt entsprechend. Soweit die vorläufige Anordnung im Bundesanzeiger bekannt zu machen ist, gilt dies auch für die Verlängerung.

§ 24 Führung der Liste jugendgefährdender Medien

(1) Die Liste jugendgefährdender Medien wird von der oder dem Vorsitzenden der Bundesprüfstelle für jugendgefährdende Medien geführt.

(2) Entscheidungen über die Aufnahme in die Liste oder über Streichungen aus der Liste sind unverzüglich auszuführen. Die Liste ist unverzüglich zu korrigieren, wenn Entscheidungen der Bundesprüfstelle für jugendgefährdende Medien aufgehoben werden oder außer Kraft treten.

(3) Wird ein Trägermedium in die Liste aufgenommen oder aus ihr gestrichen, so ist dies unter Hinweis auf die zugrunde liegende Entscheidung im Bundesanzeiger bekannt zu machen. Von der Bekanntmachung ist abzusehen, wenn das Trägermedium lediglich durch Telemedien verbreitet wird oder wenn anzunehmen ist, dass die Bekanntmachung der Wahrung des Jugendschutzes schaden würde.

(4) Wird ein Medium in Teil B oder D der Liste jugendgefährdender Medien aufgenommen, so hat die oder der Vorsitzende dies der zuständigen Strafverfolgungsbehörde mitzuteilen. Wird durch rechtskräftiges Urteil festgestellt, dass sein Inhalt den in Betracht kommenden Tatbestand des Strafgesetzbuches nicht verwirklicht, ist das Medium in Teil A oder C der Liste aufzunehmen. Die oder der Vorsitzende führt eine erneute Entscheidung der Bundesprüfstelle für jugendgefährdende Medien herbei, wenn in Betracht kommt, dass das Medium aus der Liste zu streichen ist.

(5) Wird ein Telemedium in die Liste jugendgefährdender Medien aufgenommen und ist die Tat im Ausland begangen worden, so soll die oder der Vorsitzende dies den im Bereich der Telemedien anerkannten Einrichtungen der Selbstkontrolle zum Zweck der Aufnahme in nutzerautonome Filterprogramme mitteilen. Die Mitteilung darf nur zum Zweck der Aufnahme in nutzerautonome Filterprogramme verwandt werden.

§ 25 Rechtsweg

(1) Für Klagen gegen eine Entscheidung der Bundesprüfstelle für jugendgefährdende Medien, ein Medium in die Liste jugendgefährdender Medien aufzunehmen oder einen Antrag auf Streichung aus der Liste abzulehnen, ist der Verwaltungsrechtsweg gegeben.

(2) Gegen eine Entscheidung der Bundesprüfstelle für jugendgefährdende Medien, ein Medium nicht in die Liste jugendgefährdender Medien aufzunehmen, sowie gegen eine Einstellung des Verfahrens kann die antragstellende Behörde im Verwaltungsrechtsweg Klage erheben.

(3) Die Klage ist gegen den Bund, vertreten durch die Bundesprüfstelle für jugendgefährdende Medien, zu richten.

(4) Die Klage hat keine aufschiebende Wirkung. Vor Erhebung der Klage bedarf es keiner Nachprüfung in einem Vorverfahren, bei einer Entscheidung im vereinfachten Verfahren nach § 23 ist jedoch zunächst eine Entscheidung der Bundesprüfstelle für jugendgefährdende Medien in der Besetzung nach § 19 Abs. 5 herbeizuführen.

Abschnitt 5
Verordnungsermächtigung

§ 26 Verordnungsermächtigung

Die Bundesregierung wird ermächtigt, durch Rechtsverordnung mit Zustimmung des Bundesrates Näheres über den Sitz und das Verfahren der Bundesprüfstelle für jugendgefährdende Medien und die Führung der Liste jugendgefährdender Medien zu regeln.

Abschnitt 6
Ahndung von Verstößen

§ 27 Strafvorschriften

(1) Mit Freiheitsstrafe bis zu einem Jahr oder mit Geldstrafe wird bestraft, wer
1. entgegen § 15 Abs. 1 Nr. 1 bis 5 oder 6, jeweils auch in Verbindung mit Abs. 2, ein Trägermedium anbietet, überlässt, zugänglich macht, ausstellt, anschlägt, vorführt, einführt, ankündigt oder anpreist,
2. entgegen § 15 Abs. 1 Nr. 7, auch in Verbindung mit Abs. 2, ein Trägermedium herstellt, bezieht, liefert, vorrätig hält oder einführt,
3. entgegen § 15 Abs. 4 die Liste der jugendgefährdenden Medien abdruckt oder veröffentlicht,
4. entgegen § 15 Abs. 5 bei geschäftlicher Werbung einen dort genannten Hinweis gibt oder
5. einer vollziehbaren Entscheidung nach § 21 Abs. 8 Satz 1 Nr. 1 zuwiderhandelt.

(2) Ebenso wird bestraft, wer als Veranstalter oder Gewerbetreibender
1. eine in § 28 Abs. 1 Nr. 4 bis 18 oder 19 bezeichnete vorsätzliche Handlung begeht und dadurch wenigstens leichtfertig ein Kind oder eine jugendliche Person in der körperlichen, geistigen oder sittlichen Entwicklung schwer gefährdet oder
2. eine in § 28 Abs. 1 Nr. 4 bis 18 oder 19 bezeichnete vorsätzliche Handlung aus Gewinnsucht begeht oder beharrlich wiederholt.

(3) Wird die Tat in den Fällen
1. des Absatzes 1 Nr. 1 oder
2. des Absatzes 1 Nr. 3, 4 oder 5
fahrlässig begangen, so ist die Strafe Freiheitsstrafe bis zu sechs Monaten oder Geldstrafe bis zu hundertachtzig Tagessätzen.

(4) Absatz 1 Nr. 1 und 2 und Absatz 3 Nr. 1 sind nicht anzuwenden, wenn eine personensorgeberechtigte Person das Medium einem Kind oder einer jugendlichen Person anbietet, überlässt oder zugänglich macht. Dies gilt nicht, wenn die personensorgeberechtigte Person durch das Anbieten, Überlassen oder Zugänglichmachen ihre Erziehungspflicht gröblich verletzt.

§ 28 Bußgeldvorschriften

(1) Ordnungswidrig handelt, wer als Veranstalter oder Gewerbetreibender vorsätzlich oder fahrlässig
1. entgegen § 3 Abs. 1 die für seine Betriebseinrichtung oder Veranstaltung geltenden Vorschriften nicht, nicht richtig oder nicht in der vorgeschriebenen Weise bekannt macht,
2. entgegen § 3 Abs. 2 Satz 1 eine Kennzeichnung verwendet,
3. entgegen § 3 Abs. 2 Satz 2 einen Hinweis nicht, nicht richtig oder nicht rechtzeitig gibt,

4. entgegen § 3 Abs. 2 Satz 3 einen Hinweis gibt, einen Film oder ein Film- oder Spielprogramm ankündigt oder für einen Film oder ein Film- oder Spielprogramm wirbt,
5. entgegen § 4 Abs. 1 oder 3 einem Kind oder einer jugendlichen Person den Aufenthalt in einer Gaststätte gestattet,
6. entgegen § 5 Abs. 1 einem Kind oder einer jugendlichen Person die Anwesenheit bei einer öffentlichen Tanzveranstaltung gestattet,
7. entgegen § 6 Abs. 1 einem Kind oder einer jugendlichen Person die Anwesenheit in einer öffentlichen Spielhalle oder einem dort genannten Raum gestattet,
8. entgegen § 6 Abs. 2 einem Kind oder einer jugendlichen Person die Teilnahme an einem Spiel mit Gewinnmöglichkeit gestattet,
9. einer vollziehbaren Anordnung nach § 7 Satz 1 zuwiderhandelt,
10. entgegen § 9 Abs. 1 ein alkoholisches Getränk an ein Kind oder eine jugendliche Person abgibt oder ihm oder ihr den Verzehr gestattet,
11. entgegen § 9 Abs. 3 Satz 1 ein alkoholisches Getränk in einem Automaten anbietet,
11a. entgegen § 9 Abs. 4 alkoholhaltige Süßgetränke in den Verkehr bringt,
12. entgegen § 10 Abs. 1 Tabakwaren abgibt oder einem Kind oder einer jugendlichen Person das Rauchen gestattet,
13. entgegen § 10 Abs. 2 Satz 1 Tabakwaren in einem Automaten anbietet,
14. entgegen § 11 Abs. 1 oder 3, jeweils auch in Verbindung mit Abs. 4 Satz 2, einem Kind oder einer jugendlichen Person die Anwesenheit bei einer öffentlichen Filmveranstaltung, einem Werbevorspann oder einem Beiprogramm gestattet,
14a. entgegen § 11 Abs. 5 einen Werbefilm oder ein Werbeprogramm vorführt,
15. entgegen § 12 Abs. 1 einem Kind oder einer jugendlichen Person einen Bildträger zugänglich macht,
16. entgegen § 12 Abs. 3 Nr. 2 einen Bildträger anbietet oder überlässt,
17. entgegen § 12 Abs. 4 oder § 13 Abs. 2 einen Automaten oder ein Bildschirmspielgerät aufstellt,
18. entgegen § 12 Abs. 5 Satz 1 einen Bildträger vertreibt,
19. entgegen § 13 Abs. 1 einem Kind oder einer jugendlichen Person das Spielen an Bildschirmspielgeräten gestattet oder
20. entgegen § 15 Abs. 6 einen Hinweis nicht, nicht richtig oder nicht rechtzeitig gibt.

(2) Ordnungswidrig handelt, wer als Anbieter vorsätzlich oder fahrlässig
1. entgegen § 12 Abs. 2 Satz 1 und 2, auch in Verbindung mit Abs. 5 Satz 3 oder § 13 Abs. 3, einen Hinweis nicht, nicht richtig oder nicht in der vorgeschriebenen Weise gibt,
2. einer vollziehbaren Anordnung nach § 12 Abs. 2 Satz 3 Nr. 1, auch in Verbindung mit Abs. 5 Satz 3 oder § 13 Abs. 3, oder nach § 14 Abs. 7 Satz 3 zuwiderhandelt,
3. entgegen § 12 Abs. 5 Satz 2 einen Hinweis nicht, nicht richtig, nicht in der vorgeschriebenen Weise oder nicht rechtzeitig anbringt oder
4. entgegen § 14 Abs. 7 Satz 1 einen Film oder ein Film- oder Spielprogramm mit „Infoprogramm" oder „Lehrprogramm" kennzeichnet.

(3) Ordnungswidrig handelt, wer vorsätzlich oder fahrlässig

1. entgegen § 12 Abs. 2 Satz 4 einen Hinweis nicht, nicht richtig oder nicht in der vorgeschriebenen Weise gibt oder
2. entgegen § 24 Abs. 5 Satz 2 eine Mitteilung verwendet.

(4) Ordnungswidrig handelt, wer als Person über 18 Jahren ein Verhalten eines Kindes oder einer jugendlichen Person herbeiführt oder fördert, das durch ein in Absatz 1 Nr. 5 bis 8, 10, 12, 14 bis 16 oder 19 oder in § 27 Abs. 1 Nr. 1 oder 2 bezeichnetes oder in § 12 Abs. 3 Nr. 1 enthaltenes Verbot oder durch eine vollziehbare Anordnung nach § 7 Satz 1 verhindert werden soll. Hinsichtlich des Verbots in § 12 Abs. 3 Nr. 1 gilt dies nicht für die personensorgeberechtigte Person und für eine Person, die im Einverständnis mit der personensorgeberechtigten Person handelt.

(5) Die Ordnungswidrigkeit kann mit einer Geldbuße bis zu fünfzigtausend Euro geahndet werden.

Abschnitt 7
Schlussvorschriften

§ 29 Übergangsvorschriften

Auf die nach bisherigem Recht mit „Nicht freigegeben unter achtzehn Jahren" gekennzeichneten Filmprogramme Auf die nach bisherigem Recht mit „Nicht freigegeben unter achtzehn Jahren" gekennzeichneten Filmprogramme für Bildträger findet § 18 Abs. 8 Satz 1 mit der Maßgabe Anwendung, dass an die Stelle der Angabe „§ 14 Abs. 2 Nr. 1 bis 5" die Angabe „§ 14 Abs. 2 Nr. 1 bis 4" tritt.

§ 29a Weitere Übergangsregelung

Bildträger mit Kennzeichnungen nach § 12 Abs. 1, deren Zeichen den Anforderungen des § 12 Abs. 2 Satz 1, aber nicht den Anforderungen des § 12 Abs. 2 Satz 2 entsprechen, dürfen bis zum 31. August 2008 in den Verkehr gebracht werden.

§ 30 Inkrafttreten, Außerkrafttreten

(1) Dieses Gesetz tritt an dem Tag in Kraft, an dem der Staatsvertrag der Länder über den Schutz der Menschenwürde und den Jugendschutz in Rundfunk und Telemedien in Kraft tritt. Gleichzeitig treten das Gesetz zum Schutze der Jugend in der Öffentlichkeit vom 25. Februar 1985 (BGBl. I S. 425), zuletzt geändert durch Artikel 8a des Gesetzes vom 15. Dezember 2001 (BGBl. I S. 3762) und das Gesetz über die Verbreitung jugendgefährdender Schriften und Medieninhalte in der Fassung der Bekanntmachung vom 12. Juli 1985 (BGBl. I S. 1502), zuletzt geändert durch Artikel 8b des Gesetzes vom 15. Dezember 2001 (BGBl. I S. 3762) außer Kraft. Das Bundesministerium für Familie, Senioren, Frauen und Jugend gibt das Datum des Inkrafttretens dieses Gesetzes im Bundesgesetzblatt bekannt.

(2) Abweichend von Absatz 1 Satz 1 treten § 10 Abs. 2 und § 28 Abs. 1 Nr. 13 am 1. Januar 2007 in Kraft.

Textfassung des Staatsvertrags über den Schutz der Menschenwürde und den Jugendschutz in Rundfunk und Telemedien (Jugendmedienschutz-Staatsvertrag – JMStV)

(Vom 20. Januar 2003 (Bay.GVBl Nr. 5/2003, S. 147 ff.), in Kraft getreten am 1. April 2003, zuletzt geändert durch Artikel 2 des Dreizehnten Rundfunkänderungsstaatsvertrags vom 30. Oktober 2009 (Bay.GVBl. Nr. 6/ 2010, S. 145 ff.), in Kraft getreten am 1. April 2010.)

Das Land Baden-Württemberg, der Freistaat Bayern, das Land Berlin, das Land Brandenburg, die Freie Hansestadt Bremen, die Freie und Hansestadt Hamburg, das Land Hessen, das Land Mecklenburg-Vorpommern, das Land Niedersachsen, das Land Nordrhein-Westfalen, das Land Rheinland-Pfalz, das Saarland, der Freistaat Sachsen, das Land Sachsen-Anhalt, das Land Schleswig-Holstein und der Freistaat Thüringen schließen nachstehenden Staatsvertrag:

I. Abschnitt – Allgemeine Vorschriften

§ 1 Zweck des Staatsvertrages

Zweck des Staatsvertrages ist der einheitliche Schutz der Kinder und Jugendlichen vor Angeboten in elektronischen Informations- und Kommunikationsmedien, die deren Entwicklung oder Erziehung beeinträchtigen oder gefährden, sowie der Schutz vor solchen Angeboten in elektronischen Informations- und Kommunikationsmedien, die die Menschenwürde oder sonstige durch das Strafgesetzbuch geschützte Rechtsgüter verletzen.

§ 2 Geltungsbereich

(1) Dieser Staatsvertrag gilt für elektronische Informations- und Kommunikationsmedien (Rundfunk und Telemedien).

(2) Dieser Staatsvertrag gilt nicht für elektronische Informations- und Kommunikationsdienste soweit sie Telekommunikationsdienste nach § 3 Nr. 24 des Telekommunikationsgesetzes sind, die ganz in der Übertragung von Signalen über Telekommunikationsnetze bestehen oder telekommunikationsgestützte Dienste nach § 3 Nr. 25 des Telekommunikationsgesetzes sind.

(3) Das Telemediengesetz und die für Telemedien anwendbaren Bestimmungen des Rundfunkstaatsvertrages bleiben unberührt.

§ 3 Begriffsbestimmungen

(1) Kind im Sinne dieses Staatsvertrages ist, wer noch nicht 14 Jahre, Jugendlicher, wer 14 Jahre, aber noch nicht 18 Jahre alt ist.

(2) Im Sinne dieses Staatsvertrages sind

1. „Angebote" Rundfunksendungen oder Inhalte von Telemedien,
2. „Anbieter" Rundfunkveranstalter oder Anbieter von Telemedien.

§ 4 Unzulässige Angebote

(1) Unbeschadet strafrechtlicher Verantwortlichkeit sind Angebote unzulässig, wenn sie
1. Propagandamittel im Sinne des § 86 des Strafgesetzbuches darstellen, deren Inhalt gegen die freiheitliche demokratische Grundordnung oder den Gedanken der Völkerverständigung gerichtet ist,
2. Kennzeichen verfassungswidriger Organisationen im Sinne des § 86a des Strafgesetzbuches verwenden,
3. zum Hass gegen Teile der Bevölkerung oder gegen eine nationale, rassische, religiöse oder durch ihr Volkstum bestimmte Gruppe aufstacheln, zu Gewalt- oder Willkürmaßnahmen gegen sie auffordern oder die Menschenwürde anderer dadurch angreifen, dass Teile der Bevölkerung oder eine vorbezeichnete Gruppe beschimpft, böswillig verächtlich gemacht oder verleumdet werden,
4. eine unter der Herrschaft des Nationalsozialismus begangene Handlung der in § 6 Abs. 1 und § 7 Abs. 1 des Völkerstrafgesetzbuches bezeichneten Art in einer Weise, die geeignet ist, den öffentlichen Frieden zu stören, leugnen oder verharmlosen,
5. grausame oder sonst unmenschliche Gewalttätigkeiten gegen Menschen in einer Art schildern, die eine Verherrlichung oder Verharmlosung solcher Gewalttätigkeiten ausdrückt oder die das Grausame oder Unmenschliche des Vorgangs in einer die Menschenwürde verletzenden Weise darstellt; dies gilt auch bei virtuellen Darstellungen,
6. als Anleitung zu einer in § 126 Abs. 1 des Strafgesetzbuches genannten rechtswidrigen Tat dienen,
7. den Krieg verherrlichen,
8. gegen die Menschenwürde verstoßen, insbesondere durch die Darstellung von Menschen, die sterben oder schweren körperlichen oder seelischen Leiden ausgesetzt sind oder waren, wobei ein tatsächliches Geschehen wiedergegeben wird, ohne dass ein berechtigtes Interesse gerade für diese Form der Darstellung oder Berichterstattung vorliegt; eine Einwilligung ist unbeachtlich,
9. Kinder oder Jugendliche in unnatürlich geschlechtsbetonter Körperhaltung darstellen; dies gilt auch bei virtuellen Darstellungen,
10. pornografisch sind und Gewalttätigkeiten, den sexuellen Missbrauch von Kindern oder Jugendlichen oder sexuelle Handlungen von Menschen mit Tieren zum Gegenstand haben; dies gilt auch bei virtuellen Darstellungen, oder
11. in den Teilen B und D der Liste nach § 18 des Jugendschutzgesetzes aufgenommen sind oder mit einem in dieser Liste aufgenommenen Werk ganz oder im Wesentlichen inhaltsgleich sind.

In den Fällen der Nummern 1 bis 4 und 6 gilt § 86 Abs. 3 des Strafgesetzbuches, im Falle der Nummer 5 § 131 Abs. 3 des Strafgesetzbuches entsprechend.

(2) Unbeschadet strafrechtlicher Verantwortlichkeit sind Angebote ferner unzulässig, wenn sie
1. in sonstiger Weise pornografisch sind,

2. in den Teilen A und C der Liste nach § 18 des Jugendschutzgesetzes aufgenommen sind oder mit einem in dieser Liste aufgenommenen Werk ganz oder im Wesentlichen inhaltsgleich sind, oder
3. offensichtlich geeignet sind, die Entwicklung von Kindern und Jugendlichen oder ihre Erziehung zu einer eigenverantwortlichen und gemeinschaftsfähigen Persönlichkeit unter Berücksichtigung der besonderen Wirkungsform des Verbreitungsmediums schwer zu gefährden.

In Telemedien sind Angebote abweichend von Satz 1 zulässig, wenn von Seiten des Anbieters sichergestellt ist, dass sie nur Erwachsenen zugänglich gemacht werden (geschlossene Benutzergruppe).

(3) Nach Aufnahme eines Angebotes in die Liste nach § 18 des Jugendschutzgesetzes wirken die Verbote nach Absatz 1 und 2 auch nach wesentlichen inhaltlichen Veränderungen bis zu einer Entscheidung durch die Bundesprüfstelle für jugendgefährdende Medien.

§ 5 Entwicklungsbeeinträchtigende Angebote

(1) Sofern Anbieter Angebote, die geeignet sind, die Entwicklung von Kindern oder Jugendlichen zu einer eigenverantwortlichen und gemeinschaftsfähigen Persönlichkeit zu beeinträchtigen, verbreiten oder zugänglich machen, haben sie dafür Sorge zu tragen, dass Kinder oder Jugendliche der betroffenen Altersstufen sie üblicherweise nicht wahrnehmen.

(2) Bei Angeboten wird die Eignung zur Beeinträchtigung der Entwicklung im Sinne von Absatz 1 vermutet, wenn sie nach dem Jugendschutzgesetz für Kinder oder Jugendliche der jeweiligen Altersstufe nicht freigegeben sind. Satz 1 gilt entsprechend für Angebote, die mit dem bewerteten Angebot im Wesentlichen inhaltsgleich sind.

(3) Der Anbieter kann seiner Pflicht aus Absatz 1 dadurch entsprechen, dass er
1. durch technische oder sonstige Mittel die Wahrnehmung des Angebots durch Kinder oder Jugendliche der betroffenen Altersstufe unmöglich macht oder wesentlich erschwert oder
2. die Zeit, in der die Angebote verbreitet oder zugänglich gemacht werden, so wählt, dass Kinder oder Jugendliche der betroffenen Altersstufe üblicherweise die Angebote nicht wahrnehmen.

(4) Ist eine entwicklungsbeeinträchtigende Wirkung im Sinne von Absatz 1 auf Kinder oder Jugendliche anzunehmen, erfüllt der Anbieter seine Verpflichtung nach Absatz 1, wenn das Angebot nur zwischen 23 Uhr und 6 Uhr verbreitet oder zugänglich gemacht wird. Gleiches gilt, wenn eine entwicklungsbeeinträchtigende Wirkung auf Kinder oder Jugendliche unter 16 Jahren zu befürchten ist, wenn das Angebot nur zwischen 22 Uhr und 6 Uhr verbreitet oder zugänglich gemacht wird. Bei Filmen, die nach § 14 Abs. 2 des Jugendschutzgesetzes unter 12 Jahren nicht freigegeben sind, ist bei der Wahl der Sendezeit dem Wohl jüngerer Kinder Rechnung zu tragen.

(5) Ist eine entwicklungsbeeinträchtigende Wirkung im Sinne von Absatz 1 nur auf Kinder zu befürchten, erfüllt der Anbieter von Telemedien seine Verpflichtung nach Absatz 1, wenn das Angebot getrennt von für Kinder bestimmten Angeboten verbreitet wird oder abrufbar ist.

(6) Absatz 1 gilt nicht für Nachrichtensendungen, Sendungen zum politischen Zeitgeschehen im Rundfunk und vergleichbare Angebote bei Telemedien, soweit ein berechtigtes Interesse gerade an dieser Form der Darstellung oder Berichterstattung vorliegt.

§ 6 Jugendschutz in der Werbung und im Teleshopping

(1) Werbung für indizierte Angebote ist nur unter den Bedingungen zulässig, die auch für die Verbreitung des Angebotes selbst gelten. Die Liste der jugendgefährdenden Medien (§ 18 des Jugendschutzgesetzes) darf nicht zum Zwecke der Werbung verbreitet oder zugänglich gemacht werden. Bei Werbung darf nicht darauf hingewiesen werden, dass ein Verfahren zur Aufnahme eines Angebotes oder eines inhaltsgleichen Trägermediums in die Liste nach § 18 des Jugendschutzgesetzes anhängig ist oder gewesen ist.

(2) Werbung darf Kinder und Jugendliche weder körperlich noch seelisch beeinträchtigen, darüber hinaus darf sie nicht
1. direkte Aufrufe zum Kaufen oder Mieten von Waren oder Dienstleistungen an Minderjährige enthalten, die deren Unerfahrenheit oder Leichtgläubigkeit ausnutzen, die deren Unerfahrenheit und Leichtgläubigkeit ausnutzen,
2. Kinder und Jugendliche unmittelbar auffordern, ihre Eltern oder Dritte zum Kauf der beworbenen Waren oder Dienstleistungen zu bewegen,
3. das besondere Vertrauen ausnutzen, das Kinder oder Jugendliche zu Eltern, Lehrern und anderen Vertrauenspersonen haben, oder
4. Kinder oder Minderjährige ohne berechtigten Grund in gefährlichen Situationen zeigen.

(3) Werbung, deren Inhalt geeignet ist, die Entwicklung von Kindern oder Jugendlichen zu einer eigenverantwortlichen und gemeinschaftsfähigen Persönlichkeit zu beeinträchtigen, muss getrennt von Angeboten erfolgen, die sich an Kinder oder Jugendliche richten.

(4) Werbung, die sich auch an Kinder oder Jugendliche richtet oder bei der Kinder oder Jugendliche als Darsteller eingesetzt werden, darf nicht den Interessen von Kindern oder Jugendlichen schaden oder deren Unerfahrenheit ausnutzen.

(5) Werbung für alkoholische Getränke darf sich weder an Kinder oder Jugendliche richten noch durch die Art der Darstellung Kinder und Jugendliche besonders ansprechen oder diese beim Alkoholgenuss darstellen. Entsprechendes gilt für die Werbung für Tabak in Telemedien.

(6) Die Absätze 1 bis 5 gelten für Teleshopping und Sponsoring entsprechend. Teleshopping darf darüber hinaus Kinder oder Jugendliche nicht dazu anhalten, Kauf- oder Miet- bzw. Pachtverträge für Waren oder Dienstleistungen zu schließen.

§ 7 Jugendschutzbeauftragte

(1) Wer länderübergreifendes Fernsehen veranstaltet, hat einen Jugendschutzbeauftragten zu bestellen. Gleiches gilt für geschäftsmäßige Anbieter von allgemein zugänglichen Telemedien, die entwicklungsbeeinträchtigende oder jugendgefährdende Inhalte enthalten, sowie für Anbieter von Suchmaschinen.

(2) Anbieter von Telemedien mit weniger als 50 Mitarbeitern oder nachweislich weniger als zehn Millionen Zugriffen im Monatsdurchschnitt eines Jahres sowie Veranstalter, die nicht bundesweit verbreitetes Fernsehen veranstalten, können auf die Bestellung verzichten, wenn sie sich einer Einrichtung der Freiwilligen Selbstkontrolle anschließen und diese zur Wahrnehmung der Aufgaben des Jugendschutzbeauftragten verpflichten sowie entsprechend Absatz 3 beteiligen und informieren.

(3) Der Jugendschutzbeauftragte ist Ansprechpartner für die Nutzer und berät den Anbieter in Fragen des Jugendschutzes. Er ist vom Anbieter bei Fragen der Herstellung, des Erwerbs, der Planung und der Gestaltung von Angeboten und bei allen Entscheidungen zur Wahrung des Jugendschutzes angemessen und rechtzeitig zu beteiligen und über das jeweilige Angebot vollständig zu informieren. Er kann dem Anbieter eine Beschränkung oder Änderung von Angeboten vorschlagen.

(4) Der Jugendschutzbeauftragte muss die zur Erfüllung seiner Aufgaben erforderliche Fachkunde besitzen. Er ist in seiner Tätigkeit weisungsfrei. Er darf wegen der Erfüllung seiner Aufgaben nicht benachteiligt werden. Ihm sind die zur Erfüllung seiner Aufgaben notwendigen Sachmittel zur Verfügung zu stellen. Er ist unter Fortzahlung seiner Bezüge soweit für seine Aufgaben erforderlich von der Arbeitsleistung freizustellen.

(5) Die Jugendschutzbeauftragten der Anbieter sollen in einen regelmäßigen Erfahrungsaustausch eintreten.

II. Abschnitt – Vorschriften für Rundfunk

§ 8 Festlegung der Sendezeit

(1) Die in der Arbeitsgemeinschaft der öffentlich-rechtlichen Rundfunkanstalten der Bundesrepublik Deutschland (ARD) zusammengeschlossenen Landesrundfunkanstalten, das Zweite Deutsche Fernsehen (ZDF), die Kommission für Jugendmedienschutz (KJM) oder von dieser hierfür anerkannte Einrichtungen der Freiwilligen Selbstkontrolle können jeweils in Richtlinien oder für den Einzelfall für Filme, auf die das Jugendschutzgesetz keine Anwendung findet, zeitliche Beschränkungen vorsehen, um den Besonderheiten der Ausstrahlung von Filmen im Fernsehen, vor allem bei Fernsehserien, gerecht zu werden.

(2) Für sonstige Sendeformate können die in Absatz 1 genannten Stellen im Einzelfall zeitliche Beschränkungen vorsehen, wenn deren Ausgestaltung nach Thema, Themenbehandlung, Gestaltung oder Präsentation in einer Gesamtbewertung geeignet ist, Kinder oder Jugendliche in ihrer Entwicklung und Erziehung zu beeinträchtigen.

§ 9 Ausnahmeregelungen

(1) Auf Antrag des Intendanten kann das jeweils zuständige Organ der in der ARD zusammengeschlossenen Landesrundfunkanstalten, des Deutschlandradios und des ZDF sowie auf Antrag eines privaten Rundfunkveranstalters die KJM oder eine von dieser hierfür anerkannte Einrichtung der Freiwilligen Selbstkontrolle jeweils in Richtlinien oder für den Einzelfall von der Vermutung nach § 5 Abs. 2 abweichen. Dies gilt vor allem für Angebote, deren Bewertung länger als 15 Jahre zurückliegt.

Die obersten Landesjugendbehörden sind von der abweichenden Bewertung zu unterrichten.

(2) Die Landesmedienanstalten können für digital verbreitete Programme des privaten Fernsehens durch übereinstimmende Satzungen festlegen, unter welchen Voraussetzungen ein Rundfunkveranstalter seine Verpflichtung nach § 5 erfüllt, indem er diese Sendungen nur mit einer allein für diese verwandten Technik verschlüsselt oder vorsperrt. Der Rundfunkveranstalter hat sicherzustellen, dass die Freischaltung durch den Nutzer nur für die Dauer der jeweiligen Sendung oder des jeweiligen Films möglich ist. Die Landesmedienanstalten bestimmen in den Satzungen nach Satz 1, insbesondere welche Anforderungen an die Verschlüsselung und Vorsperrung von Sendungen zur Gewährleistung eines effektiven Jugendschutzes zu stellen sind.

§ 10 Programmankündigungen und Kenntlichmachung

(1) § 5 Abs. 4 und 5 gilt für unverschlüsselte und nicht vorgesperrte Programmankündigungen mit Bewegtbildern entsprechend.

(2) Sendungen, für die eine entwicklungsbeeinträchtigende Wirkung auf Kinder oder Jugendliche unter 16 Jahren anzunehmen ist, müssen durch akustische Zeichen angekündigt oder durch optische Mittel während der gesamten Sendung als ungeeignet für die entsprechende Altersstufe kenntlich gemacht werden.

III. Abschnitt – Vorschriften für Telemedien

§ 11 Jugendschutzprogramme

(1) Der Anbieter von Telemedien kann den Anforderungen nach § 5 Abs. 3 Nr. 1 dadurch genügen, dass Angebote, die geeignet sind, die Entwicklung und Erziehung von Kindern und Jugendlichen zu beeinträchtigen, für ein als geeignet anerkanntes Jugendschutzprogramm programmiert werden oder dass es ihnen vorgeschaltet wird.

(2) Jugendschutzprogramme nach Absatz 1 müssen zur Anerkennung der Eignung vorgelegt werden. Die zuständige Landesmedienanstalt trifft die Entscheidung durch die KJM. Zuständig ist die Landesmedienanstalt des Landes, bei der der Antrag auf Anerkennung gestellt ist. Die Anerkennung ist auf fünf Jahre befristet. Verlängerung ist möglich.

(3) Die Anerkennung nach Absatz 2 ist Jugendschutzprogrammen zu erteilen, wenn sie einen nach Altersstufen differenzierten Zugang ermöglichen oder vergleichbar geeignet sind.

(4) Die Anerkennung kann widerrufen werden, wenn die Voraussetzungen für die Anerkennung nachträglich entfallen sind.

(5) Wer gewerbsmäßig oder in großem Umfang Telemedien verbreitet oder zugänglich macht, soll auch die für Kinder oder Jugendliche unbedenklichen Angebote für ein anerkanntes Jugendschutzprogramm programmieren, soweit dies zumutbar und ohne unverhältnismäßige Kosten möglich ist.

(6) Die KJM kann vor Anerkennung eines Jugendschutzprogrammes einen zeitlich befristeten Modellversuch mit neuen Verfahren, Vorkehrungen oder technischen Möglichkeiten zur Gewährleistung des Jugendschutzes zulassen.

§ 12 Kennzeichnungspflicht

Anbieter von Telemedien, die ganz oder im Wesentlichen inhaltsgleich sind mit bespielten Videokassetten und mit anderen zur Weitergabe geeigneten, für die Wiedergabe auf oder das Spiel an Bildschirmgeräten mit Filmen oder Spielen programmierten Datenträgern (Bildträgern), die nach § 12 des Jugendschutzgesetzes gekennzeichnet oder für die jeweilige Altersstufe freigegeben sind, müssen auf eine vorhandene Kennzeichnung in ihrem Angebot deutlich hinweisen.

IV. Abschnitt – Verfahren für Anbieter mit Ausnahme des öffentlich-rechtlichen Rundfunks

§ 13 Anwendungsbereich

Die §§ 14 bis 21 sowie § 24 Abs. 4 Satz 6 gelten nur für länderübergreifende Angebote.

§ 14 Kommission für Jugendmedienschutz

(1) Die zuständige Landesmedienanstalt überprüft die Einhaltung der für die Anbieter geltenden Bestimmungen nach diesem Staatsvertrag. Sie trifft entsprechend den Bestimmungen dieses Staatsvertrages die jeweiligen Entscheidungen.

(2) Zur Erfüllung der Aufgaben nach Absatz 1 wird die Kommission für Jugendmedienschutz (KJM) gebildet. Diese dient der jeweils zuständigen Landesmedienanstalt als Organ bei der Erfüllung ihrer Aufgaben nach Absatz 1. Auf Antrag der zuständigen Landesmedienanstalt kann die KJM auch mit nicht länderübergreifenden Angeboten gutachtlich befasst werden. Absatz 5 bleibt unberührt.

(3) Die KJM besteht aus 12 Sachverständigen. Hiervon werden entsandt
1. sechs Mitglieder aus dem Kreis der Direktoren der Landesmedienanstalten, die von den Landesmedienanstalten im Einvernehmen benannt werden,
2. vier Mitglieder von den für den Jugendschutz zuständigen obersten Landesbehörden,
3. zwei Mitglieder von der für den Jugendschutz zuständigen obersten Bundesbehörde.

Für jedes Mitglied ist entsprechend Satz 2 ein Vertreter für den Fall seiner Verhinderung zu bestimmen. Die Amtsdauer der Mitglieder oder stellvertretenden Mitglieder beträgt fünf Jahre. Wiederberufung ist zulässig. Mindestens vier Mitglieder und stellvertretende Mitglieder sollen die Befähigung zum Richteramt haben. Den Vorsitz führt ein Direktor einer Landesmedienanstalt.

(4) Der KJM können nicht angehören Mitglieder und Bedienstete der Institutionen der Europäischen Union, der Verfassungsorgane des Bundes und der Länder, Gremienmitglieder und Bedienstete von Landesrundfunkanstalten der ARD, des ZDF, des Deutschlandradios, des Europäischen Fernsehkulturkanals „ARTE" und der privaten

Rundfunkveranstalter oder Anbieter von Telemedien sowie Bedienstete von an ihnen unmittelbar oder mittelbar im Sinne von § 28 des Rundfunkstaatsvertrages beteiligten Unternehmen.

(5) Es können Prüfausschüsse gebildet werden. Jedem Prüfausschuss muss mindestens jeweils ein in Absatz 3 Satz 2 Nr. 1 bis 3 aufgeführtes Mitglied der KJM oder im Falle seiner Verhinderung dessen Vertreter angehören. Die Prüfausschüsse entscheiden jeweils bei Einstimmigkeit anstelle der KJM. Zu Beginn der Amtsperiode der KJM wird die Verteilung der Prüfverfahren von der KJM festgelegt. Das Nähere ist in der Geschäftsordnung der KJM festzulegen.

(6) Die Mitglieder der KJM sind bei der Erfüllung ihrer Aufgaben nach diesem Staatsvertrag an Weisungen nicht gebunden. Die Regelung zur Vertraulichkeit nach § 24 des Rundfunkstaatsvertrages gilt auch im Verhältnis der Mitglieder der KJM zu anderen Organen der Landesmedienanstalten.

(7) Die Mitglieder der KJM haben Anspruch auf Ersatz ihrer notwendigen Aufwendungen und Auslagen. Näheres regeln die Landesmedienanstalten durch übereinstimmende Satzungen.

§ 15 Mitwirkung der Gremien der Landesmedienanstalten

(1) Die KJM unterrichtet die Vorsitzenden der Gremien der Landesmedienanstalten fortlaufend über ihre Tätigkeit. Sie bezieht die Gremienvorsitzenden in grundsätzlichen Angelegenheiten, insbesondere bei der Erstellung von Satzungs- und Richtlinienentwürfen, ein.

(2) Die nach Landesrecht zuständigen Organe der Landesmedienanstalten erlassen übereinstimmende Satzungen und Richtlinien zur Durchführung dieses Staatsvertrages. Sie stellen hierbei das Benehmen mit den in der ARD zusammengeschlossenen Landesrundfunkanstalten und dem ZDF her und führen mit diesen und der KJM einen gemeinsamen Erfahrungsaustausch in der Anwendung des Jugendmedienschutzes durch.

§ 16 Zuständigkeit der KJM

Die KJM ist zuständig für die abschließende Beurteilung von Angeboten nach diesem Staatsvertrag. Sie ist unbeschadet der Befugnisse von anerkannten Einrichtungen der Freiwilligen Selbstkontrolle nach diesem Staatsvertrag im Rahmen des Satzes 1 insbesondere zuständig für
1. die Überwachung der Bestimmungen dieses Staatsvertrages,
2. die Anerkennung von Einrichtungen der Freiwilligen Selbstkontrolle und die Rücknahme oder den Widerruf der Anerkennung,
3. die Festlegung der Sendezeit nach § 8,
4. die Festlegung von Ausnahmen nach § 9,
5. die Prüfung und Genehmigung einer Verschlüsselungs- und Vorsperrungstechnik,
6. die Anerkennung von Jugendschutzprogrammen und für die Rücknahme oder den Widerruf der Anerkennung,
7. die Stellungnahme zu Indizierungsanträgen bei der Bundesprüfstelle für jugendgefährdende Medien und für Anträge bei der Bundesprüfstelle auf Indizierung und
8. die Entscheidung über Ordnungswidrigkeiten nach diesem Staatsvertrag.

§ 17 Verfahren der KJM

(1) Die KJM wird von Amts wegen tätig; auf Antrag einer Landesmedienanstalt oder einer obersten Landesjugendbehörde hat sie ein Prüfverfahren einzuleiten. Sie fasst ihre Beschlüsse mit der Mehrheit ihrer gesetzlichen Mitglieder, bei Stimmengleichheit entscheidet die Stimme des Vorsitzenden. Die Beschlüsse sind zu begründen. In der Begründung sind die wesentlichen tatsächlichen und rechtlichen Gründe mitzuteilen. Die Beschlüsse der KJM sind gegenüber den anderen Organen der zuständigen Landesmedienanstalt bindend. Sie sind deren Entscheidungen zu Grunde zu legen.

(2) Die KJM soll mit der Bundesprüfstelle für jugendgefährdende Medien zusammenarbeiten und einen regelmäßigen Informationsaustausch pflegen.

(3) Die KJM erstattet den Gremien der Landesmedienanstalten, den für den Jugendschutz zuständigen obersten Landesjugendbehörden und der für den Jugendschutz zuständigen obersten Bundesbehörde erstmalig zwei Jahre nach ihrer Konstituierung und danach alle zwei Jahre einen Bericht über die Durchführung der Bestimmungen dieses Staatsvertrages.

§ 18 „jugendschutz.net"

(1) Die durch die obersten Landesjugendbehörden eingerichtete gemeinsame Stelle Jugendschutz aller Länder („jugendschutz.net") ist organisatorisch an die KJM angebunden. Die Stelle „jugendschutz.net" wird von den Landesmedienanstalten und den Ländern bis zum 31. Dezember 2012 gemeinsam finanziert. Die näheren Einzelheiten der Finanzierung dieser Stelle durch die Länder legen die für den Jugendschutz zuständigen Minister der Länder in einem Statut durch Beschluss fest. Das Statut regelt auch die fachliche und haushaltsmäßige Unabhängigkeit der Stelle.

(2) „jugendschutz.net" unterstützt die KJM und die obersten Landesjugendbehörden bei deren Aufgaben.

(3) „jugendschutz.net" überprüft die Angebote der Telemedien. Daneben nimmt „jugendschutz.net" auch Aufgaben der Beratung und Schulung bei Telemedien wahr.

(4) Bei Verstößen gegen Bestimmungen dieses Staatsvertrages weist „jugendschutz.net" den Anbieter hierauf hin und informiert die anerkannten Einrichtungen der Freiwilligen Selbstkontrolle und die KJM hierüber.

§ 19 Einrichtungen der Freiwilligen Selbstkontrolle

(1) Einrichtungen Freiwilliger Selbstkontrolle können für Rundfunk und Telemedien gebildet werden.

(2) Anerkannte Einrichtungen der Freiwilligen Selbstkontrolle überprüfen im Rahmen ihres satzungsgemäßen Aufgabenbereichs die Einhaltung der Bestimmungen dieses Staatsvertrages sowie der hierzu erlassenen Satzungen und Richtlinien bei ihnen angeschlossenen Anbietern.

(3) Eine Einrichtung ist als Einrichtung der Freiwilligen Selbstkontrolle im Sinne dieses Staatsvertrages anzuerkennen, wenn

1. die Unabhängigkeit und Sachkunde ihrer benannten Prüfer gewährleistet ist und dabei auch Vertreter aus gesellschaftlichen Gruppen berücksichtigt sind, die sich in besonderer Weise mit Fragen des Jugendschutzes befassen,
2. eine sachgerechte Ausstattung durch eine Vielzahl von Anbietern sichergestellt ist,
3. Vorgaben für die Entscheidungen der Prüfer bestehen, die in der Spruchpraxis einen wirksamen Kinder- und Jugendschutz zu gewährleisten geeignet sind,
4. eine Verfahrensordnung besteht, die den Umfang der Überprüfung, bei Veranstaltern auch die Vorlagepflicht, sowie mögliche Sanktionen regelt und eine Möglichkeit der Überprüfung der Entscheidungen auch auf Antrag von landesrechtlich bestimmten Trägern der Jugendhilfe vorsieht,
5. gewährleistet ist, dass die betroffenen Anbieter vor einer Entscheidung gehört werden, die Entscheidung schriftlich begründet und den Beteiligten mitgeteilt wird und
6. eine Beschwerdestelle eingerichtet ist.

(4) Die zuständige Landesmedienanstalt trifft die Entscheidung durch die KJM. Zuständig ist die Landesmedienanstalt des Landes, in dem die Einrichtung der Freiwilligen Selbstkontrolle ihren Sitz hat. Ergibt sich danach keine Zuständigkeit, so ist diejenige Landesmedienanstalt zuständig, bei der der Antrag auf Anerkennung gestellt wurde. Die Einrichtung legt der KJM die für die Prüfung der Anerkennungsvoraussetzungen erforderlichen Unterlagen vor. Die Anerkennung ist auf vier Jahre befristet. Verlängerung ist möglich.

(5) Die Anerkennung kann widerrufen werden, wenn Voraussetzungen für die Anerkennung nachträglich entfallen sind oder sich die Spruchpraxis der Einrichtung nicht im Einklang mit dem geltenden Jugendschutzrecht befindet. Eine Entschädigung für Vermögensnachteile durch den Widerruf der Anerkennung wird nicht gewährt.

(6) Die anerkannten Einrichtungen der Freiwilligen Selbstkontrolle sollen sich über die Anwendung dieses Staatsvertrages abstimmen.

V. Abschnitt – Vollzug für Anbieter mit Ausnahme des öffentlich-rechtlichen Rundfunks

§ 20 Aufsicht

(1) Stellt die zuständige Landesmedienanstalt fest, dass ein Anbieter gegen die Bestimmungen dieses Staatsvertrages verstoßen hat, trifft sie die erforderlichen Maßnahmen gegenüber dem Anbieter.

(2) Für Veranstalter von Rundfunk trifft die zuständige Landesmedienanstalt durch die KJM entsprechend den landesrechtlichen Regelungen die jeweilige Entscheidung.

(3) Tritt die KJM an einen Rundfunkveranstalter mit dem Vorwurf heran, er habe gegen Bestimmungen dieses Staatsvertrages verstoßen, und weist der Veranstalter nach, dass er die Sendung vor ihrer Ausstrahlung einer anerkannten Einrichtung der Freiwilligen Selbstkontrolle im Sinne dieses Staatsvertrages vorgelegt und deren Vorgaben beachtet hat, so sind Maßnahmen durch die KJM im Hinblick auf die Einhaltung der Bestimmungen zum Jugendschutz durch den Veranstalter nur dann zulässig, wenn die

Entscheidung oder die Unterlassung einer Entscheidung der anerkannten Einrichtung der Freiwilligen Selbstkontrolle die rechtlichen Grenzen des Beurteilungsspielraums überschreitet. Bei nichtvorlagefähigen Sendungen ist vor Maßnahmen bei behaupteten Verstößen gegen den Jugendschutz, mit Ausnahme von Verstößen gegen § 4 Abs. 1, durch die KJM die anerkannte Einrichtung der Freiwilligen Selbstkontrolle, der der Rundfunkveranstalter angeschlossen ist, zu befassen; Satz 1 gilt entsprechend. Für Entscheidungen nach den §§ 8 und 9 gilt Satz 1 entsprechend.

(4) Für Anbieter von Telemedien trifft die zuständige Landesmedienanstalt durch die KJM entsprechend § 59 Abs. 2 bis 4 des Rundfunkstaatsvertrages unter Beachtung der Regelungen zur Verantwortlichkeit nach den §§ 7 bis 10 des Telemediengesetzes die jeweilige Entscheidung.

(5) Gehört ein Anbieter von Telemedien einer anerkannten Einrichtung der Freiwilligen Selbstkontrolle im Sinne dieses Staatsvertrages an oder unterwirft er sich ihren Statuten, so ist bei behaupteten Verstößen gegen den Jugendschutz, mit Ausnahme von Verstößen gegen § 4 Abs. 1, durch die KJM zunächst diese Einrichtung mit den behaupteten Verstößen zu befassen. Maßnahmen nach Absatz 1 gegen den Anbieter durch die KJM sind nur dann zulässig, wenn die Entscheidung oder die Unterlassung einer Entscheidung der anerkannten Einrichtung der Freiwilligen Selbstkontrolle die rechtlichen Grenzen des Beurteilungsspielraums überschreitet.

(6) Zuständig ist die Landesmedienanstalt des Landes, in dem die Zulassung des Rundfunkveranstalters erteilt wurde oder der Anbieter von Telemedien seinen Sitz, Wohnsitz oder in Ermangelung dessen seinen ständigen Aufenthalt hat. Ergibt sich danach keine Zuständigkeit, so ist diejenige Landesmedienanstalt zuständig, in deren Bezirk der Anlass für die Amtshandlung hervortritt.

(7) Die Länder überprüfen drei Jahre nach In-Kraft-Treten dieses Staatsvertrages die Anwendung der Bestimmungen der Absätze 3 und 5 insbesondere auf der Grundlage des Berichts der KJM nach § 17 Abs. 3 und von Stellungnahmen anerkannter Einrichtungen Freiwilliger Selbstkontrolle und der obersten Landesjugendbehörden.

§ 21 Auskunftsansprüche

(1) Ein Anbieter von Telemedien ist verpflichtet, der KJM Auskunft über die Angebote und über die zur Wahrung des Jugendschutzes getroffenen Maßnahmen zu geben und ihr auf Anforderung den unentgeltlichen Zugang zu den Angeboten zu Kontrollzwecken zu ermöglichen.

(2) Der Abruf oder die Nutzung von Angeboten im Rahmen der Aufsicht, der Ahndung von Verstößen oder der Kontrolle ist unentgeltlich. Anbieter haben dies sicherzustellen. Der Anbieter darf seine Angebote nicht gegen den Abruf oder die Kenntnisnahme durch die zuständige Stelle sperren oder den Abruf oder die Kenntnisnahme erschweren.

§ 22 Revision zum Bundesverwaltungsgericht

In einem gerichtlichen Verfahren kann die Revision zum Bundesverwaltungsgericht auch darauf gestützt werden, dass das angefochtene Urteil auf der Verletzung der Bestimmungen dieses Staatsvertrages beruhe.

VI. Abschnitt – Ahndung von Verstößen der Anbieter mit Ausnahme des öffentlich-rechtlichen Rundfunks

§ 23 Strafbestimmung

Mit Freiheitsstrafe bis zu einem Jahr oder mit Geldstrafe wird bestraft, wer entgegen § 4 Abs. 2 Satz 1 Nr. 3 und Satz 2 Angebote verbreitet oder zugänglich macht, die offensichtlich geeignet sind, die Entwicklung von Kindern oder Jugendlichen oder ihre Erziehung zu einer eigenverantwortlichen und gemeinschaftsfähigen Persönlichkeit unter Berücksichtigung der besonderen Wirkungsform des Verbreitungsmediums schwer zu gefährden. Handelt der Täter fahrlässig, so ist die Freiheitsstrafe bis zu 6 Monate oder die Geldstrafe bis zu 180 Tagessätze.

§ 24 Ordnungswidrigkeiten

(1) Ordnungswidrig handelt, wer als Anbieter vorsätzlich oder fahrlässig

1. Angebote verbreitet oder zugänglich macht, die
   a) entgegen § 4 Abs. 1 Satz 1 Nr. 1 Propagandamittel im Sinne des Strafgesetzbuches darstellen,
   b) entgegen § 4 Abs. 1 Satz 1 Nr. 2 Kennzeichen verfassungswidriger Organisationen verwenden,
   c) entgegen § 4 Abs. 1 Satz 1 Nr. 3 zum Hass gegen Teile der Bevölkerung oder gegen eine nationale, rassische, religiöse oder durch Volkstum bestimmte Gruppe aufstacheln, zu Gewalt- oder Willkürmaßnahmen gegen sie auffordern oder die Menschenwürde anderer dadurch angreifen, dass Teile der Bevölkerung oder eine vorbezeichnete Gruppe beschimpft, böswillig verächtlich gemacht oder verleumdet werden,
   d) entgegen § 4 Abs. 1 Satz 1 Nr. 4 eine unter der Herrschaft des Nationalsozialismus begangene Handlung der in § 6 Abs. 1 oder § 7 Abs. 1 des Völkerstrafgesetzbuches bezeichneten Art in einer Weise, die geeignet ist, den öffentlichen Frieden zu stören, leugnen oder verharmlosen,
   e) entgegen § 4 Abs. 1 Satz 1 Nr. 5 grausame oder sonst unmenschliche Gewalttätigkeiten gegen Menschen in einer Art schildern, die eine Verherrlichung oder Verharmlosung solcher Gewalttätigkeiten ausdrückt oder die das Grausame oder Unmenschliche des Vorgangs in einer die Menschenwürde verletzenden Weise darstellt; dies gilt auch bei virtuellen Darstellungen,
   f) entgegen § 4 Abs. 1 Satz 1 Nr. 6 als Anleitung zu einer in § 126 Abs. 1 des Strafgesetzbuches genannten rechtswidrigen Tat dienen,
   g) entgegen § 4 Abs. 1 Satz 1 Nr. 7 den Krieg verherrlichen,
   h) entgegen § 4 Abs. 1 Satz 1 Nr. 8 gegen die Menschenwürde verstoßen, insbesondere durch die Darstellung von Menschen, die sterben oder schweren körperlichen oder seelischen Leiden ausgesetzt sind oder waren, wobei ein tatsächliches Geschehen wiedergegeben wird, ohne dass ein berechtigtes Interesse gerade für diese Form der Darstellung oder Berichterstattung vorliegt,
   i) entgegen § 4 Abs. 1 Satz 1 Nr. 9 Kinder oder Jugendliche in unnatürlich geschlechtsbetonter Körperhaltung darstellen; dies gilt auch bei virtuellen Darstellungen,

j) entgegen § 4 Abs. 1 Satz 1 Nr. 10 pornografisch sind und Gewalttätigkeiten, den sexuellen Missbrauch von Kindern oder Jugendlichen oder sexuelle Handlungen von Menschen mit Tieren zum Gegenstand haben; dies gilt auch bei virtuellen Darstellungen, oder
k) entgegen § 4 Abs. 1 Satz 1 Nr. 11 in den Teilen B und D der Liste nach § 18 des Jugendschutzgesetzes aufgenommen sind oder mit einem in dieser Liste aufgenommenen Werk ganz oder im Wesentlichen inhaltsgleich sind,
2. entgegen § 4 Abs. 2 Satz 1 Nr. 1 und Satz 2 Angebote verbreitet oder zugänglich macht, die in sonstiger Weise pornografisch sind,
3. entgegen § 4 Abs. 2 Satz 1 Nr. 2 und Satz 2 Angebote verbreitet oder zugänglich macht, die in den Teilen A und C der Liste nach § 18 des Jugendschutzgesetzes aufgenommen sind oder mit einem in dieser Liste aufgenommenen Werk ganz oder im Wesentlichen inhaltsgleich sind,
4. entgegen § 5 Abs. 1 Angebote verbreitet oder zugänglich macht, die geeignet sind, die Entwicklung von Kindern oder Jugendlichen zu einer eigenverantwortlichen und gemeinschaftsfähigen Persönlichkeit zu beeinträchtigen, ohne dafür Sorge zu tragen, dass Kinder oder Jugendliche der betroffenen Altersstufen sie üblicherweise nicht wahrnehmen,
5. entgegen § 6 Abs. 1 Satz 1 und Abs. 6 Werbung oder Teleshopping für indizierte Angebote verbreitet oder zugänglich macht,
6. entgegen § 6 Abs. 1 Satz 2 und Abs. 6 die Liste der jugendgefährdenden Medien verbreitet oder zugänglich macht,
7. entgegen § 6 Abs. 1 Satz 3 und Abs. 6 einen dort genannten Hinweis gibt,
8. entgegen § 7 keinen Jugendschutzbeauftragten bestellt,
9. Sendeformate entgegen Sendezeitbeschränkungen nach § 8 Abs. 2 verbreitet,
10. Sendungen, deren Eignung zur Beeinträchtigung der Entwicklung nach § 5 Abs. 2 vermutet wird, verbreitet, ohne dass die KJM oder eine von dieser hierfür anerkannte Einrichtung der Freiwilligen Selbstkontrolle von der Vermutung gemäß § 9 Abs. 1 Satz 1 abgewichen ist,
11. entgegen § 10 Abs. 1 Programmankündigungen mit Bewegtbildern außerhalb der geeigneten Sendezeit und unverschlüsselt verbreitet,
12. entgegen § 10 Abs. 2 Sendungen verbreitet, ohne ihre Ausstrahlung durch akustische Zeichen anzukündigen oder durch optische Mittel während der gesamten Sendung kenntlich zu machen,
13. Angebote ohne den nach § 12 erforderlichen Hinweis verbreitet,
14. entgegen einer vollziehbaren Anordnung durch die zuständige Aufsichtsbehörde nach § 20 Abs. 1 nicht tätig wird,
15. entgegen § 21 Abs. 1 seiner Auskunftspflicht nicht nachkommt oder
16. entgegen § 21 Abs. 2 Satz 3 Angebote gegen den Abruf durch die zuständige Aufsichtsbehörde sperrt.

(2) Ordnungswidrig handelt ferner, wer vorsätzlich

1. entgegen § 11 Abs. 5 Telemedien als für Kinder oder Jugendliche der betreffenden Altersstufe geeignet falsch kennzeichnet oder
2. im Rahmen eines Verfahrens zur Anerkennung einer Einrichtung der Freiwilligen Selbstkontrolle nach § 19 Abs. 4 falsche Angaben macht.

(3) Die Ordnungswidrigkeit kann mit einer Geldbuße bis zu 500.000 Euro geahndet werden.

(4) Zuständige Verwaltungsbehörde im Sinne des § 36 Abs. 1 Nr. 1 des Gesetzes über Ordnungswidrigkeiten ist die zuständige Landesmedienanstalt. Zuständig ist in den Fällen des Absatzes 1 und des Absatzes 2 Nr. 1 die Landesmedienanstalt des Landes, in dem die Zulassung des Rundfunkveranstalters erteilt wurde oder der Anbieter von Telemedien seinen Sitz, Wohnsitz oder in Ermangelung dessen seinen ständigen Aufenthalt hat. Ergibt sich danach keine Zuständigkeit, so ist diejenige Landesmedienanstalt zuständig, in deren Bezirk der Anlass für die Amtshandlung hervortritt. Zuständig ist im Falle des Absatzes 2 Nr. 2 die Landesmedienanstalt des Landes, in dem die Einrichtung der Freiwilligen Selbstkontrolle ihren Sitz hat. Ergibt sich danach keine Zuständigkeit, so ist diejenige Landesmedienanstalt zuständig, bei der der Antrag auf Anerkennung gestellt wurde. Die zuständige Landesmedienanstalt trifft die Entscheidung durch die KJM.

(5) Über die Einleitung eines Verfahrens hat die zuständige Landesmedienanstalt die übrigen Landesmedienanstalten unverzüglich zu unterrichten. Soweit ein Verfahren nach dieser Bestimmung in mehreren Ländern eingeleitet wurde, stimmen sich die beteiligten Behörden über die Frage ab, welche Behörde das Verfahren fortführt.

(6) Die zuständige Landesmedienanstalt kann bestimmen, dass Beanstandungen nach einem Rechtsverstoß gegen Regelungen dieses Staatsvertrages sowie rechtskräftige Entscheidungen in einem Ordnungswidrigkeitsverfahren nach Absatz 1 oder 2 von dem betroffenen Anbieter in seinem Angebot verbreitet oder in diesem zugänglich gemacht werden. Inhalt und Zeitpunkt der Bekanntgabe sind durch die zuständige Landesmedienanstalt nach pflichtgemäßem Ermessen festzulegen.

(7) Die Verfolgung der in Absatz 1 und 2 genannten Ordnungswidrigkeiten verjährt in sechs Monaten.

VII. Abschnitt – Schlussbestimmungen

Auf den Abdruck dieser formalen und z.T. überholten Bestimmungen und ebenso der ergänzenden Protokollerklärungen der Länder wird hier verzichtet. Einzig auf § 28 Abs. 1 Satz 1 soll hingewiesen werden, er lautet: „Dieser Staatsvertrag tritt am 1. April 2003 in Kraft."